"互联网+农技推广"
服务之星先进事迹

——农业农村部科技教育司　中国农学会◎组编

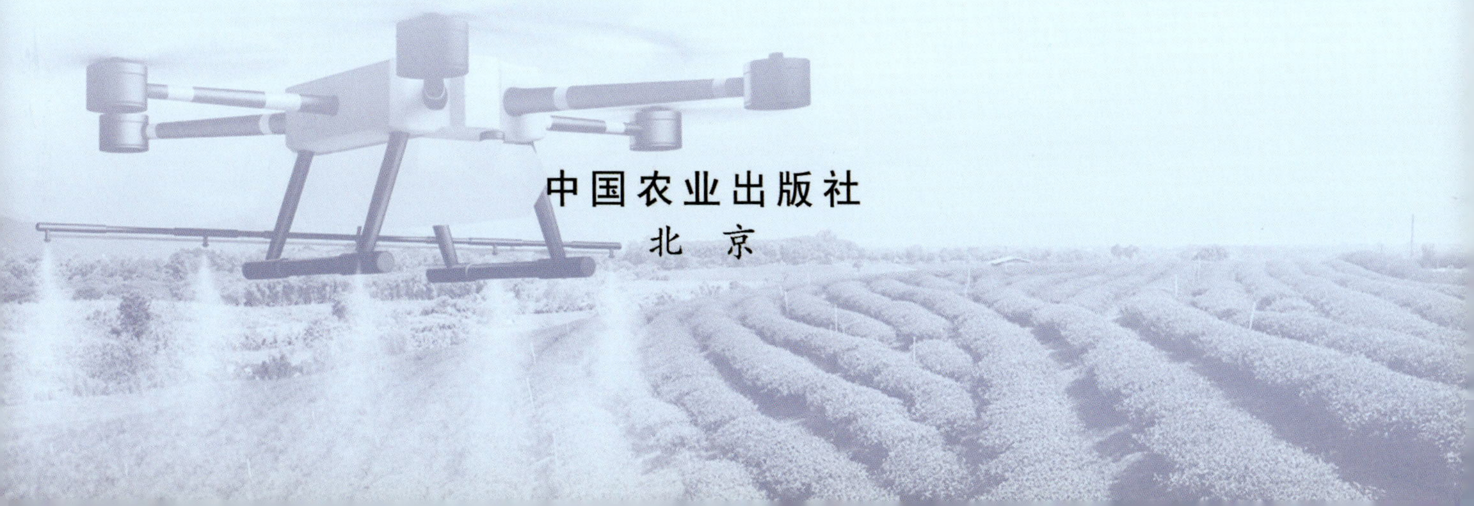

中国农业出版社
北　京

图书在版编目（CIP）数据

"互联网+农技推广"服务之星先进事迹/农业农村部科技教育司，中国农学会组编 . —北京：中国农业出版社，2020.11
ISBN 978-7-109-27079-4

Ⅰ. ①互… Ⅱ. ①农… ②中… Ⅲ. ①农业科技推广－专业技术人员－先进事迹－中国 Ⅳ. ①K826.3

中国版本图书馆CIP数据核字（2020）第127508号

中国农业出版社出版
地址：北京市朝阳区麦子店街18号楼
邮编：100125
责任编辑：刘 伟 冀 刚
版式设计：杜 然 责任校对：刘丽香 责任印制：王 宏
印刷：中农印务有限公司
版次：2020年11月第1版
印次：2020年11月北京第1次印刷
发行：新华书店北京发行所
开本：880mm×1230mm 1/16
印张：14.5
字数：480千字
定价：180.00元

主　　编：张　晔　吴金玉

副 主 编：崔江浩　付长亮

参编人员：韩忠超　王　馨　李厥桐

李寅秋　王建波　王　航

陆　建　王　超　王赟

陈鹏飞　谢　军

前　言

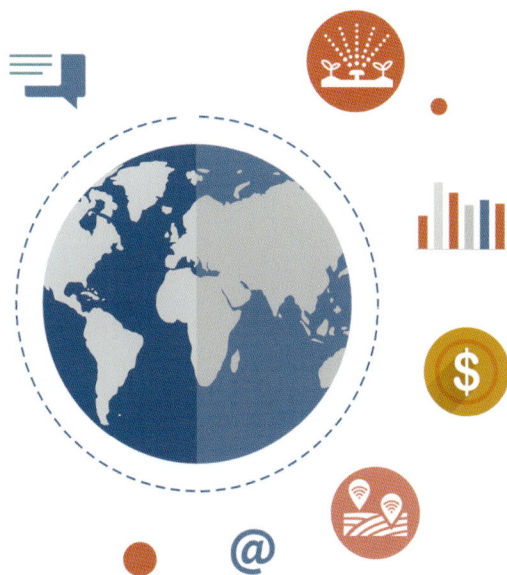

　　基层农技推广队伍是建设现代农业、振兴乡村的有力支撑，是新时期"一懂两爱"农业农村工作队伍的中坚力量。长期以来，广大农技人员以服务农业农村经济发展为己任，示范推广农业先进适用技术、做好动植物疫病防控、加强农产品质量安全监管、落实强农惠农政策，为"三农"事业付出了汗水，贡献了才智。为引导广大农技人员充分利用互联网平台开展指导服务，进一步提升农技推广服务信息化水平，营造全社会关注支持农技推广事业的良好氛围，2019年农业农村部在全国开展了寻找"互联网+农技推广"服务之星活动，从全国29.5万名线上基层农技推广人员中评选出50名较好运用互联网开展农技推广指导服务的"互联网+农技推广"服务之星，在全国农业系统和社会各界产生了良好反响。现将"互联网+农技推广"服务之星的典型事迹及有关宣传报道等材料汇编成册，以表扬先进、树立典型，营造社会各界关注农技推广事业、关心基层农技推广人员的良好氛围，鼓励广大农技人员充分运用互联网信息技术，在实施乡村振兴战略、加快农业农村现代化建设的新征程中作出新的更大贡献。

　　由于时间仓促、水平有限，不妥之处敬请各位读者批评指正。

编　者

2020年3月

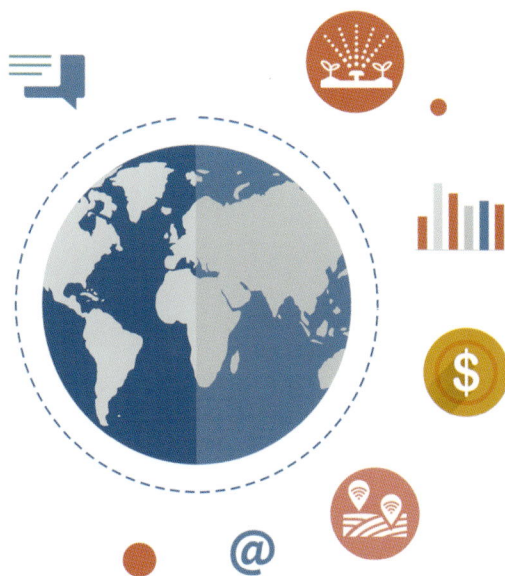

目　录

前言

辛勤耕耘　默默奉献　努力践行"互联网＋农技推广"服务
　　——河北省玉田县虹桥农业技术推广区域综合站　白娟…………………………………1
情系"三农"助发展　无私奉献显本色
　　——河北省中央农业广播电视学校阳原县分校　高建中……………………………………6
在平凡的岗位上默默耕耘
　　——山西省朔州市朔城区农业技术推广中心　郝丽艳…………………………………10
现代农业的架桥人
　　——山西省晋中市榆次区庄子乡农业技术推广站　何润昌…………………………………15
田野上有我付出的爱
　　——山西省阳高县大白登农业技术推广中心站　景庆瑞…………………………………19
青春易失白发早　服务"三农"终不悔
　　——山西省新绛县农业技术推广中心　蒲改平…………………………………23
扎根红色沃土　书写农技人生
　　——山西省武乡县监漳区域农业技术推广站　王步奇…………………………………27
服务畜牧业发展、增加农牧民收入的带头人
　　——内蒙古自治区鄂温克旗大雁镇畜牧兽医站　金泉…………………………………31
情系"三农"　躬身沃野书写无悔的青春
　　——内蒙古自治区科尔沁区农业技术推广中心　姚振兴…………………………………35
爱岗农技人　适应新时代
　　——辽宁省建平县黑水镇农业服务站　肖洪儒…………………………………39
沃土平原上的"星火"
　　——吉林省榆树市城郊街道办事处农机管理服务站　崔玉东…………………………………43
百姓信任的"指导员"
　　——吉林省公主岭市范家屯镇农业技术推广站　刘凤丽…………………………………46
干农技推广事　做百姓贴心人
　　——吉林省舒兰市环城农机技术推广站　阎石…………………………………51

走在稻花香里的新时代农技推广员
　　——吉林省汪清县汪清镇农业技术推广站　张宝林……………………55

心系沃野农技情　扎根基层砥砺行
　　——吉林省伊通满族自治县景台镇农业技术推广站　郑立晨……………59

平凡的岗位　不平凡的坚守
　　——安徽省黟县西递镇为民服务中心　陈家和…………………………63

老百姓心目中的鱼专家
　　——安徽省天长市水产技术指导站　占家智…………………………67

用青春耕耘现代农业梦
　　——安徽省宿州市埇桥区灰古镇农机化推广服务中心　吴军…………71

汗水浇开遍地花
　　——安徽省亳州市谯城区农业技术推广中心　张广玲…………………75

初心不忘为农忙
　　——安徽省太湖县城西农业综合服务中心　周泉水……………………79

情系田野传科技　开拓创新谋发展
　　——福建省福清市现代农业发展中心　陈彬…………………………83

情系"三农"　汗洒热土
　　——福建省莆田县农业局　林忠华………………………………………87

只为田野结硕果　不言辛苦农技人
　　——福建省南靖县土壤肥料站　刘福长…………………………………91

农技推广路上不知疲倦的"老马"
　　——福建省漳平市农业农村局种子管理站　马义荣……………………96

"网络大V"的田野情怀
　　——江西省万年县农技推广中心　张少东………………………………101

心系农业砥砺前行　甘做"百姓梦"践行者
　　——山东省莘县妹冢镇农业技术服务站　巩相景………………………106

科技女强人的奉献
　　——山东省齐河县农业农村局　闫开霞…………………………………110

创新农技推广服务的担当者
　　——山东省济宁市兖州区蔬菜服务中心　钟霞…………………………114

农民致富的贴心人
　　——河南省中牟县农业技术推广黄店区域中心站　冉建民……………118

一生深情　奉献"三农"
　　——湖北省丹江口市习家店镇农技推广服务中心　仇秀峰………………123

农民致富的引路人　健康养殖的守护神
　　——湖北省沙洋县曾集镇水产技术推广服务中心　钱光红………………130

竹杖芒鞋走田间
　　——湖北省当阳市淯溪镇农业服务中心　周林…………………………135

农民朋友的"贴心人"
　　——湖南省益阳市桃江县桃花江镇农业综合服务站　崔志斌……………140

基层农技推广的"践行者"
　　——湖南省常宁市荫田镇农业技术推广站　邓小龙……………………145

现代都市农业"先锋"
　　——广东省广州市农业技术推广中心　张敏强…………………………149

粤北山区最美的"泥腿子老师"
　　——广东省乳源瑶族自治县乳城镇农业技术推广站　袁群城………………… 154
奉献青春为农业
　　——广西壮族自治区钦州市钦南区那丽镇农业技术推广站　黄成轩………… 159
农民难题找"蔡哥"　网上推广路子多
　　——重庆市大足区智凤街道办事处农业服务中心　蔡世伦…………………… 163
扎根山区的农技推广"战士"
　　——四川省江安县仁和乡农村经济技术服务中心　莫章秋…………………… 168
植保战线上的"服务之星"
　　——四川省资中县植保植检站　吴国斌……………………………………… 173
老兵自带"信息处理"功能
　　——云南省泸西县白水镇农业机械管理服务站　马锦涛…………………… 178
农技推广战线上的"全科医生"
　　——云南省梁河县河西乡农业综合服务中心　管国刚……………………… 182
倾心农技推广惠百姓
　　——云南省富源县富村镇农业综合服务中心　彭德书……………………… 186
"老农机"用APP　潜心为民谱华章
　　——云南省保山市农业机械化技术推广站　杨东…………………………… 190
与时俱进的农技推广尖兵
　　——云南省双柏县农业技术推广服务中心　李洪文………………………… 194
青春热血洒基层　无怨无悔农技人
　　——云南省文山市小街镇农业综合服务中心　李乔文……………………… 199
肯出力、勤动手、爱动脑、多学习的"职业农民"
　　——陕西省蓝田县农业技术推广中心　程永峰……………………………… 204
让互联网插上科技的翅膀在黄土地上默默种"玉"
　　——陕西省蓝田县农业技术推广中心　侯宇………………………………… 209
青藏高原上的"农技推广人"
　　——青海省大通县农业技术推广中心　雷延庆……………………………… 213
农机推广服务的"排头兵"
　　——宁夏回族自治区盐池县农机推广中心　陶维华………………………… 217

辛勤耕耘　默默奉献
努力践行"互联网+农技推广"服务

——河北省玉田县虹桥农业技术推广区域综合站　白娟

23年辛勤耕耘，收获了农民丰收的希望；23年默默奉献，锻造出自己灿烂的人生。这就是虹桥农业技术推广区域综合站副站长白娟的农技情缘。

白娟，女，48岁，中共党员，虹桥农业技术推广区域综合站农艺师。参加工作23年来，她努力学习农业新技术、新方法、新理念，并在农业技术推广工作一线辛勤耕耘、默默奉献，取得了令人瞩目的成绩。特别是近年来，她充分利用全国农业科教云平台，运用互联网技术、互联网理念等开展农技指导服务，开展线上线下日志农情发布，解答技术难题等方面卓有成效，并成为玉田县"互联网+农技推广"服务的领军人物。

在推进"互联网+农技推广"服务过程中，白娟不断总结经验，深化服务效果，创新了"三学习、三掌握，三联系、三到位，三结合、三注重"一套行之有效的工作方法。其中，"三学习、三掌握"，即学习互联网知识，掌握互联网理念；学习专业知识和技术，掌握农业新技术发展动态；学习农业科教云平台，掌握其正确使用方法。"三联系、三到位"，即联系省市县有关专家，开展农业科教云平台农技服务，保证服务质量到位；联系农业科教云平台管理单位及软件专家，保证服务水平到位；联系服务农户，通过农业科教云平台，及时解决农户咨询问题并开展一对一的服务，保证服务到位。"三结合、三注重"，即互联网技术、互联网理念与农技指导服务结合，注重农技指导服务；线上线下结合，注重发布日志农情，解答技术难题；先进技术措施与田间试验示范结合，注重田间试验示范。

在研习工作方法的同时，白娟非常注重经验的积累和总结，并应用于具体工作中。

延长服务链条，打造农技服务云平台。2014年，她指导玉田县集强农民专业合作社依托"互联网+现代农业"平台建设"纵向到底、横向到边"的农业全程社会化服务云平台，开展六大服务，即农资直供、农技服务、农机服务、农产品电商服务、产销对接、农业金融。2014—2018年，通过平台向广大农户提供优质农资1 200吨，农机服务（含土地托管）作业面积38 000亩*，信息服务12万条，发放各种贷款300余万元。

创新经营方式，推进"互联网+农产品"营销。白娟长期在乡镇一级的农业技术服务站工作。她敏锐地意识到农产品的生产固然重要，但要想获得高效益，营销更是重中之重。她的农技联系户丁国伍是一个多年从事农产品销售的经纪人，但近年来他反映靠过去方式买卖越来越不好做了，钱越发不好赚了。她帮丁国伍分析原因，找突破口，鼓励并帮助他建立了玉鑫果蔬农业公司网站，建立了玉鑫健康蔬菜消费群，群员达500多人；同时，以紫萝卜、特色西红柿等特色主导产品为依

---

* 亩为非法定计量单位。1亩＝1/15公顷。

托，以电子商务和微信营销为手段，走线上预订、线下配送、私人定制、送货到门的路径，既扩大了销售客户的群体，又提升了产品的附加值和市场竞争力。2018年，丁国伍种植紫萝卜260亩、温室特色西红柿32亩，经网上销售的紫萝卜达到12元/千克、特色西红柿30元/千克。由于订单多，还经常出现供不应求的局面。丁国伍逢人就说："白站长是我的老师，是我们经纪人的财神啊！"

结交农户朋友，转变营销方式促增收。虹桥镇朱庄村是白娟分包的设施蔬菜村，全村有棚室61个，占地规模200亩，以生产西红柿、黄瓜、芹菜、茴香等精细蔬菜为主，产品主要销往本地的金玉市场。

2016—2017年西红柿销售价格奇低，菜农没有办法。此时，她在办技术培训班上还抽出时间，手把手地教菜农下载微信，一步一步地教菜农使用智能手机，讲解微信营销和电子商务等有关知识。2018年7月，她还组织朱庄村农户全程参加了农民手机应用技能培训。经过培训，广大农户均掌握了手机的应用技能，手机已经成为菜农参与产销的"新农具"。其中，该村的孙金堂、王建武、王凤云等20户菜农在新年至春节期间，自己或委托亲属在微信朋友圈发布图文信息，介绍生产环境、采用的技术、产品品质和销售价格，实现线上线下互动，生产的西红柿、黄瓜比市场上销售的每千克可多卖2～3元，促进了菜农增收，进一步转变了菜农的蔬菜销售方式，提升了小农户参与现代农业发展的积极性和主动性，引领示范了玉田县设施农业、精准农业和智慧农业发展。

一分耕耘，一分收获。2013—2018年间，白娟相继参与农业部基层农技推广体系改革与建设示范县项目、高素质农民培训、农业部"测土配方施肥"项目、农业部旱作农业项目、河北省耕地质量监测与保护提升项目、玉田县农机深松项目等农技推广项目。通过线上线下结合，推广先进技术35项次，面积120万亩，增加经济效益4.3亿元。并完成了河北省耕地质量监测与保护提升项目监测点建设，完善耕地质量评价体系。

借助农业科教云平台在线上与全国各地专家同行们交流、学习，线上线下紧密结合。截至目前，累计登录中国农技推广APP 324次，上传日志703篇，提问56次，回答问题1 850余个，上传农情3篇。撰写《大田作物田间管理技术应用研究》《不同施药器械防治黄瓜白粉病和烟粉虱药剂减量对比试验》2篇科技论文，分别在国家级刊物《中国农业信息》和《基层农技推广》上发表。参与编写《河北省玉田县耕地地力评价与利用》《实用植保技术蝗虫》2部专著。

工作成效

一、精华问答

1. 人参斑枯病的危害症状有哪些？

答：叶上病斑近圆形至多角形，黄褐色，中央稍浅，后期病斑扩展受叶脉限制，入秋病部长出黑色小粒点，即病原菌的分生孢子器。

问答管理

邹得瑜　吉林省长春市农安县　|　2019-04-26 11:07

人参斑枯病的危害症状有哪些？

全部答案(28921643)

赵宏慧 [农技人员] 人参斑枯病症状主要危害叶片。叶上病斑近圆…	♡0　💬0	2019-04-26 11:46	🗑 删除
张连义 [农技人员] 主要危害叶片。叶上病斑近圆形至多角形，黄…	♡0　💬0	2019-04-26 11:47	🗑 删除
白娟 [农技人员] 叶上病斑近圆形至多角形，黄褐色，中央稍浅…	♡0　💬0	2019-04-26 11:47	🗑 删除
刘俊杰 [农技人员] 人参斑枯病症状主要危害			
曲淑杰 [农技人员] 人参斑枯病症状主要危害叶片。叶上病斑近圆…	♡0　💬0	2019-04-26 11:48	🗑 删除
彭述道 [农技人员] 主要危害叶片，在叶片上现白色至浅灰黄色圆…	♡0　💬0	2019-04-26 11:51	🗑 删除

> 叶上病斑近圆形至多角形，黄褐色，中央稍浅，后期病斑扩展受叶脉限制，入秋病部长出黑色小粒点，即病原菌的分生孢子器。

2．各位老师认识图片叶片上的虫子吗，如何预防和防治？

答：看图片应该是美国白蛾。要抓住成虫羽化期、卵期、幼虫网幕期和下树化蛹期4个防治关键时期，采取人工防治、物理防治、天敌防治、化学防治相结合的综合防治技术措施。

问答管理

唐昭霞　山东省泰安市肥城市　|　2019-04-29 15:44

各位老师认识图片叶片上的虫子吗，如何预防和防治？

全部答案(29027813)

白娟 [农技人员] 看图片应该是美国白蛾。要抓住成虫羽化期…	♡0　💬0	2019-04-29 15:27	🗑 删除
汪长胜 [农技人员] 看图片像是一种毒蛾的幼虫，用阿维菌素…	♡0　💬0	2019-04-29 15:45	🗑 删除

3. 盆栽瓜叶菊常见的病虫害是什么？
答：常见病虫害是蚜虫和红蜘蛛。

问答管理

李富清 📍 吉林省长春市农安县 | 2019-04-29 15:27

盆栽瓜叶菊常见的病虫害是什么？

全部答案(29027405)

白娟 [农技人员] 常见病虫害是蚜虫和红蜘蛛。　　　　　　　　　　　　　　🗑 删除

♡ 0 | 💬 0　　2019-04-29 15:24

二、精华日志
南方的火龙果、木瓜在玉田县长势不错。

马铃薯环腐病防治方法：一是加强田间管理。尽量降低土温，防止发病株感染。发现感病植株后，及时拔除销毁。二是每1 000千克的种块用25千克的滑石粉加250克左右的农用链霉素拌种杀灭病原菌，然后播种。三是推广小整薯播种。四是切刀消毒。在切种时采用1/1 000浓度的高锰酸钾溶液进行切刀消毒。五是建立无病繁殖基地，进行脱毒育种。

"三农"大讲堂，赵春江院士、杨贵军博士讲智慧农业。

情系"三农"助发展
无私奉献显本色

——河北省中央农业广播电视学校阳原县分校　高建中

高建中，1990年7月毕业于张家口农业专科学校农学专业，回到了家乡，来到了阳原县农业局土壤肥料工作站。在这28年的农技推广工作中，他始终坚持在农业一线，常年工作在培训场所、田间地头，走遍了阳原县301个行政村，每年下乡不少于200天，深受广大农民朋友的欢迎，为阳原县的农业作出了一定贡献。

中国农技推广APP的使用及技术培训、技术答疑。高建中坚持每天登录中国农技推广APP，每天解答自己熟悉领域的农技推广方面的问题3～5个，平均每天发表与本专业有关的农业方面日志2～3篇，不定期分享自己在实际工作中的工作经验，已上报农情16篇，关注其他农技人员15人，27人关注了他的账号。作为中央农业广播电视学校（以下简称农广校）专业教师，每年都为各乡镇进行高素质农民培训和其他农业技术培训，培训对象主要是乡村农技人员、致富能手和贫困户，近5年共培训高素质农民2 500人次，年培训其他农民2 000人次以上；通过微信、QQ和中国农技推广APP答疑月均100条以上。在为高墙乡、化稍营镇、三马坊乡、揣骨疃镇等乡镇农民进行技术培训时，给农民留下了自己的电话号码和微信号，并与他们互加了微信，通过微信多次为他们解决农业技术问题和推广张杂谷高产栽培、马铃薯高产栽培等农业新技术。在平台上为本地农技人员解答问题多次，并数次被采纳。在多年工作基础上，他与人合作，于2017年在中国农业科学技术出版社出版了《互联网+现代农业》一书。该书从"互联网+现代农业""互联网+农业生产""互联网+农业监管""互联网+农业管理""互联网+农业服务""互联网+农业电商""互联网+都市生态农业""互联网+时代高素质农民培训"8个方面进行了详尽论述，有效指导互联网时代的农业生产。

针对冀西北自然气候特点、草场退化及快速发展畜牧业的要求，为解决畜牧业在实行圈养后对饲草的大量需求，为大面积提高青贮玉米产量与品质，高建中开展了"冀西北青贮玉米新品种筛选与保护性栽培技术研究与推广"。从2008年开始试验研究，2009—2013年5年间，他通过QQ和电子邮箱等网络手段以及田间实地对农户进行技术培训、咨询和指导，亩增秸秆干物质产量1 634千克，亩增纯收益1 758元。增产幅度达到245%，有效地保护了生态环境，对于改变传统种植方式、实现农牧业协调发展有着重要意义。2014年，他荣获河北省人民政府农业技术推广项目奖二等奖。

在蔬菜生产方面，高建中充分运用QQ、微信等社交工具，通过图片、视频、语音、文字等形式对阳原县及全国农业科教云平台上的问题进行解答，发布日志、农情等。目前，已解决阳原县辛堡等乡镇蔬菜春秋大棚、东井集等乡镇露地蔬菜关键技术3项，年平均指导设施蔬菜种植300亩左右、露地蔬菜3 000亩以上。2017年实现春秋大棚每亩效益3.12万元、露地蔬菜每亩效益1.75万元。

谷子栽培和互联网销售。谷子是当地优势农作物之一，十年九旱且昼夜温差大，非常适合谷子的生长，加工出来的小米颜色金黄、口感好，深受消费者青睐。为此，高建中多次深入谷子产区之一位

于阳原县现代农业园区的阳原县揣骨疃镇帅家梁等村，从谷子品种选择、选地播种施肥、田间管理、收获晾晒、加工销售等方面，与合作社负责人通过微信平台进行多次交流，指导并帮助销售小米上万千克，协助申请"原上黄"品牌一个。通过谷子丰产技术应用和品牌效应，小米比市场同类产品价格高出一倍多，增加了农民收入。他参加的"杂交谷子丰产高效技术集成与应用"项目荣获2014—2016年度农业部全国农牧渔业丰收奖"农业技术推广合作奖"。2018年推动"泥河湾"注册商标申请为国家驰名商标。

"南口供佛杏"和"阳原鹦哥绿豆"国家农产品地理标志登记保护申报以及阳原鹦哥绿豆品种提纯复壮工作。2017年，根据阳原县南口供佛杏和阳原鹦哥绿豆历史悠久、品质好等情况，高建中组织多方面材料，与同事一起为阳原县成功申报登记了"南口供佛杏"和"阳原鹦哥绿豆"两个国家农产品地理标志，实现了阳原县农产品地理标志零的突破，为阳原县南口供佛杏和鹦哥绿豆品牌发展奠定了基础。为了保证阳原鹦哥绿豆品种的一致性，提高农产品附加值，2018年他又对阳原鹦哥绿豆进行了品种提纯复壮。目前安排试验品种7个，试验面积50亩。运用微信和微信群，高建中与中国农业科学院、张家口市农业科学院、河北北方学院等院校有关专家交流技术应用及病虫害防治等技术，并通过中国农技推广APP发布相关消息，提纯工作将于2020年完成。项目完成后，阳原县传统鹦哥绿豆种植面积将达到5万亩以上。

马铃薯新品种引进及配套技术应用。2017年，高建中与阳原县供销合作社一起，多次赴张北县、沽源县马铃薯种薯和种植基地进行考察，通过考察为三马坊乡引进马铃薯新品种3个——冀张薯12、荷兰14、冀张薯14。为保障当地马铃薯稳产、增产，减少病虫害带来的产量及品质损失，他通过应用噻苯隆使马铃薯亩产达3 000千克以上。该项研究成果以《噻苯隆对马铃薯生长发育与产量影响初探》为题发表在2018年第6期《植保导刊》上。

温室葡萄提早栽培集成技术应用及示范。2016年，为使阳原县温室葡萄提档升级，提高农民收益，在阳原县东井集镇西堰头村针对原有温室结构不合理、保温效果差、葡萄成熟期较晚等问题，高建中进行了温室葡萄提早栽培集成技术应用及示范，采用QQ、微信等社交工具加上实地指导，通过互联网发送图片近千张、文字和语音5 000条以上，对10个日光温室大棚进行了结构的改造和葡萄品种的改良并应用相关技术。改造后的温室内温度比对照普通温室平均增加4～6℃；葡萄成熟期提早15～25天，平均粒重增加0.4克，平均穗重增加14克，单株产量增加1.79千克，增产30%，总产值达35.5万元。

工作成效

一、精华问答

1．番茄苗子黄化，是病害问题还是施肥问题？

答：第一，看看是不是苗床前茬使用了除草剂；第二，看看苗床施肥情况；第三，看看是否有地下害虫。

问答管理

胡啖奇 ⚲ 湖北省武汉市汉南区 | 2019-04-18 09:29

番茄苗子黄化，是病害问题还是施肥问题？

全部答案(28594191)

张国卫 [农技人员] 从图片中看应该是肥水管理不到位。	♡0 ｜💬0	2019-04-18 09:02	🗑 删除
杨晓杰 [农技人员] 番茄苗子黄化，是土壤缺水缺肥造成的。	♡0 ｜💬0	2019-04-18 09:03	🗑 删除
高建中 [农技人员] 第一，看看是不是苗床前茬使用了除草剂；第…	♡0 ｜💬0	2019-04-18 09:04	🗑 删除
第一，看看是不是，苗床前茬使用了除草剂；第二，看看苗床施肥情况；第三，看看是否有地下害虫。			
关祯敏 [农技人员] 不是病害，从图中看出土壤板结干裂，应加强肥…	♡0 ｜💬0	2019-04-18 09:07	🗑 删除
吴平 [农技人员] 属于一种西红柿缺镁的症状，属于一种生理性病…	♡2 ｜💬0	2019-04-18 09:07	🗑 删除

2. 辣椒到底能不能自己留种？有什么危害？

答：辣椒能不能自己留种关键看该品种是否为杂交品种。如果是杂交种则不能自己留种，自己留种会降低品质和产量；如果是常规种，可以选择具有本品种特征特性的植株留种。

问答管理

吴燕军 ⚲ 山西省大同市天镇县 | 2019-03-20 15:04

辣椒到底能不能自己留种？有什么危害？

全部答案(27218958)

王洪涛 [农技人员] 图片辣椒当然能自己留种。	♡0 ｜💬0	2019-03-20 15:45	🗑 删除
付育忠 [农技人员] 辣椒最好不要留种，第二年再用这种会造成品…	♡0 ｜💬0	2019-03-20 15:46	🗑 删除
张萍 [农技人员] 辣椒是可以自己留种的。	♡0 ｜💬0	2019-03-20 15:46	🗑 删除
高建中 [农技人员] 辣椒能不能自己留种关键看该品种是否为杂交…	♡0 ｜💬0	2019-03-20 15:46	🗑 删除
辣椒能不能自己留种关键看该品种是否为杂交品种，如果是杂交种则不能自己留种，自己留种会降低品质和质量；如果…			
戴玉莲 [农技人员] 辣椒可以自己留种。问题是长期留种会导致品种…	♡0 ｜💬0	2019-03-20 15:47	🗑 删除
冯胜利 [农技人员] 杂交辣椒种子不宜自己留种。	♡0 ｜💬0	2019-03-20 15:54	🗑 删除

3. 使用哪些除草剂后不能种油菜？

答：前茬作物生长期间使用，对双子叶植物有害，且未出安全期不能种，如使用2,4-滴丁酯。

问答管理

杨林 📍 河北省唐山市丰润区 | 2019-03-01 09:19

使用哪些除草剂后不能种油菜？

全部答案(26144181)

高建中 [农技人员] 前茬作物生长期间使用，对双子叶植物有害，且未... ♡1 | 💬0 | 2019-03-01 09:03 🗑 删除

湛毅强 [农技人员] 对油菜有危害的除草剂可以参考以下列举：... ♡2 | 💬0 | 2019-03-01 09:55 🗑 删除

前茬作物生长期间使用对双子叶植物有害，且未出安全期不能种，如使用2.4-滴丁酯

二、精华日志

1. 服务时间：2019年3月25日　服务类型：技术培训

阳原县农业农村局按县委指示召开了种植业技术培训会，有幸陪同河北巡天农业科技有限公司副总经理杨建勇为各贫困村代表进行培训。

2. 服务时间：2019年4月1日　服务类型：进村入户

陪同阳原县农业农村局技术人员深入农村，落实阳原名品"鹦哥绿豆"试验示范基地。争取通过几年的努力提升产品品质，打造鹦哥绿豆"芽豆之乡"。

三、精华农情

1. 上报时间：2018年7月17日　上报类型：自然灾害

今天早上，阳原县三马坊乡部分村遭受暴风雨，果树被吹倒，玉米被刮折，对农业生产造成极大的危害，损失惨重。

2. 上报时间：2019年4月25日　上报类型：墒情

昨天一场雨，降水量至少15毫米，有效缓解了旱情，土壤墒情好，气温回升后可及时播种。

在平凡的岗位上默默耕耘

——山西省朔州市朔城区农业技术推广中心　郝丽艳

郝丽艳，女，汉族，1975年12月生，朔城区农业技术推广中心高级农艺师。连续多年被朔城区委、区政府评为"模范个人"；2008—2010年参加朔州市玉米丰产方示范项目，获"全国农牧渔业丰收奖"三等奖；2011年底被山西省农业厅评为"先进个人"；2014年获朔州市劳动竞赛委员会"五一劳动奖章"；2015年被中国农业推广网评为首批百名优秀信息员；2015—2016年参加"中国知网杯"网络书屋竞赛活动，连续两年获山西省农技人员个人三等奖。郝丽艳一直坚持深入生产一线，做好农业试验、示范、推广及农情信息采集工作，与时俱进、开拓创新，积极运用互联网技术，为农民排忧解难，以促进农民增收、农业增效为己任，不忘初心服务"三农"，在平凡的岗位上辛勤耕耘，用实际行动诠释了自己的情怀和梦想。

干一行爱一行，学用结合，边学边用

1996年9月，郝丽艳被分配到朔城区农业技术推广中心工作，风华正茂的她兴冲冲地走上工作岗位。在一次下乡的时候，她了解到南榆林乡农户生产技术落后，1亩玉米只有600多斤*产量，收入微薄。她感觉农民真是太辛苦了，总想为他们做点什么。可专业的不对口，又让她感到迷茫、彷徨。但她没有灰心，下定决心脚踏实地地学习，书本、身边的同事、乡土专家都是她的老师。同时，她还积极参加各种农业技术培训班，一边学专业知识，一边学网络知识。当别人看到她问"小郝，又在看书了"，她总是笑着回答"笨鸟就得先飞嘛，与其闲着，不如看看书，学习是一辈子的事"。

工作23年来，她一直从事基层农技推广工作，其间还接受了农业统计基点调查和农情调查任务。在她的时间表中没有星期天、没有节假日，她始终工作在农业和农村一线。为了更好地服务于农村、农民，她一直坚持学习专业理论知识，并在农情采集时理论联系实际，不断更新知识结构。2012年，网络书屋的开通为她提供了良好的学习平台，在自己学习的同时，她还手把手地教农技人员和示范户学习怎样进入系统、怎样下载、怎样进行农技问答及运用书屋解决生产中遇到的难题，受到了大家的好评。2017年10月，中国农技推广APP系统运行后，郝丽艳更是以身作则率先应用，且多次培训县、乡农技人员学习应用，并及时帮大家解决应用过程中遇到的问题。她正是以这样一种认真学习、踏实工作的态度，才极大地提高了自身业务素质和为农民服务的能力，从一名农业工作的门外汉，成长为农技推广的践行者。

---

*　斤为非法定计量单位。1斤＝500克。

急农民所急，做农民朋友的"贴心人"

郝丽艳几十年如一日工作在农技推广一线。基层农技推广补助项目在朔城区实施后，2009—2016年，她一直是福善庄乡小坝村玉米产业技术指导员，每年对农户进行产前培训及田间技术指导。前些年，小坝村玉米分蘖较多，农民习惯于人工去除，费时费工。她在听过山西省玉米研究所专家讲课后，得知分蘖不必人工去除，于是及时进行指导。通过她的讲解，农户不再担心玉米分蘖问题。同时，针对农户玉米种植中存在的缺苗断垄问题，她去田间地头查找原因，提出应对措施。

2014年5月初，朔城区玉米苗期受冻，郝丽艳经过调查发现：玉米苗地面叶片冻死了，但地下的根还是白色。及时指导示范户并让他们通知辐射户，玉米苗期受冻时（以6叶为分界，6叶以下，玉米生长点还未出土）可不予理会，玉米可自行恢复，有条件的可喷施叶面肥促进其生长，切不可毁苗重种。因此，避免了田间出现大小苗现象，为农户节省了重种带来的损失。

郝丽艳既是农技指导员又是农情信息采集员，双重的身份为她掌握朔城区农情资料创造了条件。为了工作的方便，2015年，她在微信上创建了朔城区农情信息群，及时收集各乡镇作物长势及受灾情况。同时，她将上级业务部门的指导信息第一时间通过各乡镇信息员反馈给基层农户，大大提高了工作效率。先后为农户解决了玉米顶土后不展叶、洪涝田间管理、除草剂药害等问题。

2016年6月，滋润乡农技站段斌站长上报，河淋禽村部分田玉米苗5～6叶10厘米左右高，根部发红，不知是什么原因不再生长，且路左边几块地的玉米苗有问题，而路右边苗子长势良好。农情人员经实地调查，确定是浇地水源受除草剂污染所致，及时对农户进行灾后补救技术指导。同时，郝丽艳还将受灾照片、补救措施及玉米除草剂药害问题等相关知识发送到农技人员群、农情群、玉米爱好者等微信群，让大家共同学习，为以后解决类似问题打下基础。

2018年8月，由于降雨较多，有村民反映高粱、谷子、玉米有倒伏现象。郝丽艳将"高粱、谷子倒伏后怎样补救""玉米发生倒伏后怎样评估产量损失"等问题用手机APP发送提问后，收到了来自全国各地农技人员的上百条答复及灾后恢复生产应对措施。她及时将信息反馈给农户，指导他们进行灾后生产自救，将损失降到最低。这样的事例还有很多。

2012年，国家玉米产业技术体系与基层农技推广工作对接，郝丽艳有幸成为忻州试验站的信息员。在试验站专家的指导下，她在朔城区推广了多项实用新技术。2018年，为了更好地推广玉米、杂粮膜侧播种技术，郝丽艳将膜侧播种培训课件发送到农情群，再让信息员们传播到各村，推广范围成倍扩大，农技人员和示范户足不出户便可自行学习，同时还可将课件进行收藏，随时观看，大大节约了时间和成本，弥补了现场培训笔记记不全的弊端。

线下指导之余，郝丽艳还不忘在线上提问和解答各地提出的问题。2016—2018年在网络书屋发帖200多条，回复提问50多条；2017年10月后利用手机APP提问362条，解答3 491条，受到好评1 420条。同时，根据工作情况认真上报日志、农情400余篇，在山西省名列前茅。

平凡的岗位，成就不平凡的事业

长期以来中央及各级政府对农业和农村工作非常重视，对农业的投入逐年增加，基层农技人员的工作更显重要。

2009—2016年，在基层农技推广改革与建设补助项目中，郝丽艳作为百名农技人员之一，指导了福善庄乡10户科技示范户，每年进村入户进行产前培训及技术指导。通过玉米新品种、新技术的推广，小坝村的玉米产量由过去的420千克上升到现在的700千克以上，人均收入大幅增长，老百姓靠种玉米致了富，种田积极性高涨。

2010—2016年，在玉米、胡麻高产创建项目中，郝丽艳和同事们每年下乡对项目区农户进行产前培训及产中跟踪技术指导，使项目区玉米平均亩产达到700千克以上，胡麻平均亩产达到200千克以上，受到农户的好评。

2012—2018年，郝丽艳作为国家玉米产业体系忻州试验站的信息员，在试验站专家的指导下、在单位领导的带领下，在朔城区全面推广了机械深耕、深松，玉米大斑病防治前移和玉米膜侧播种等实用新技术，解决了耕层变浅、作物易倒伏、大斑病防治效果差、玉米膜上种植时放苗投工多以及地膜回收难等一系列问题，经济效益、社会效益显著。

郝丽艳，一个普通的基层农技人员，在平凡的岗位上默默耕耘、不懈努力，立志为朔城区农业增效、农民增收奉献自己的力量，用实际行动践行着自己的情怀和梦想。

工作成效

一、精华问答

1. 我们这里从去年开始使用膜侧播机种植玉米，不知其他地方使用不，增产效果怎么样？

答：膜侧播种技术节本增效效果明显：一是提高了播种速度，二是节约了地膜，三是节省了放苗的人工投入。

问答管理

段斌　山西省朔州市朔城区　｜　2019-04-15 06:31

我们这里从去年开始使用膜侧播机种植玉米，不知其他地方使用不，增产效果怎么样？

全部答案(28529402)

杨明鸿 [农技人员] 图片上的这种机械，还是头一次看见。我们这…	♡0 ｜ 💬0 2019-04-15 06:20	🗑 删除
郭宝海 [农技人员] 膜侧玉米能保墒，但易造成白色污染。	♡10 ｜ 💬0 2019-04-15 06:52	🗑 删除
郝丽艳 [农技人员] 膜侧播种技术节本增效效果明显：一是提高了…	♡0 ｜ 💬0 2019-04-16 17:36	🗑 删除

2. 春耕备耕期间，农技人员应该做好什么工作？

答：加强惠农政策宣传，了解农户备耕中存在的问题，进行技术培训，指导好春耕生产。

问答管理

全部答案(28529221)

吴平 [农技人员] 加强农业春耕春播技术及相关惠农政策宣传…	♡2 ｜ 💬0 2019-04-15 06:27	🗑 删除
何青松 [农技人员] 春播时间，农技要及时做好农业生产的技术指…		🗑 删除
陈廷续 [农技人员] 帮助农民做好春耕选种，施肥工作，一年之计在…		🗑 删除
郝丽艳 [农技人员] 加强惠农政策宣传，了解农户备耕中存在的问…	♡0 ｜ 💬0 2019-04-15 18:26 2019-04-16 17:29	🗑 删除

3. 这几天正是玉米出售时期，不知各地玉米市价多少钱？

答：当地价格0.82元/斤，降了不少。

问答管理

段斌 ⊙ 山西省朔州市朔城区 | 2019-04-15 19:12			

这几天正是玉米出售时期，不知各地玉米市价多少钱？

全部答案(28528802)

王飞扬 [农技人员] 我们这边的玉米每斤0.82元。	♡ 0 | 💬 0	2019-04-15 19:31	🗑 删除
乌尼尔其劳 [农技人员] 玉米排骨汤春天北方气候变化太大，农村牧区…	♡ 0 | 💬 0	2019-04-15 19:31	🗑 删除
朱士和 [农技人员] 我们当地玉米价格一公斤3.6元左右。	♡ 0 | 💬 0	2019-04-15 19:32	🗑 删除
郝丽艳 [农技人员] 当地价格0.82元/斤，降了不少。	♡ 0 | 💬 0 2019-04-16 17:17		🗑 删除

4. 适合朔城区种植的高产优质的高粱品种有哪些？

答：晋糯3号、晋杂22、红茅粱6号等都不错。

问答管理

邢耀金 ⊙ 山西省朔州市朔城区 | 2019-04-08 09:11		

适合朔城区种植的高产优质的高粱品种有哪些？

全部答案(28180641)

郝丽艳 [农技人员] 晋糯3号、晋杂22、红茅粱6号等都不错。	🗑 删除
♡ 0 | 💬 0 2019-04-08 14:49	

二、精华日志

1. 服务时间：2019年4月22日　服务类型：进村入户

4月20日降雨过后，气温适宜，土壤墒情良好。朔城区各乡村农户开始抢墒种植玉米，田间呈现一派繁忙景象。农技人员除常规的进村入户指导外，还运用微信群进行了膜侧播种技术指导与种植交流，将互联网与农技推广紧密相连。

2. 服务时间：2019年4月25日　服务类型：学习观摩

今天发现中国农技推广APP首页出现一个智能机器人，点开后发现是智能问答，试着提问"膜侧播种技术有什么好处"，结果答非所问。智能问答很有创意，不过还有待于逐步完善。

3．服务时间：2019年4月28日　服务类型：进村入户

目前，滋润乡苜蓿长势良好，近日连续降雨虽然影响了玉米的播种进度，但对苜蓿生长非常有利。虽然苜蓿对水分的需求量大，但是地里也不能有积水，有积水需马上排出，否则会导致植株烂根，应指导农户加强田间管理。

三、精华农情

上报时间：2019年4月28日　上报类型：自然灾害

4月27～29日全省气温偏低，北部山区－1～6℃，有4～5级、短时6级以上西北风。对梨、苹果、枣、桃、杏等经济林或设施农业的生产不利，建议用户提前做好保暖防寒措施，以防发生冻害。

现代农业的架桥人

——山西省晋中市榆次区庄子乡农业技术推广站　何润昌

山西，中华文明的摇篮。2 600多年来，黄土高原的千沟万壑之间积淀下了深厚的农业文明，孕育出了无数优秀的儿女。晋中市榆次区庄子乡就处在这深植着厚重文化的黄土高原上，乡农业技术推广站站长何润昌就是这无数优秀儿女中的一个。

26年前，何润昌成为乡农业技术推广站的一名普通技术员。这个土生土长的小青年，在乡党委、政府的坚强领导以及农业主管部门的全面指导下，以炽热的情怀刻苦学习农技服务本领，认真贯彻落实上级惠农政策，广泛利用中国农技推广APP、云上智农APP、微信等新媒体传播新知识，逐渐成长为庄子乡农民群众最信任的"土专家"。全乡农业生产水平、农产品质量安全、农民科技素质都得到了有效提升，"互联网＋农技推广"取得了实实在在的成效。

网络科技强农业

庄子乡以水果和设施蔬菜为农业主导产业。何润昌在两大产业扩规提质过程中，不但努力发挥先进实用新技术的示范促进作用，而且与时俱进，利用网络这个强大工具，帮助农民群众搭上信息化的快车。

他使用中国农技推广APP这一新渠道发布问答、动态4 569条，上传日志202篇，发布农情8篇，明显提高农民群众接受农技知识的即时性、直观性，放大了农技推广对农业产业发展的推动作用。例如，通过与山西省农业科学院土壤肥料研究所、蔬菜研究所专家的交流，指导南赵村科技试验示范水肥一体化，推广30余户种棚户，在生产中节水、节肥成效明显；通过指导科技示范户试验示范苹果套袋、高光效树形改造技术，紫坑村3 000亩果园基本实现了土壤改良、树形修剪技术的全面覆盖，生产效益显著提高，全村果品产量从原先的300余万斤增加到500余万斤，增幅近60%。近年来，何润昌还在庄子乡各村测土采样400个，发放配方施肥卡8 000余份，全面提升了全乡的生产科技水平。

网上培训智农民

近年来，何润昌紧紧抓住榆次区开展高素质农民培育的机遇，积极配合、争取支持，通过多种形式特别是网上教育提升庄子乡农业骨干的综合素质。

针对各村生产特点和存在的主要问题，重点在配方施肥、植保防治、科学种植、产品营销等方面组织培训。庄子乡每村都有培训方案，每村集中培训15次，确定了致富带头人，指导员入户培训指导10次，充分发挥他们的示范带动作用，解决群众在生产中存在的实际问题，促进本村产业发展。

同时，组织300人参加榆次区苹果专业培训班，组织75人参加榆次区粮油高产创建技术培训班，组织100人参加蔬菜专业培训班。还组织435人参观了农产品博览会。全乡12316信息服务平台用户达到363户，云上智农APP用户达440多户，还有26户种植大户成为中国农技推广APP注册用户。农业骨干综合素质得到明显提升。

防治并重减损失

何润昌对做好农业生产效益的"加减法"非常关注，在提升生产能力的同时，积极开展防灾减灾工作，努力减少损失。

一是加强监控。通过科学布置观测点，认真监控、准确掌握田间病虫发生情况和发展趋势，及时发出病虫害预警和通报。在他的积极争取下，榆次区农业推广中心把庄子乡作为全区唯一的苹果蠹蛾监测点。二是科学防治。2015年春季，庄子乡19个山区村6000多亩玉米遭受野鸡危害，何润昌在区农业推广中心支持下，指导农民采取扎稻草人、播放老鹰声音等物理方法和"一闻避""巨地"等特效驱鸟剂喷雾等化学方法驱鸟，同时"农药拌种＋精播机播种"补种农作物4000亩，挽回了群众损失；2016年，针对玉米红蜘蛛危害，上报区农业推广中心，指导专业合作社在东墕、井峪、南赵、西墕、杨方、六台等村实施统防统治5000亩。三是网络防灾。近两年来，他还把防灾减灾延伸到了网上，先后通过微信这一最广泛的社交媒体，发布气象灾害、病虫灾害等预警防控信息135条，指导农民有效控制了全乡病虫发生程度，减少了病虫危害损失，得到了上级的肯定和群众的称赞。

严把质量保安全

庄子乡生态环境良好，杂粮、水果闻名周边。何润昌深知质量安全是农业的生命，在加强监管、保证质量上不遗余力。

一方面，他在榆次区农业执法队支持下，对全乡所有农药经营户进行培训，逐个检查农资经营户，及时处理问题农资，规范经营户行为，防止伪劣农资侵犯农民合法权益，从源头上杜绝经营和使用高剧毒农药。另一方面，在全乡组织开展农产品质量安全抽样检查，堵住不合格农产品流出产地流入市场的渠道。近3年来，使用速测仪进行产地监测1000余份，送区农产品质检中心检测200份，样本全部合格。多年来，庄子乡从未发生农产品质量安全事件，树立了良好的农产品质量安全形象。

"谁言寸草心、报得三春晖。"年过半百的何润昌，把一生最美的青春献给了农技推广事业，用兢兢业业、坚持不懈的工作回报着生他养他的这片土地，用修身立德、脚踏实地的态度回报党和人民对他的期待。他的努力也带来了可喜的成果：庄子乡农业现代化水平不断发展，苹果产业规模、质量、效益不断提升，其新红星苹果以其独特的芳香和口感享誉京城。实现了全乡农民"人均二亩果"的目标，先后涌现出牛村、杨方、井峪、上下黄彩等产业先进村，农民收入增幅快于全区平均水平，大批群众进城买楼。省、市领导多次到庄子乡调研指导。何润昌也连续10年被评为榆次区农技推广先进个人。2018年11月，他光荣地当选为榆次区科学技术协会副主席。

〉〉〉〉 工作成效

一、精华问答

1. 在大棚种植葡萄授粉期间土壤中的水分要控制在百分之多少？

答：葡萄授粉期间的土壤湿度为田间最大持水量的60%～80%。

问答管理

林海雪原 | 2019-04-29 16:41

在大棚种植葡萄授粉期间土壤中的水分要控制在百分之多少？

全部答案(29030060)

何润昌 [农技人员] 葡萄授粉期间的土壤湿度为田间最大持水量的6…   ♡0 | 💬0   2019-04-29 17:02   🗑 删除

2. 请问各位老师黄瓜苗为什么是黄色的？

答：才出土的黄瓜子叶是黄色的，经过太阳光照晒会逐步变成绿色。

问答管理

刘全 📍 吉林省松原市宁江区 | 2019-04-29 16:42

请问各位老师黄瓜苗为什么是黄色的？

全部答案(29029746)

于武全 [农技人员] 应该是播得深或者种子芽势弱在地下待的时间…   ♡0 | 💬0   2019-04-29 16:35   🗑 删除

何润昌 [农技人员] 才出土的黄瓜子叶是黄色的，经过太阳光照晒会…   ♡0 | 💬0   2019-04-29 16:52   🗑 删除

3. 请问各位猕猴桃现在多少钱1斤？

答：我们这里农贸市场上猕猴桃每斤8元。

问答管理

李平芳 📍 安徽省阜阳市颍州区 | 2019-04-29 16:09

请问各位猕猴桃现在多少钱1斤？

全部答案(29029336)

任瑞双 [农技人员] 现在我们这边猕猴桃商场里每斤7元左右。   ♡0 | 💬0   2019-04-29 16:35   🗑 删除

何润昌 [农技人员] 我们这里农贸市场上猕猴桃每斤8元。   ♡0 | 💬0   2019-04-29 16:36   🗑 删除

二、精华日志

1. 服务时间：2019年4月25日 服务类型：政策宣传

安排各村申报2019年区级农业补贴资金，申报程序改为：实施主体申报－乡镇整理－各中心审核－农业局批准，补贴内容主要是7类："三新"应用、产业结构调整、一二三产融合（休闲农业之

类的）、绿色可持续农业、品牌建设、新型主体、农业重点工程。

2．服务时间：2019年4月27日　服务类型：业务包村

昨晚一夜雨的降雨量在20毫米以上，温度降低到了3℃，应该不会影响水果的生产，对春耕播种来说太好了。

3．服务时间：2019年4月29日　服务类型：进村入户

井峪枣园指导病虫害防治，安全使用农药。

三、精华农情

上报时间：2019年4月4日　上报类型：墒情

已经是清明节了，去年冬天到现在没有一次有效降水，土壤表层10厘米没有湿土，早播将面临很大问题。

田野上有我付出的爱

——山西省阳高县大白登农业技术推广中心站　景庆瑞

　　田间地头有他忙碌的身影，培训课堂有他精湛的讲演。凭着满腔热情和对农民的大爱，在农村科技服务的田地里，默默奉献着自己的热血。他就是阳高县大白登农业技术推广中心站农艺师景庆瑞。

　　景庆瑞1988年3月调入阳高县大白登农业技术推广中心站任农技员，于2018年6月退休，应广大农民的请求，大白登镇人民政府又把他返聘到这个岗位上。在这个岗位上为帮助农民致富，他十几年如一日，深入农村，根据市场需求帮助农民调整种植结构。他踏遍了大白登镇29个村8个设施蔬菜产业园区，对农民进行蔬菜种植技术培训和技术服务指导。近年来，他重点引进推广蔬菜优良品种45个、实用新技术58项；为农民举办蔬菜种植技术培训班423场次，直接培训农民1.1万人次，有1 120户农民通过技能培训靠种植蔬菜脱贫致富。

一心扑在科技兴农的事业上

　　"远看是要饭的，近看是农业技术站的。"这是社会上一些人对农业技术干部的形象概括。对此，景庆瑞并不在意。他说："既然选择了农业这一行，那用武之地就在农村，服务对象就是农民，就要力争把工作干好，为农民群众干点实事。"景庆瑞就是这样做的，他把向农民传播科技知识，让农民增收、农业增效当成自己的事业干。因此，当农民通过科技知识培训脱贫致富的时候，当通过一个优良品种的引进推广形成了一片市场、一个产业的时候，他不仅体会到了自己职业的崇高、伟大，而且在心里也有着一分耕耘后的成就感。

　　为把科学技术变成第一生产力，让农民通过种植蔬菜致富，景庆瑞一心扑在设施蔬菜推广上。为掌握最新的科技知识，他经常自己掏腰包参加省里举办的各种蔬菜培训班。为把建造日光温室和种植技术及时送到农民手里，他经常坐公交汽车或骑电瓶车下乡，就日光温室的采热原理、建造尺寸、选址、规模、造价成本、推广意义以及反季节无公害蔬菜的销售前景、栽培技术等问题向村民进行详细讲解，并就蔬菜种植中的常见问题与村民展开互动、现场答疑。从2009年开始，大白登镇已建成日光温室1 000栋，发展移动大棚2 000多栋，设施蔬菜成为全镇农民增收致富的主导产业。

既管种植技术又帮菜农销售

　　大白登镇各村蔬菜发展不平衡，菜农的种植水平也不一样。有种菜时间比较长的老菜农，也有不少刚开始学习种菜的新菜农。为让农民掌握种菜技术，2009年他利用30天的时间逐乡逐村对农民进

行种植技术培训，有时一天讲3节课。过去祖祖辈辈都靠种植大田玉米生活，现在要改变种植结构，发展大棚菜生产，农民心里没底。因此，从订购秧苗、建棚、施肥、整地、定植、管理、病虫害预防每个细节，景庆瑞都要手把手地教。

为及时解决农民遇到的实际问题，他自己开通了24小时热线电话，建立了16个微信群，并制作便民联系卡，农民遇到什么技术问题可以随时向他询问，他随时给予解答。2011年，他编写了一套日光温室蔬菜栽培技术操作规程，发到每个日光温室蔬菜种植农民手中。还充分利用群发短信的现代通信方式，把编好的栽培关键技术以及有关病虫害的防治方法，用短信的方式群发给菜农。还帮助有智能手机的农户下载中国农技推广APP，让他们从平台上及时学习新的科技知识。他的16个微信群平台根据农情，每天发送10多篇农业实用技术。现在，景庆瑞早已成了农民的贴心人。在农村不论是上了年纪的老人，还是十几岁的孩子，都亲切地叫他"景老师"。

种菜难，卖菜也不容易，寻求市场是关键。景庆瑞发展了8个蔬菜专业合作社，并启动蔬菜销售服务点10多个，通过打电话、上网联系客商，使出了浑身招数，终于引来了10多个客商。使大白登镇设施蔬菜分别销往内蒙古、河北、北京、天津以及山西大同、朔州、忻州、太原等地，2018年还与海南佳伟、北京新发地建立了稳定的合作关系，创建出大同市阳高县大白登设施蔬菜高产高效之乡。

自2009年以来，大白登镇设施蔬菜进入规模生产，产量和效益逐年增加10%以上，产品形成"农户＋示范＋标准化技术"的经营模式，实现了区域性种植、标准化管理、产业化经营，全镇菜农年增收3 400多万元。

宁可自己遭罪也要帮农民致富

景庆瑞家住阳高县城，离大白登镇设施蔬菜产业园区15公里，他每天骑着一辆电动车在园区里挨个转、逐棚进，风里来雨里去，不畏严寒酷暑。特别是在早春大棚里，里外温差20℃左右，在棚里满头汗，出来外面冷风一吹就感冒。但为了村民致富，他宁可自己遭罪，也不耽误对农民的技术指导。

为了打造日光温室有机绿色蔬菜实验示范区。山西农业大学、阳高县大白登镇开展县校合作，在大泉山火山生态绿色蔬菜基地，成功地试验示范水肥一体化集成技术，使北方冷寒地带温室大棚越冬西红柿在春节前成功上市。他担任技术负责人，2019年此集成技术将在阳高县辐射推广、造福农民。已规划在露地蔬菜、集中连片移动大棚区、日光温室区等16个村点实施，辐射面积3 000多亩，为农民进一步拓宽致富之路。今后，景庆瑞会更辛苦。

几十年默默地耕耘，几十年默默地奉献，景庆瑞用辛勤的汗水在大白登这块贫瘠的土地上谱写了一曲曲令人感动的大地丰收之歌！

景庆瑞2013年被评为大同市科技带头人，2016年被评选为"中农赛杯"第二届"山西省新农村科技致富带头人"，2017年被评为大同市劳动模范。

工作成效

一、精华问答

1. 请问胡萝卜根畸形的原因及针对措施有哪些？

答：胡萝卜地质硬化，耕作层浅，根系受到障碍，苗期受到严重干旱，影响多种中、微量元素的吸收，如引起缺钙、缺硼等。应该深中耕，加强水肥合理施入管理。

问答管理

牛丽丽 ⚲ 内蒙古自治区赤峰市巴林左旗 ｜ 2019-04-28 18:10

请问胡萝卜根畸形的原因及针对措施有哪些？

全部答案(29003957)

林德元 [农技人员] 胡萝卜根变畸形，一是选种，二选土壤，三适…
♡0 ｜💬0　2019-04-28 18:21　🗑 删除

景庆瑞 [农技人员] 胡萝卜地质硬化，耕作层浅，根系受到障碍 …
♡0 ｜💬0　2019-04-28 18:30　🗑 删除

晨阳 [普通用户] 短根：土壤疏松耕层浅导致胡萝卜根下扎受阻…
🗑 删除

2．尿素可以当作叶面肥用吗？

答：尿素可以当作叶面肥使用，但必须掌握浓度。

问答管理

王旭娜 ⚲ 河南省许昌市魏都区 ｜ 2019-04-12 17:17

尿素可以当作叶面肥用吗？

全部答案(28371530)

景庆瑞 [农技人员] 尿素可以当作叶面肥使用，但必须掌握浓度。
🗑 删除

井茂海 [农技人员] 尿素可以作为叶面肥使用，配比浓度不能过高…
♡0 ｜💬0　2019-04-12 17:43　🗑 删除

刘红生 [农技人员] 可以。尿素分子体积小，水溶性好，扩散性大…
♡0 ｜💬0　2019-04-12 17:44　🗑 删除

3．西红柿喜欢什么类型的土壤？

答：西红柿最喜欢有机质含量高的中性偏碱的壤土。

问答管理

苗玉柱 ⚲ 河南省焦作市武陟县 ｜ 2019-04-11 05:03

西红柿喜欢什么类型的土壤？

全部答案(28293751)

景庆瑞 [农技人员] 西红柿最喜欢有机质含量高的中性偏碱的壤土。
♡0 ｜💬0　2019-04-11 05:20　🗑 删除

邵美宁 [农技人员] 各位同事朋友们好，栽培西红柿喜欢酸性土壤。
♡0 ｜💬0　2019-04-11 05:21　🗑 删除

二、精华日志

1．服务时间：2019年4月21日　服务类型：技术培训

今天上午，在阳高县宾馆，由县农业农村局组织培训，由省技术总站站长王海滨主讲向日葵栽培技术。

2．服务时间：2019年4月26日　服务类型：进村入户

今天上午，进入阳高县大白登镇四百户村日光温室大棚蔬菜区，指导菜农种植黄瓜及病害防控技术。

3．服务时间：2019年4月26日　服务类型：进村入户

今天下午，进入阳高县大白登镇小白登村日光温室大棚蔬菜试验3号棚，指导菜农改茬种植西红柿。

青春易失白发早
服务"三农"终不悔

——山西省新绛县农业技术推广中心 蒲改平

在山西省新绛县，有这样一位女同志，她常年奔波于田间地头，几十年如一日地践行着对这片土地的热恋，在农技推广服务的天地里默默地奉献着。她叫蒲改平，是新绛县农业技术推广中心高级农艺师。蒲改平1991年7月毕业于山西农业大学植物保护系，当年分配到新绛县生产资料公司，从事农业生产资料的分配与管理工作。1992年12月调到新绛县棉花原种场从事农作物病虫害的预测预报和小麦、棉花的区试工作。1995年5月，她又被调到新绛县农业技术推广中心工作。1998年评为农艺师，2005年12月取得高级农艺师资格。自工作以来，她把"农民靠科技致富"作为自己的职责和工作目标，充分依靠农业农村局和乡镇党委、政府的支持，深入开展调查研究，因时因势因地开展科技服务和培训。特别是近年来，更是利用"互联网＋农技推广"平台，推广新品种、新技术，开展咨询服务、答疑解惑，为新绛县农技推广和设施农业发展作出了突出贡献。

充分利用中国农技推广APP做好农技推广

作为一名农业技术推广人员，把最新的品种、最新的技术推广给农民，并应用到农业生产中，最终产生一定的经济效益。这才是农技推广最根本的目的。一项农业新技术推广的周期本身就长，再加上近年来常规农业的效益较低，农民种植农作物的积极性不高，尤其是采取老套的技术推广方法，周期会更长。随着社会的进步、互联网的广泛应用，新绛县有28万农民、有6万多部手机。"现在只要用手指轻轻一点，农业生产方面的各种专业技术信息'信手拈来'，还可以在线与农业专家交流学习，实时掌握各地农业生产动态。"这种简单、快捷的农业信息技术服务模式已成为现实。为充分发挥这一优势，蒲改平利用中国农技推广APP解答5 558个问题、发布日志1 452条、发布农情73条、发布文章97篇。在APP平台上，不仅能第一时间解决农业生产中遇到的各种疑难问题，而且能与同仁们互相交流，更重要的是能学到各种知识，把新品种、新技术快速推广给广大农民，也提高了自身素质，增强了为农业服务的本领。

积极推进"互联网＋现代农业"，新绛县现有50多家蔬菜种植、育苗基地企业实施了网上交易，发展农业电商经营户10余家，产品销往全国各地。"益农信息社"制订了详细的实施方案，同时与县级运营商中国联通有限公司积极对接，制订详细的建设方案，现在正有序地运行。

认真学习业务知识，不断提高服务"三农"的本领和能力

自走上工作岗位以来，她从没有放松过学习，除参加各级组织举办的业务培训外，还订阅相关报纸、杂志，了解和学习农作物病虫草鼠害及农业技术推广方面的知识，掌握农业生产中所需的新品

种、新技术并及时推广给农民，解决农业生产中遇到的疑难问题，到田间地头与农民同学习共生产，在干好本职工作之余，把自己的一些见解总结成文在各级各类刊物上发表或出版成书。例如，《苹果果实储运期间常见病害及防治》发表在《植物医生》；《新绛县农业生产现状及发展对策》发表在《农民致富之友》；《全力推进农业产业化快速发展》发表在《农业与技术》；《对新绛县农民专业合作社发展状况调查》发表在《农业技术与装备》；《蜜蜂与现代农业》发表在《农业工程技术》；《大棚油桃栽培管理关键技术及注意事项》发表在《农业技术与装备》；《山西省玉米病虫害的发生现状及防治对策》发表在《农业工程技术》；《梨小食心虫性诱剂不同配比的田间诱蛾效果》发表在《河南农业科学》。编写出版《新绛县新型农民科技培训教材》《新绛县测土配方施肥技术手册》《农业实用技术培训资料》。

积极参加技术承包项目和各种农业项目

参与了2013年阳光工程和2016年新型农民培训工程。通过阳光工程项目的实施，提高了农民的科技文化素质和种植水平，促进了农业发展、农民增收。

主持了新绛县万亩设施油桃生产技术承包项目。该项目推广了测土配方施肥技术、强制休眠技术、蜜蜂授粉技术，为农民提供了一整套高产高效设施油桃生产技术，培肥了地力，提高了农业综合生产能力，保护了环境，减少了用工，提高了油桃的产量和品质，增加了果农收入。

参与新绛县横桥乡支北庄双千亩核桃高接换优新技术示范推广项目。由于支北庄8 000亩核桃品种老化、品质不佳、产量不高，需对它们进行嫁接改造，实行高接换优，通过开展课堂培训、示范基地现场培训、科技人员典型展示、发放技术培训资料等形式使农民熟练掌握技术。该项目的顺利实施使农民每亩增产33千克、增收330元，也带动了南岭北山的20 000株老核桃树的改造，提高了核桃的品质，增加了农民收入。

参与新绛县龙兴镇西曲村玉胜优质叶菜走廊发展规划，为老菜区的改造起到了示范带动作用。采用国内科技领先成果，即有机农业高效栽培模式和菜粮轮作倒茬间作模式＋作物秸秆粉碎还田有机肥＋新型生物肥＋菜粮间作，可适时错开病虫害易发期，变无公害蔬菜为绿色蔬菜。不仅投资小，而且还收益高，更重要的是保障了人民群众身心健康。

主持了新绛县万亩小麦高产田创建技术承包项目，形成了一整套小麦高产技术与措施。坚持高产高效相统一，实现标准化生产、规模化经营、产业化带动，促进产能提升和效益增加，打造了万亩小麦创高产示范园，平均亩产达千斤。通过项目实施辐射带动附近乡村小麦均衡增产，保证了农产品质量安全，提高了农民收入。

参加山西省农业综合开发科技推广项目，即小麦减肥减药增产增效技术及配套机械的示范推广项目。现在项目已实施了一年。该项目在保护生态环境、减少投入的基础上，提高了土壤质量和化肥利用率，从而实现小麦增产提效、农民增收。

青春易失白发早，服务"三农"终不悔。如今，蒲改平已经50多岁了，她依然活跃在田间地头和培训课堂。"把自己掌握的知识千方百计地送到农民手中，并及时应用到农业生产中，是我们义不容辞的责任。我们一定要担负起这一神圣使命，做一个无愧于农业、农村、农民的农业技术推广员。"她是这样说的，更是这样做的。

工作成效

一、精华问答

1. 西瓜枯萎病在什么环境容易发生？

答：地势低洼、排水不畅、偏施氮肥、瓜类根系发育不良等均有利于西瓜枯萎病的发生。

问答管理

> 陈峰 　吉林省长春市农安县 | 2019-04-30 20:55
>
> 西瓜枯萎病在什么环境容易发生？
>
>
>
> ---
>
> 全部答案(29064379)
>
> 蒲改平 [农技人员] 地势低洼、排水不畅、偏施氮肥、瓜类根系发... ♡ 0 | 💬 0 2019-04-30 20:46 🗑 删除
>
> 赵春香 [农技人员] 连续降... 地势低洼、排水不畅、偏施氮肥、瓜类根系发育不良等均有利于西瓜枯萎病的发生。 04-30 20:56 🗑 删除

2．请问土壤改良措施有哪些？

答：土壤改良措施有：采取相应的物理、生物或化学措施。改善土壤性状，提高土壤肥力，增加作物产量以及改善人类生存土壤环境的过程。

问答管理

> 陈杰 　内蒙古自治区赤峰市巴林左旗 | 2019-04-30 08:26
>
> 请问土壤改良措施有哪些？
>
>
>
> ---
>
> 全部答案(29046972)
>
> 蒲改平 [农技人员] 土壤改良措施有：采取相应的物理、生物或化... ♡ 1 | 💬 0 2019-04-30 08:42 🗑 删除
>
> 刘青青 [农技人员] 1.精耕细作，合理施肥 2.... 土壤改良措施有：采取相应的物理、生物或化学措施。改善土壤性状机提高土壤肥力，增加作物产量以及改善人类生存土壤环境的过程。

3．水稻苗期有哪些病害，怎么预防？

答：水稻苗期有生理性烂秧、绵腐病、立枯病、恶苗病等。

问答管理

> 张银宝 　吉林省长春市双阳区 | 2019-04-27 06:46
>
> 水稻苗期有哪些病害，怎么预防？
>
>
>
> ---
>
> 全部答案(28947247)
>
> 蒲改平 [农技人员] 水稻苗期有生理性烂秧、绵腐病、立枯病、恶... ♡ 0 | 💬 0 2019-04-27 06:38 🗑 删除
>
> 虞根聪 [农技人员] 水稻苗期主要有恶苗病和立枯病。 水稻苗期有生理性烂秧、绵腐病、立枯病、恶苗病等。 ♡ 0 | 💬 1 2019-04-27 06:39 🗑 删除

二、精华日志

1．服务时间：2018年6月22日　服务类型：业务包村

组织农村妇女参加微创，这是第一批订单完成。

2．服务时间：2018年6月24日　服务类型：业务包村

带领各村妇联主任观摩各村环境卫生并进行评分，且对第一季度卫生文明家庭进行回头看。

3．服务时间：2019年4月30日　服务类型：业务包村

对农村妇女进行农业新技术培训。

扎根红色沃土
书写农技人生

—— 山西省武乡县监漳区域农业技术推广站　王步奇

王步奇生于武乡县大有乡枣烟村，是一位土生土长的农家女儿。生于乡间、长于田埂的她，对这片红色沃土有着无比的眷恋，对农业农村有着深厚的感情。学校毕业后，分配到武乡县监漳区域农业技术推广站，一直从事农业技术推广工作，一扎根就是27年。她把自己的热血和青春都奉献给了这片土地，用自己的朴实和勤劳谱写了一曲为农服务的赞歌。

当好农技"推广员"

1989年，王步奇考入长治农业学校蚕果专业，成为村里为数不多的外出读书人。1992年毕业之后，11月被分配到大有乡政府蚕果站工作，当时县里正推广发展10万亩果园。20岁出头的她，笃定信念，满怀热情，兴致勃勃地走上了工作岗位。当时，与她一起参加工作的同学大多选择到城里机关坐办公室，但她凭着报效家乡的一腔热血、一份挚爱，义无反顾地选择了留在基层。

武乡地处太行山区，山高坡陡、弯多路窄。长期以来，农技人员靠着"一张嘴、两条腿"，穿梭于农户，奔波在田间，烈日炎阳下有他们的汗水。面对信息闭塞和技术人才匮乏现状，一线农技人员在遇到技术瓶颈的时候，工作往往顾此失彼，不能及时有效解决。近年来，随着国家对"三农"工作的高度重视，互联网广泛应用，农技推广进入了信息化时代。她刚刚接触到中国农技推广APP时，与大家一样一头雾水。但是，经过一段时间的熟悉和摸索，中国农技推广APP迅速成为一线农技人员的好帮手，成为她为农户指导服务的助力器。自2017年武乡县农技推广补助项目开始使用中国农技推广APP以来，她坚持每天登录浏览中国农技推广APP，获取最新资讯，学习先进技术，记录工作动态，累计上报工作日志594条、农情信息61条，积极提问并解答。同时，指导了丰州镇魏家窑村姚某某、骈某某等科技示范户安装了中国农技推广APP，查阅资料和学习技术。先后通过APP帮助科技示范户发布问题234次，大部分都得到了全国各地同行和专家的答复，得到了示范户的充分认可，成为农民的"贴心人"。近年来，引进并推广的玉米新品种有诚信16号、强盛388等20多个；晋谷40、长生07等10多个谷子新品种；推广了玉米"一增四改"集成技术、渗水地膜穴播谷子技术等技术模式，在武乡县范围内普及推广应用，收到了良好的效果。

当好农户的"指导员"

线上提问，线下指导，共享信息资源，走出农技推广新路子。当春季果树遭受冻害时，她在微信群里及时发布果树冻害后的补救措施，解决了好多果农的燃眉之急。2018年6月18日，当她在中国农技推广APP提问里看到本地一农户发图片焦急询问谷子苗期有虫害，不知怎么防治时，她马上电话询问农户情况，根据自己的经验，初步判断疑似为谷子跳甲或粟灰甲幼虫，让农户试用高效氯氟氰菊酯或阿维菌素。当日下午4时，农户实施了叶面喷雾防治。过了几天，该农户打来电话说："多亏你指导得及时，虫害治好了！"2018年7月，路过示范户姚某小菜园的时候，王步奇注意到辣椒叶片有些异常，农户并没有引起重视，但是细心的她发现叶边和茎秆已经出现病变前兆，出于一个农技员的职业敏感，她把病变叶片的照片上传中国农技推广APP上。惊喜的是，中国农技推广APP自动识别了叶片的病害，并给出了数种疑似病例。以此为参考，王步奇迅速查阅资料，准确地识别了病害，并指导农户采取补救措施，挽救了农户的损失。这样的事屡见不鲜，她总是哪儿需要就第一时间出现在哪儿，不是在田间，就是在去田间的路上。

当好履职尽责的"信息员"

她首先是一名一线农技人员，凭着对工作的热爱和执着，常常是白天田间地头奔波，晚上网络、微信上报信息材料，二十年如一日，当天的事当天做，从不间断。同时，她还兼管着县农委农业科教云平台信息上报工作。在中国农技推广APP使用之初，她除了做好推广APP使用职责外，还承担着武乡县23个农技推广机构164名农技人员中国农技推广APP的使用指导和监督管理职责。刚开始使用的时候，许多一线农技人员由于年龄较大、信息闭塞，对使用APP积极性不高，推广阻力较大。为了加大推广使用率，她充分利用每次农技人员培训、开会等场合，反复动员大家安装和使用，并耐心细致地进行讲解操作。对于年龄较大的农技员，她除了到田间地头、农户家中，还专程到农技员家里现场指导，手把手地示范指导。经过一点一点地努力，大家逐渐认识到中国农技推广APP的便捷性，越来越多的农技员开始主动使用APP并互相交流经验。武乡县164名农技人员（除3人特殊情况外）全部使用中国农技推广APP，推广使用率在长治地区名列前茅。基层农技人员普遍应用信息化手段进行学习交流和业务指导，信息上报及时准确，每月报送有效日记、农情等信息人均不少于2条，基层农技推广体系管理信息系统填报率100%，得到了省市领导的认可。农技推广补助项目实现了任务安排网络化、推广服务信息化、绩效考核电子化。

争做勤勉担当的"带头人"

随着农业科技云平台的建设，一线农技人员获得了更多深入学习的机会，在繁忙的日常工作之余，她充分借助"农业科技网络书屋"查阅资料，学习专业知识，并将业务学习和农业项目建设相结合，积极参与实施各类农业项目，获奖6项，分别是："杏树优质丰产技术"承包项目获长治市农村技术承包二等奖；"玉米丰产方综合配套技术"承包项目获山西省农村技术承包二等奖；"玉米增产增效集成技术推广"项目获长治市推广转化类三等奖；"果树优质高产集成技术"获得长治市农村技术承包集团二等奖；"千亩玉米示范片集成技术"获得山西省农村技术承包个人三等奖；"万亩玉米高产创建技术"获长治市农村技术承包一等奖。在努力做好本职工作的同时，她刻苦钻研业务，不断总结经验，在国家级、省级杂志上发表了专业论文和调研报告30余篇。自2017年以来，她在《基层农技推广》杂志上发表了12篇文章，其中《武乡县基层农机推广补助项目的探索与思考》单篇下载阅读量超过4 000次，《农技推广助力产业发展成效显著》《农技推广机构与经营性服务组织有机融合途径浅析》等4篇论文单篇下载阅读量超过1 000次。随着专业技术水平的逐步提升，2016年她通过了山西省高级职称评审委员会评审，2017年被聘为高级农艺师。这是武乡县17个基层农技推广机构87名基层农技人员中历史上唯一的高级农艺师，为广大基层农技人员树立了榜样。2011—2012年她被市委、市政府评为"长治市第一批享受特殊津贴及相关待遇的拔尖人才"，2015年被长治市科技局评为优秀科技特派员，2013—2018年被长治市人社局评为"长治市学术技术带头人"，2018年被山西省科学技术协会评为2017年度"新时代山西最美科技工作者"。

27年风雨兼程，27年沧桑岁月，她从一名初出茅庐的中专生，历练为农户有口皆碑的"贴心人"；

从一名普通的技术员，率先成为武乡县农技推广的"带头人"；从一名互联网的"门外汉"，钻研成为新时代的科技工作者。

扎根老区、服务"三农"、不忘初心、矢志不渝。在实施乡村振兴战略的大潮中，她将更加坚定地做一名懂农业、爱农村、爱农民的农技人员，在攻坚中担当，在担当中跨越，书写最美的农技人生。

工作成效

一、精华问答

1. 甜瓜在定植过程中需要施用什么肥料？

答：最好施用有机肥，产出的甜瓜绿色环保、口感好、品质高。

问答管理

刘鹏 　河北省保定市望都县 | 2019-04-24 07:37

甜瓜在定植过程中需要施用什么肥料？

全部答案(28860438)

程小丹 [农技人员] 甜瓜定植前结合整地施用有机肥和化学肥料。	♡0	▢0	2019-04-24 07:13	🗑 删除
冯明磊 [农技人员] 甜瓜在定植过程当中，需要使用硫酸钾型的复…	♡0	▢0	2019-04-24 07:16	🗑 删除
王步奇 [农技人员] 最好施用有机肥，产出的甜瓜绿色环保、口感…	♡0	▢0	2019-04-24 07:18	🗑 删除

2. 今天上午下村指导科技示范户春季作业安全生产工作，确保监漳镇春耕生产安全无事故。

答：农机具维修管理确实很重要，为春耕生产助力！

问答管理

赵文碧 　山西省长治市武乡县 | 2019-04-23 19:43

今天上午下村指导科技示范户春季作业安全生产工作，确保监漳镇春耕生产安全无事故。

全部答案(28833575)

李旺林 [农技人员] 农机安全很重要，但对农机的维修保养比较欠…	♡0	▢0	2019-04-23 19:11	🗑 删除
张兴远 [农技人员] 进村入户进行科技指导。好！	♡0	▢0	2019-04-23 19:12	🗑 删除
王步奇 [农技人员] 农机具维修管理确实很重要，为春耕生产助力！				🗑 删除

3. 西红柿缺铁会出现什么样症状?

答:作物缺铁时,叶色发黄,严重时发白。图片上不是缺铁症状。

二、精华日志

1. 服务时间:2019年4月26日 服务类型:政策宣传

武乡县2019年农业支持保护补贴暨种植业保险保费工作培训会顺利召开,各乡镇分管农业的领导、农技人员及保险公司有关人员参会。

2. 服务时间:2019年4月27日 服务类型:技术咨询

引进新装备新技术,果树疏花,留中心果,保质增效。

3. 服务时间:2019年4月29日 服务类型:政策宣传

监漳镇召开机关工作例会,进一步安排脱贫攻坚巩固提升、大讨论等重点工作,全体机关干部、各村工作队长、第一书记参会。

三、精华农情

上报时间:2019年4月27日 上报类型:自然灾害

今晚和明天起,50年以来最强的一股冷空气将影响大部地区。今明两天伴有大风、大雨,周六、周日气温最低。此次降温强度较大,走路注意安全,远离枯树和大牌匾,避免发生危险。

服务畜牧业发展、增加农牧民收入的带头人

——内蒙古自治区鄂温克旗大雁镇畜牧兽医站　金泉

金泉出生于一个普通的农牧民家庭，从小就对畜牧业生产的优劣与农牧民家庭生活有着极为深刻的印象。1990年毕业于巴彦淖尔农牧学校的金泉，怀着一颗积极向上的热切心情，进入内蒙古鄂温克旗大雁镇畜牧兽医站从事动物防疫检疫及基层草原畜牧业技术推广工作，一干就是29年。在此期间，金泉心系牧民，勇于创新，锐意进取，在自己的工作岗位上任劳任怨，爱岗敬业，认真履行职责，业务技能熟练，是畜牧战线上的突出能手，同时也是一名优秀的共产党员。因为他在工作和学习方面的突出表现，多次被评为先进个人，受过多次表彰，已成为本地区同行业的领军人物。

听党的话，带头引导身边农牧民群众脱贫致富

金泉以蒙古族人特有的淳朴厚道的性格，实实在在地同牧民打成一片，以一名共产党员的风范，将自己所学的技能，扎扎实实地用在帮助身边牧民群众改良品种、防灾减疫、疾控防治的工作上，深受同行业和众多受益牧民的认可与赞许。金泉认真肯干，在提高牲畜成活率、促进牧民增产增收方面做了大量的工作。通过他的努力，荷斯坦奶牛、三河马、呼伦贝尔羊、杜泊羊和澳洲白绵羊等优良品种在当地得到广泛普及。人工授精、补饲、疾病预防技术也得以在当地大范围推广，受益牧民纷纷竖起大拇指赞扬金泉称：金兽医真是够格的好党员、牧民的主心骨。几十年来，金泉对牧户有求必应，无论节假日、休息日，只要有牧民求助，他从来不推脱。他不但尽心尽力地帮助牧民排忧解难，还手把手地将生产技能传授给牧民，以便于他们能简单地解决在日常畜牧业生产中所遇到的问题。在专业指导与技术普及相结合的氛围中，金泉带动了地方畜牧业的发展和提高。

为职一任，造福一方，尽心履职无怨无悔

几十年中，金泉一心朴实地为牧民服务，从不计较个人得失，将"扶贫帮困"视为己任。他与牧民和谐相处、相助，积极宣传科技养畜的益处，耐心细致地向牧民传授推广科学饲养和防控疾病常识及具体应对举措。通过实例讲解示范，使牧民掌握实施程序和步骤，多次用电话、视频的方式指导牧民对患急症的牲畜进行施救，及时避免了牧民的损失。对此，每当牧民持礼物或金钱感谢时，金泉都笑而辞之说："这是我应该做的，我是一名党员，收受礼物的做法不好。"

近年来，在金泉和团队成员的共同努力下，鄂温克旗的畜牧业生产取得了可喜的成绩。牧民通过饲养杜泊羊、荷斯坦奶牛等优良品种得到了实实在在的收入，金泉也得到了各级部门的称赞和广大牧民的认可。

书山有路勤为径，学海无涯苦作舟，学无止境

金泉热爱本职工作，热爱农牧业生产事业，信仰共产主义，拥护中国共产党，拥护社会主义建设事业。在这一强大动力的指导下，金泉一直保持高远的志向，勤奋地将学习和工作对应结合，用于适应畜牧业生产的实践中。对现今发生的新情况、新疫情、新问题，经常废寝忘食地进行研究探索，力求能令人满意地答复牧民提出的新问题、新情况，及时向牧民传授新技术、新方法，提升牧民防疫技能。

依法行政，宣讲《动物防疫法》

29年来，金泉一直参加本地区的检疫防疫工作，始终工作在动物检疫防疫工作一线，在防疫工作中努力做到"防疫不漏户，注射不漏针"。在单位领导和同事们的共同努力下，全镇未发生过一例牛羊猪一类传染病。以前大雁镇没有生猪定点屠宰场，私屠滥宰现象十分严重。为保障本地区畜牧业的健康发展，让人民吃上放心肉，维护好本辖区的食品公共安全，金泉与团队成员向屠宰户详细讲解人畜共患烈性传染病的严重危害，让他们知道其应尽的法定义务和责任。对个别不配合工作的屠宰户和商户，金泉不厌其烦地进行说服教育，直至使他们自觉地知道应该怎么做。与此同时，金泉带领团队成员对屠宰场地实施24小时监督管理，严格把好宰前宰后的检疫关，使得动物检疫部门法律规范得到了应有的全面落实。

利用网络交流学习，拓宽畜牧业技术的覆盖面

2017年，农业部科技教育司推出中国农技推广APP，给全国农牧科技人员提供了相互交流学习的好机会。金泉如饥似渴地每天早早签到，浏览有关农牧科技的优秀管理经验和新的检疫方法，以及高新技术、高新品种的推广应用。通过手机APP，金泉快速掌握了利用手机在线学习的技巧，及时将疑难问题上问下答，并将自己掌握的学习技巧，积极主动地传授给同行和身边的农牧业养殖户，共同分享高科技网络平台给大家带来的益处。与此同时，金泉将行业动态与先进技术相结合，具体应用到进村入户中，指导10余家示范户推广应用，促进了新技术、新品种的具体实施。金泉和团队同事们以口蹄疫、高致病性禽流感、羊痘等重大动物疾病为防治工作重点，坚持依法防治、科学防治、紧密依靠群众建立互动联防机制，达到强制免疫不留死角。其所管辖区病死畜禽无害化处理达百分之百。全面做到检疫监督到位、应急处理到位，依照"村不漏户、户不漏畜（禽）、畜（禽）不漏针"的规定原则，积极为牧民全方位地进行畜禽疫病防治，取得了公认的成效。

不骄不躁，永葆高昂的奉献精神和工作热忱

在工作成绩面前，金泉只是开心地笑了笑，将成绩归功于领导、归功于团队同事、归功于广大牧民群众的携手支持。从不以此为资本，不骄不躁，仍然保持向更高科技领域迈进的志向，以求对新的疫情、新的课题拿出正确有效的应对本领。当前，随着"一带一路"的逐步铺展，防疫检疫工作越发显得重要，诸如非洲猪瘟等疫情，均要求防疫部门提高警惕。面对这些新的警示、新的课题，金泉决心更加努力工作，尽早掌握新的知识和新的方法，以合格的动物防疫卫士的形象迎接未来的新挑战。

工作成效

一、精华问答

1. 非洲猪瘟主要临床症状有哪些?

答:非洲猪瘟主要临床症状有高热、腹泻、便秘、体表不同部位(耳、鼻、腹部、臂部)皮肤呈红色、紫色或蓝色。

问答管理

程海波 ◎ 河南省安阳市林州市 | 2019-04-29 17:55

非洲猪瘟主要临床症状有哪些?

全部答案(29031556)

张兴远 [农技人员] 先是高烧四天左右,退烧时才出现类似猪瘟的…	♡0	💬0	2019-04-29 17:49	🗑 删除
闫博虎 [农技人员] 非洲猪瘟主要临床症状和猪瘟很相似,只能通…	♡0	💬0	2019-04-29 17:50	🗑 删除
李中习 [农技人员] 其主要临床症状是发热、不食、粪干硬。	♡0	💬0	2019-04-29 17:50	🗑 删除
何更田 [农技人员] 发热,怀孕母猪流产,死亡率高。	♡0	💬0	2019-04-29 17:56	🗑 删除
梁少华 [农技人员] 非洲猪瘟临床症状和猪瘟相似,主要发热,不…	♡0	💬0	2019-04-29 17:58	🗑 删除
金泉 [农技人员] 非洲猪瘟主要临床症状有高热、腹泻、便秘…		🗑 删除		
	♡0	💬0	2019-04-29 18:06	

2. 鹿巴氏杆菌病可以感染鹿以外的其他动物吗?

答:鹿巴氏杆菌病可以感染鹿以外的其他动物。

问答管理

李中习 ◎ 河北省邯郸市大名县 | 2019-04-29 17:08

鹿巴氏杆菌病可以感染鹿以外的其他动物吗?

全部答案(29031379)

| 金泉 [农技人员] 鹿巴氏杆菌病可以感染鹿以外的其他动物。 | | 🗑 删除 |
| | ♡0 💬0 | 2019-04-29 17:56 |

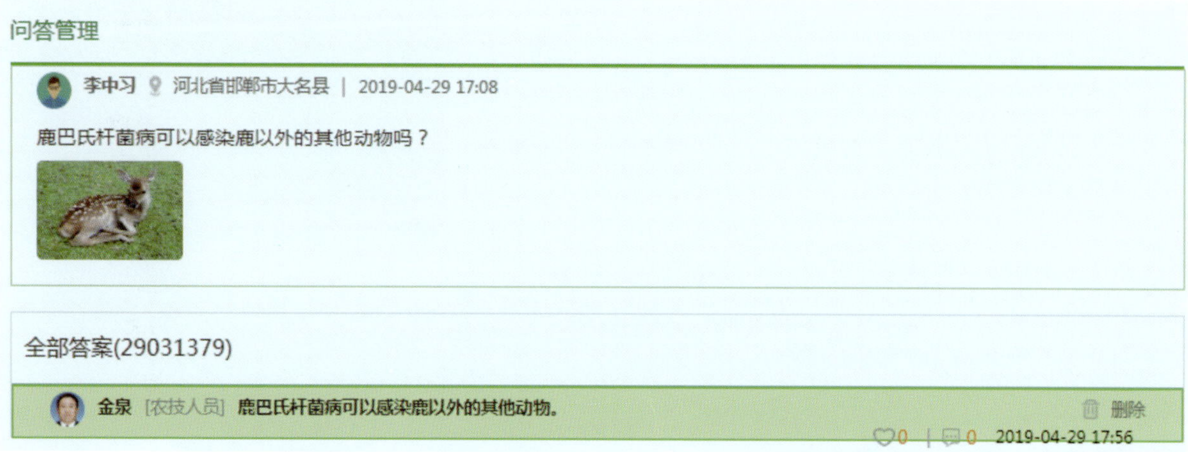

3. 图片上的秧苗移栽是不是有点高了?

答:图片上的秧苗是有点高了,但移栽可以的。

问答管理

况继兰 重庆市市辖区涪陵区 | 2019-04-29 16:29

图片上的秧苗移栽是不是有点高了？

全部答案(29031502)

梅三龙 [农技人员] 人工移栽秧苗不会高，但要注意不要延长秧龄…	♡ 0 | 💬 0	2019-04-29 17:00	🗑 删除
金泉 [农技人员] 图片上的秧苗是有点高了，但移栽可以的。	♡ 0 | 💬 0	2019-04-29 17:00	🗑 删除
王金仁 [农技人员] 不会的，太短绑不住。看到这画面挺亲切！我…	♡ 0 | 💬 0	2019-04-29 17:08	🗑 删除
唐平 [农技人员] 现在正是秧苗移栽的季节，秧苗可以移栽了。	♡ 0 | 💬 0	2019-04-29 17:09	🗑 删除

二、精华日志

1．服务时间：2019年4月25日　服务类型：进村入户

带领单位3位农技人员包括（防疫员）一共注射牛87头。

2．服务时间：2019年4月29日　服务类型：进村入户

一行几位农技人员进村入户到养羊户（刘永）家中注射近400只羊，图为农技人员正在紧张免疫注射当中。

三、精华农情

1．上报时间：2019年4月5日　上报类型：墒情

2019年4月3日，呼伦贝尔市牙克石地区下了暴风雪。这场雪对牙克石地区养殖户来说影响很大。所以，各位养殖户注意保护好自己的牲畜。另外，这场雪对种植业来说有利于缓解当前的旱情。

2．上报时间：2019年4月17日　上报类型：墒情

2019年4月17日下午，呼伦贝尔北方大部分地区下雪了。这场雪给春播旱情带来一定的缓解，今年对农牧民来说又是一个好兆年。

情系"三农"
躬身沃野书写无悔的青春

——内蒙古自治区科尔沁区农业技术推广中心　姚振兴

平凡的他，不平凡的事迹

姚振兴，2008年7月毕业于内蒙古民族大学农学院农学专业，中共党员，先后在科尔沁区绿园菌菜合作社、内蒙古大成农牧科技发展有限公司从事农业技术推广工作。2012年6月考录科尔沁区农业技术推广中心事业编制，一直从事农业科技试验示范推广工作。2013年11月取得助理农艺师资格，2018年12月取得农艺师资格。作为一名年轻的农业科技工作者，他热爱本职工作，始终保持着"干一行，爱一行，钻一行"的精神。10年来风雨兼程，一路走来，在农业技术推广战线上默默地奉献着自己的青春年华，为科尔沁区的农业技术推广工作作出了贡献。

"互联网＋农技推广"带头人

2009—2017年，姚振兴在科尔沁区食用菌行业奋斗8年。这期间他线下在生产车间及农户大棚内进行技术指导，与老百姓面对面沟通并做好示范带动；线上通过QQ、微信等互联网平台推广食用菌生产技术。早在2012年，他就通过组建QQ群和微信群为老百姓搭建学习服务的平台，利用微信群成立了通辽市食用菌产业联盟，将专家、学者、企业家和农户联合起来，及时解决技术和销路难题，为科尔沁区食用菌产业发展作出了重大贡献。2017年，他参加了基层农技推广体系建设工作，第一时间掌握了中国农技推广APP的使用方法。他每天坚持通过APP与全国其他省市及本地区的农技人员交流、提问和解答相关农业问题，记录工作动态，上传技术文件，每天坚持写日志、上传农情，并把自己掌握的食用菌生产技术，各类农作物、花卉和蔬菜栽培技术，玉米浅埋滴灌水肥一体化技术等农业知识，通过解答问题和发表文章等形式推广给全国各地农技人员。他不但为科尔沁区基层农技推广体系建设工作起到了带头作用，还利用业余时间推广各项农业技术。他积极参加本系统组织的各种农业技术培训，在提高自身素质的同时，为本地区的农业发展、农民增收竭尽所能。通过中国农技推广APP的有效运用，截至目前，他的APP日志发布量、农情上报量、提问量、回答量、评论量、点赞量，位于内蒙古自治区各旗（县、市、区）前列。

专注菌菜生产　推广农业新技术

作为区农牧局特派技术员，姚振兴在科尔沁区食用菌生产领域奋斗数年。2012年6月，他被派遣到内蒙古大成农牧科技发展有限公司（以下简称大成公司）参加食用菌生产技术指导工作。他以大成

公司为技术研发、指导、生产、培训中心，辐射带动科尔沁区周边多家企业、合作社、农户发展食用菌产业，均取得了优异成绩。

在他指导杏鲍菇工厂化生产技术期间，大成公司曾一度发展为蒙东地区最大的食用菌工厂化生产基地。全国第十届食用菌新产品新技术交流观摩会在科尔沁区召开，大成公司是唯一的工厂化食用菌观摩点。他当时为该公司解决了杏鲍菇工厂化生产技术重大技术难题，不仅保证了观摩会的顺利进行，还保证了企业的顺利发展。这些年他为该公司累计指导生产食用菌菌棒8 000多万棒，连续2年销售额超过5 000万元，年纯利润超700万元，带动当地80户农户，提供164个就业岗位。

2014—2015年间，他参与了通辽市落实在该公司的"食用菌特色科技产业化基地建设"项目。他作为项目技术小组主持人员，负责食用菌工厂化、标准化生产技术研发与指导工作，项目于2015年顺利通过验收。

2014年，他带头组建了科尔沁区菌物科研中心，负责研发选育新品种、制订管理方案、为农户提供菌种与技术服务。菌物科研中心召集了国内多位知名技术员来通辽发展食用菌产业。那年，他从江苏、福建等地引进了16个新品种在科尔沁区试种，并经过3年的推广试验，最终完全掌握了这些品种在本地区的生长特性及管理技术，多个品种已经在通辽地区推广应用，并带动周边10余家专业合作社发展食用菌产业。

他专注食用菌生产，努力工作，理论联系实际，向科尔沁区周边百姓推广了农业新技术，为打赢脱贫攻坚战和加快农民奔小康的步伐作出了重大贡献，也为科尔沁区食用菌产业发展提供了有力的技术支持。

理想和事业永远在希望的田野上

2017年，他调回科尔沁区农业技术推广中心从事农技推广及各项"三农"服务工作，在业务上负责农情数据的调查、统计与上报工作；参与完成了2017年度科尔沁区产业结构调整工作、农业支持保护补贴发放工作、玉米大豆生产者补贴发放工作等。

2018年，他负责农业技术推广各项试验工作，包括粮丰工程试验、中国农业科学院的密度试验、通辽市推广站的青贮玉米对比试验、高粱品种对比试验等，从整地、播种、田间管理、记录数据、取样、留存、邮寄、秋季测产等一系列试验工作，他按照每一个试验方案要求认真地完成了试验工作。

2018年，他主持并参与了科尔沁区绿色高质高效创建、科尔沁区高效节水暨无膜浅埋滴灌水肥一体化栽培技术包联、耕地地力保护补贴发放、十大行动计划标准化生产技术指导、基层农技推广体系改革与建设等项目。具体负责汇报项目工作进度、撰写简报、田间试验、测产、数据整理与审核、整理档案等，较好地完成了上级交办的每一项工作任务，得到了领导和同志们的高度好评。

此外，他还担任科尔沁区农牧系统农业党支部宣传委员，负责组织本单位群众学习，根据上级党委指示，围绕每个时期的工作任务，开展宣传教育工作。

一分耕耘　一分收获

有一分耕耘就会有一分收获，在多年的农业技术推广工作中取得了一定的成绩，得到了领导和同事们的一致好评，得到了农民群众的高度认可。

2012—2014年，他研发了利用玉米芯栽培草菇、利用杏鲍菇废料栽培平菇等多项科技成果，推广生产食用菌菌棒8 000多万棒。

2014—2016年，他研制的利用玉米芯及玉米秸秆转化成优质食用菌新技术，带动周边10余家专业合作社，增加了农民收入、节省了资源、减少了浪费、降低了污染。

2014年11月，他发明一项实用新型专利"菌卉共生互补棚"，包括两排以上的食用菌房，中间种花卉，两边养菌，实现了环境互补，产量都有所提高。

2014年12月，被评为科尔沁区2014年劳动竞赛先进个人。

2015年7月，他发明第二项实用新型专利"别墅式食用菌房"，实现了产居一体化的现代农业新模式，农户足不出户在家就可以种蘑菇赚钱。

2018年，在基层农技体系改革与建设工作中被区农牧业局评为优秀技术指导员。

2018年12月，在科尔沁区农业技术推广中心年度考核结果中被评定为优秀。

2019年1月，在2018年通辽市基层农技骨干培训班"农技骨干大讲堂"活动中荣获三等奖。

"千江有水千江月，万里无云万里天。"作为一名普通的农业科技工作者、一名普通的共产党员，投身于农业科技事业，热爱农业技术推广工作，带动农民群众共同发展、共同富裕，奏响了科尔沁区农业发展、乡村振兴战略最和谐的音符。科技推广工作虽任重道远，工作岗位平凡，但他无怨无悔！

工作成效

一、精华问答

1. 西门塔尔牛在世界上的分布广吗？

答：西门塔尔牛是世界上分布最广、数量最多的乳肉兼用型牛。

问答管理

春雅　内蒙古自治区通辽市科尔沁区　｜　2019-04-29 15:27
西门塔尔牛在世界上的分布广吗？

全部答案(29031747)

何云华 [农技人员] 西门塔尔牛在我国没有分布。	♡0 ｜ 💬0	2019-04-29 15:45 🗑 删除
吕志超 [农技人员] 该牛在瑞士占全国百分之五十，奥地利百分之...	♡0 ｜ 💬0	2019-04-29 18:03 🗑 删除
姚振兴 [农技人员] 西门塔尔牛是世界上分布最广、数量最多的乳肉...	♡0 ｜ 💬0	🗑 删除 2019-04-29 18:18

2. 请问同仁这盆花的市场价值是多少，如何繁殖？

答：这盆金钱树带盆一百，不带盆五六十。

问答管理

白晓光　内蒙古自治区通辽市科尔沁区　｜　2019-04-29 16:46
请问同仁这盆花的市场价值是多少，如何繁殖？

全部答案(29031696)

王丽艳 [农技人员] 整个花卉市场前景很好。	♡0 ｜ 💬0	2019-04-29 16:40 🗑 删除
徐路 [农技人员] 市场价格100元左右每盆。	♡0 ｜ 💬0	2019-04-29 17:45 🗑 删除
姚振兴 [农技人员] 这盆金钱树带盆一百，不带盆五六十。	♡0 ｜ 💬0	🗑 删除 2019-04-29 18:14

3. 大豆食心虫的危害症状有哪些？

答：以幼虫蛀食豆荚，幼虫蛀入前均做一白丝网罩住幼虫，一般从豆荚合缝处蛀入，被害豆粒咬成沟道或残破状。此害虫幼虫爬行于豆荚上，蛀入豆荚，咬食豆粒，造成大豆粒缺刻、受害，重者可吃掉豆粒大半，被害籽粒变形，荚内充满粪便，品质变劣。有效防治的关键时期是成虫羽化成蛾至产卵期。

问答管理

白洁 📍内蒙古自治区通辽市科尔沁区 ｜ 2019-04-29 12:03

大豆食心虫的危害症状有哪些？

全部答案(29031812)

于武全 [农技人员]	大豆食心虫危害大豆造成缺刻，轻者影响品质…	♡0 ｜💬0	2019-04-29 12:46	删除
王宏辉 [农技人员]	大豆食心虫，又称大豆蛀荚螟，是大豆常发性…	♡0 ｜💬0	2019-04-29 12:53	删除
王宏辉 [农技人员]	大豆食心虫，又称大豆蛀荚螟，是大豆常发性…	♡0 ｜💬0	2019-04-29 12:53	删除
王宏辉 [农技人员]	大豆食心虫，又称大豆蛀荚螟，是大豆常发性…	♡0 ｜💬0	2019-04-29 12:53	删除
王宏辉 [农技人员]	大豆食心虫，又称大豆蛀荚螟，是大豆常发性…	♡0 ｜💬0	2019-04-29 12:53	删除
贾洪英 [农技人员]	豆粒呈沟道或残破状，重者会被吃掉大半。	♡0 ｜💬0	2019-04-29 13:09	删除
姚振兴 [农技人员]	以幼虫蛀食豆荚，幼虫蛀入前均做一白丝网罩…		2019-04-29 13:39	删除

二、精华日志

1. 服务时间：2019年4月28日　服务类型：政策宣传

今天下午，我和同事取回来了试验田的种子，准备明天去量地，后天去种地。

2. 服务时间：2019年4月29日　服务类型：业务包村

今天是2019年4月29日，上午我和孙俪去钱家店孔家科技园区实验基地进行小区测量与打点，对施农家肥的小区进行深翻，顺便记录了农情定点检测数据。

3. 服务时间：2019年4月29日　服务类型：技术培训

菠菜枯萎病菌主要随植株病残体在土壤中或种子上度夏或越冬。种子可带菌，未腐熟的粪肥也可带菌。病菌可随雨水及灌溉水传播，从根部伤口或根尖直接侵入，侵入后可到达维管束。在维管束中，病菌产生有毒物质，堵塞导管，导致叶片萎黄枯死。高温多湿有利于发病；土温30℃左右、土壤潮湿、肥料未充分腐熟、地下害虫多，线虫多易发病。

爱岗农技人　适应新时代

——辽宁省建平县黑水镇农业服务站　肖洪儒

　　今年58岁的肖洪儒，出生在一个普通的农民家庭，父母以种地为生，看到农民在落后的生产环境条件下长大，深知农民耕作的艰辛，立志要改变农村落后的生产条件，在他的幼小心灵里扎下了深深的根。1981年高考他毅然地报名了辽宁省朝阳市农业学校。1984年毕业后，他又果断地到最基层的农业技术推广站工作。在工作中，大部分同学都先后调到了县市级农技推广部门工作，也有很多同学改了行，而他却一直在最艰苦的基层站工作。这一干就是35个春秋。在实践工作中，他致力于面向广大农民群众推广农业新技术、新品种，在帮助多个乡镇近10万农民推广农业新技术、新品种的同时，自己的专业技术水平也日趋提高，由一名普通的农业技术员成长为研究员级高级农艺师。

适应时代特色　利用"互联网＋"开展农技推广

　　35年的农业技术推广生涯，他始终心系最基层农民群众，并与时俱进，时刻不忘利用现代化的手段进行农业技术推广。尤其是近年来，紧紧抓住"互联网＋"，与农业技术推广紧密结合，积极探索农业科技服务新模式、新机制、新手段。

　　自从2017年使用中国农技推广APP以来，坚持每天签到学习，从未间断。共解答问题33 900余条，撰写日志1 140余篇，上报农情20余条，总积分达到了15余万分。利用闲暇时间，每日均在中国农技推广APP上学习或解答问题，有时晚上学习到深夜，有时夜间醒来，继续学习。APP总积分全国排行榜上的最好成绩为第9名，当前成绩排在第24名。

　　参加工作35年来，他一直在乡镇农业技术推广站做技术推广工作，曾在1994年从朝阳市引进热水畜牧农场温室大棚黄瓜种植技术，推广面积达到1 000余亩，当时创造了亩产值达2万余元的高收益。1997年从天津引进丰收一号西瓜种子，坡地种植西瓜，每年种植2万余亩，亩产值达到3 000余元。2000年从山东、河南先后引进黑皮无籽西瓜和花皮无籽西瓜，每年种植面积都在2万余亩，亩产值达4 000余元。2007年引进美葵5009，2013年更新向日葵品种CY363和H363，至今每年种植面积都在6 000亩左右，亩产值达4 000余元。2016年，实行种植结构调整，引进红糯系列高粱，至今每年种植近万亩，亩产可达900余千克，亩产值2 000余元。2018年从河北围场引进马铃薯新品种种植，面积达2 000余亩，亩产达到3 000余千克，亩产值达到3 500余元。2019年马铃薯种植面积将近1万亩。

立足本职岗位　一心扑在农业技术推广事业上

　　建平县黑水镇是一个典型的雨养农业镇，十年九春旱已是常事。而且，由于农民多年应用化肥，

少用或不用有机肥，使土壤有机质含量严重减少，且土壤肥力逐年下降，土壤板结，保水蓄肥能力降低，粮食产量很难提高。针对这一事实，肖洪儒早在2006年起，在上级业务部门的指导下，同农技人员一起，积极宣传秸秆还田技术，大力提倡增施有机肥，应用配方施肥技术，减少化肥的使用量，土壤结构开始改善，土壤保水蓄肥能力得到了明显提高，粮食单产逐年提高。在工作中，他始终对自己高标准、严要求，遵章守纪，团结同事，任劳任怨，从不计较个人得失，坚持把学习作为干好工作的基础。始终坚持以高度的事业心和责任感，对自己从事的每一项工作，都坚持以吃苦耐劳、乐于奉献的精神、饱满的工作热情、扎实的工作作风对待工作和生活，为辽西大地的农业发展默默无闻地发挥自己的光和热。曾多次获得"种子管理先进个人"、"土壤肥料先进工作者"、乡镇政府"先进工作者"等荣誉称号。三十五年如一日，他的身影经常出现在田间地头和温室大棚里，把青春和梦想无私地奉献给农村的农业事业。

刻苦钻研业务　获得丰硕科技成果

参加工作以来，肖洪儒始终以求实创新、与时俱进的工作作风投入农业技术推广工作中，积极推广普及农业新技术。多年来，共撰写论文9篇，其中发表在国家级刊物上2篇，发表在省级刊物上7篇，其中4篇获得优秀论文奖。并多次向朝阳市自然科学委员会投稿学术论文，其中《朝阳市糜子高产栽培技术》《建平县延晚无籽西瓜高产栽培技术》《小型无籽西瓜日光温室利用秸秆反应堆抗连作栽培及其配套技术》分别获得朝阳市自然科学技术成果评审委员会优秀论文一等奖、二等奖和三等奖。多次参加农业科研项目，其中2008年参加的"紫花苜蓿新品种引进高产栽培技术集成与示范研究"项目获朝阳市科技进步奖二等奖；2009年参加的"辽西北低山丘陵区林果行间种养7+1优化间作模式研究与推广"项目，获得辽宁省农业科技贡献奖一等奖；参加完成的"高粱雄性不育系7050A创造与应用"获辽宁省科技进步奖一等奖；"辽西半干旱地区配方施肥物化技术体系集成研究与应用开发成果"获朝阳市政府科技进步奖一等奖；2010年参加的"朝阳半干旱地区酿酒葡萄赤霞珠的引进及栽培技术创新与集成研究"获辽宁省农业科技贡献奖；2011年参加完成的"设施果树生产关键技术集成与示范"项目获辽宁省农业科技贡献奖一等奖；参加的"朝阳县蔬菜保护地生产综合配套技术推广与应用"项目获朝阳市科技进步奖二等奖；2015年参加的"保护地蔬菜主要有害生物综合治理技术研究与推广"项目获辽宁省农业科技贡献奖一等奖；参加完成的"辽西半干旱地区绿色防控及提质增效模式化技术集成推广"项目获辽宁省农业科技贡献奖二等奖；2016年参加完成的"西瓜无公害延秋增产提质增效栽培技术研究与示范"项目获辽宁省科技贡献奖二等奖。

35年来，肖洪儒始终奋战在这片他深爱的土地上，他的足迹留到了每个村落、每块田地和每位农民的心坎上。在接下来的时间里，他定会一如既往，不断学习农业知识，理论与实践相结合，并继续通过线上与线下相结合的方式，持之以恒，利用好中国农技推广APP，心系农村、心系农业、心系百姓，以爱岗敬业的饱满热情迈入新时代。

工作成效

一、精华问答

1. 空心菜炭疽怎么防治？

答：应用甲基硫菌灵或咪鲜胺叶面喷雾，可以防治空心菜炭疽。

问答管理

张崇慧 吉林省长春市农安县 | 2019-04-29 19:49

空心菜炭疽怎么防治？

全部答案(29033061)

肖洪俦 [农技人员] 应用甲基硫菌灵或咪鲜胺叶面喷雾，可以...　　　♡0｜💬0　2019-04-29 19:09　🗑删除

沙漠玫瑰 [农技人员] 在防治空心菜炭疽方面首要选用早熟...　　　🗑删除

2. 请问黄豆增产新措施有哪些？

答：黄豆是豆科作物，应用钼肥拌种或用少量钼肥作底肥，可使黄豆增产。

问答管理

郭连海 内蒙古自治区赤峰市喀喇沁旗 | 2019-04-29 10:14

请问黄豆增产新措施有哪些？

全部答案(29019644)

崔权贵 [农技人员] 农民朋友都知道一句话，叫人勤地不懒，就...

肖洪俦 [农技人员] 黄豆是豆科作物，应用钼肥拌种或用少量钼...　　　♡3｜💬0　2019-04-29 10:35　🗑删除

♡0｜💬0　2019-04-29 10:40

3. 向日葵菌核病农业防治方法？

答：向日葵菌核病的农业防治方法：种植抗病品种。

问答管理

白娟 河北省唐山市玉田县 | 2019-04-29 10:36

向日葵菌核病农业防治方法 (1)与禾本科作物实行5～6年轮作。(2)将地面上菌核翻入深土中使其不能萌发。(3)种植耐病品种。
(4)清除田间病残体，发现病株拔除并烧毁。(5)适当晚播，增施磷钾肥。(6)种子处理用35～37℃温水浸种7～8分钟并不断搅动，
菌核吸水下沉，捞出上层种子晒干。种子内带菌采用58～60℃恒温浸种10～20分钟灭菌。

全部答案(29019481)

肖洪俦 [农技人员] 向日葵菌核病的农业防治方法：种植抗病品...　　　♡0｜💬0　2019-04-29 10:35　🗑删除

二、精华日志

1．服务时间：2019年3月30日　服务类型：业务包村

今天是3月30日，距大田播种时间还有一个月。昨天晚上下了雨夹雪，又一次缓解了旱情，对今春整地很有好处。

2．服务时间：2019年4月27日　服务类型：业务包村

今天是4月27日，气温有所回升。下午到建平县黑水镇后山村甜菜种植大户指导甜菜播种技术。

三、精华农情

上报时间：2019年3月30日　上报类型：墒情

今天是3月30日，距离春播还有一个月的时间了。昨天晚上，我们这里下了一场雨夹雪，又一次缓解了旱情。对春季深翻、旋地很有利。

沃土平原上的"星火"

——吉林省榆树市城郊街道办事处农机管理服务站 崔玉东

崔玉东，男，中共党员，自毕业分配到榆树市城郊街道办事处农机管理服务站以来，二十三年如一日，在工作岗位上勤勤恳恳、兢兢业业，全面履行职务职责，表现出了良好的职业道德和工作作风，展现出高超的业务水平和较强的管理能力。由于工作成果突出，现已成为所辖农业区域的技术骨干，并多次受到上级的表彰和奖励。但他面对诸多荣誉，却从未停止走在乡间、深入农户。

农技推广服务的排头兵

1993年7月，崔玉东从长春农机学校毕业后，一直扎根于城郊街道办事处农机管理服务站从事农技推广工作。

虽然与同事们每天都到田间地头去进行农技推广服务，但细心的崔玉东发现，单纯地向农户推广农业技术，有些农户接受程度受限。于是，他就充分利用辖区内的土地，开始了他以农业技术推广为主题，把每一个项目都策划成一道道农技科技之旅，让参观的农户在产生浓厚兴趣的同时，学到了更为深厚的农技知识。参加国家、省、市组织的培训班十几次，以优异的成绩达到培训的标准，通过不断学习，使他系统地掌握了本专业的基础理论，并通过农技试验、示范、推广方面的技术负责人的实践锤炼，能独立解决农业生产中的重大技术难题，同时承担起农机站里运用网络服务3个村的农技推广、农技信息、农技培训等业务。为辖区内农户的技术指导以及农技推广体系的建设、提高农户的先进农机科技的普遍应用发挥了极大的作用。特别是农技科技示范基地的农机技术支持发挥了突出的指导性示范作用。农技推广敢于创新，指导农技推广基地示范卓有成效，先进农技信息利用网络转化率高，为促进榆树市"三农"发展作出了应有的贡献。

移动的互联网"机器"

崔玉东不仅在业务上努力提升自己，并且在互联网方面也与时俱进，不仅自学了各种办公软件，而且他手机里各种有关农技软件不下10个，如云上智农APP、中国农技推广APP等。他仅利用一个软件就开展农技指导和互动服务12 859次，发布工作日志2 723篇，上传区域农情动态1 530次，受到好评6 790次；同时，利用PPT开展教学示范。不管走到哪里，他都随时随地线上线下为广大农户提供服务，被广大农户亲切地称为移动的互联网"机器"。也正因为如此，崔玉东被榆树市星火科技网农机推广和农机维修栏目聘为主编。发表原创文章30余篇，多方位、多角度地展示了现代移动端农机科技服务广大农户的先进方式。

横纵结合的农技线下实操

榆树市地处黄金玉米带，玉米种植面积占绝大比例。如何破解这一传统靠天吃饭、人均收入增长缓慢的难题，考验着城郊的农技工作者，同时更受煎熬的是正要将青春奉献给农技事业的崔玉东。

崔玉东清醒地意识到，城郊街道办事处地处市郊，只有改变种植模式，才能带来发展，增加农民的收入，同时也能提高多项专业服务技能。于是，他同站长一起率先建议农技推广服务于日光温室大棚，2014—2018年，全方位地为辖区内的北门村260栋蔬菜大棚提供棚内机械深松和电动机械卷帘等先进的农机技术，同时将蔬菜大棚农技服务扩展到周边乡镇近千栋大棚，在榆树市形成了蔬菜大棚农机化立体服务的局面。不仅为蔬菜种植户提供了先进的农机技术，在增加种植者收入的同时，也提升了农技推广人员的服务技能，形成了一举三得的局面。

多维度的农技信息格局

当今农业在逐步迈向智慧农业4.0时代。同时，随着新型经营主体的发展，国际上典型的信息化农技推广服务模式经验无时无刻不在敲打着崔玉东的神经，构建以信息技术为支撑的现代农业技术推广体系，更好地为各类服务对象提供精准化、个性化和增值农技服务。面对着这一难题，崔玉东勇于克服各种困难，利用技术网络协调农机大户同3家加油站、5家农机主机销售企业和7家后勤加工、场上作业机耕整地机械企业建立新媒体沟通，并逐渐扩大，形成了比较稳定的集农机管理、农技服务、销售、供应和作业于一体的健全的多维度的农技信息格局。目前，在整个榆树市已经形成几个较大的农技信息格局，为广大用户解决"最后一公里"问题，实施物联网信息采集＋大数据云平台的综合解决方案提供了完整的可能性，同时也搭建农资、农技、农服"一站式"种植综合服务。

身为农机工程师的崔玉东正在吉林榆树这块沃土平原上，积极散发自己的农技能量，就像平原的点点星火一样，正趁着农业供给侧结构性改革的春风，形成了燎原之势，让其所接触与辐射的每一户新时代的农民都感受到他的光和热。

工作成效

一、精华问答

1. 这是我们站的农技推广项目基地。
答：通过试验示范基地展示农作物新品种、新技术。

问答管理

叶树平　吉林省长春市榆树市｜2019-04-29 16:50

这是我们站的农技推广项目基地。

全部答案(29030025)

崔玉东 [农技人员] 通过试验示范基地展示农作物新品种、新技…　　删除

♡ 0 ｜ 0　2019-04-29 17:02

2．农民跨省购买农业机械后去哪里申请补贴资金？

答：补贴农机具不能跨省购买。

问答管理

何贵云　吉林省辽源市东辽县　|　2019-04-29 15:59

农民跨省购买农业机械后去哪里申请补贴资金？

全部答案(29028324)

刘先权 [农技人员] 一般都是到户籍所在地县级农业农村（农机…			🗑 删除
朱显武 [农技人员] 农民跨省购机后凭有效票据到本地县级农机…			🗑 删除
	♡0　💬0　2019-04-29 15:35		
崔玉东 [农技人员] 补贴农机具不能跨省购买。			🗑 删除
	♡0　💬0　2019-04-29 15:51		
	♡0　💬0　2019-04-29 16:01		

3．今年开春降雨量很少，怎样保护玉米正常出苗？

答：采用坐水播种、重镇压的方法保墒，保证玉米正常出全苗。

问答管理

吴磊　吉林省长春市农安县　|　2019-04-29 15:18

今年开春降雨量很少，怎样保护玉米正常出苗？

全部答案(29031068)

赵庆华 [农技人员] 坐水种玉米，多浇些水，这样保证玉米正…		🗑 删除
周洪亮 [农技人员] 坐水种植玉米，这样才能抗旱保全苗。	♡0　💬0　2019-04-29 15:33	🗑 删除
袁洪文 [农技人员] 催芽坐水种就能保证玉米正常出苗。	♡0　💬0　2019-04-29 15:40	
崔玉东 [农技人员] 采用坐水播种、重镇压的方法保墒，保证…	♡0　💬0　2019-04-29 15:54	🗑 删除
刘长清 [农技人员] 催芽坐水种保证玉米出全苗。	♡0　💬0　2019-04-29 15:59	🗑 删除

百姓信任的"指导员"

——吉林省公主岭市范家屯镇农业技术推广站　刘凤丽

今年53岁的刘凤丽，从事农业技术推广工作30个春秋。30年来，她情系黑土地，把全部的热情都投入到农业技术推广事业上，成为百姓信任的"指导员"。

用真心做好"三农"服务工作

2014年，范家屯镇成立了吉林省首家"三农"服务平台，刘凤丽担负起范家屯镇"三农"服务平台（以下简称"三农"平台）后台管理工作，做到了及时更新"三农"平台的信息内容，上传实用技术、时事提醒等590余项。她还负责农村乡镇信息进村入户工程及村级信息员的培训工作，积极推广应用益农宝服务，推广应用3 800人，组建农村信息服务站18个。

近年来，刘凤丽利用公主岭市范家屯镇"三农"平台、农技一点通APP发布供求信息，2017—2018年仅通过在线发布玉米食品销售信息一项，就帮助范家屯镇清海玉米黄金面有限公司销售食品500余吨，增加纯收入500多万元。她是"吉农在线"特约讲师，在线授课；农技一点通APP特约专家，解答用户提问9 000余个；利用中国农技推广APP，为农民解答问题10 000余个。农业物联网监测应用进行技术指导。在范家屯镇香山村设立玉米物联网监测，在金城村恒通生态园区设立蔬菜物联网监测，利用物联网监测系统视频指导玉米和蔬菜的生产，方便快捷。在范家屯镇"三农"平台不定期进行时事提醒，时时提醒全镇农户做好各时期的准备工作。自从范家屯镇开通"三农"平台以来，她经常接待来访电话咨询、利用网络互动等多种方式解答农民生产中遇到的问题2万余个，深受农户的欢迎。

用真情推广先进实用技术

刘凤丽发挥自己的聪明才智积极参与制订全镇农业生产技术方案和农技推广技术意见，参与制订范家屯镇农业"十三五"规划，为镇政府指导农村和农业生产提供科学依据作出了应有贡献。尤其是大力推广先进实用技术，取得丰硕成果。据统计，2014—2018年，推广吉林省新品种引育中心的玉米新品种试验示范项目，累计试验玉米品种75个，推广玉米新品种8个，为范家屯镇夺取玉米大丰收作出了突出的贡献；2015—2017年，推广吉林省教育基金会农民玉米高产竞赛项目30公顷，引导农民积极参与技术创新增产增收作出了有目共睹的贡献，使范家屯镇其中两户参与竞赛的农户分别获得一等奖和二等奖；2015—2018年，推广墨西哥玉米高产技术示范项目，该项目为省级示范项目，累计试验面积1 600亩；2016年，推广国家机收粒核心展示田和示范田项目

3 000亩，供全镇及各地参观团参观考察，为推广种植模式和引进玉米品种起到了良好的效果，为范家屯镇粮食生产大丰收奠定了坚实的基础；2016—2018年，她承担吉林省农业科学院蔬菜研究所香瓜品种对比试验，试验面积2亩，引进种植新技术21项，使农户增收300余元；2018年，开展大豆新品种试验9个，为范家屯镇大豆生产选出了优良品种3个，为范家屯镇大豆增产增收安了一颗定心丸；2018—2019年，参加由农业农村部及吉林省农技推广总站组织的"大豆产业重大技术协同推广项目"，落实地点田油坊顺民农民专业合作社，落实面积100公顷，该项目推广重大技术有品种对比、生物防虫、轮作技术等，收到了令人满意的效果；开展全国基层农技推广补助项目，2014—2018年指导科技示范户46户，辐射带动920户。2015—2017年完成米豆轮作累计1.5万亩，秸秆翻压还田累计9 000亩，土壤调节累计3.6万亩，堆沤肥累计1.5万亩，为改良范家屯镇土壤出力献策；农业部监测统计基点县调查项目累计1.2万亩，为业务部门提供了各物候期准确的基础数据。

通过刘凤丽和全体同事的试验示范，先后引进推广适合范家屯镇新品种21个；引进推广农业实用技术如测土配方施肥手机信息服务技术、农田统一灭鼠技术、玉米螟生物防治技术、玉米秸秆全量深翻和还田技术等实用技术20余项，为范家屯镇精准指导农业生产提供了可靠的技术依托，为农业生产稳步发展保驾护航。

用真诚培训高素质农民

多年来，刘凤丽定期举办各类培训班，培训玉米、大豆、马铃薯和蔬菜种植及病虫害管理技术，包保王学坊村和十家子村2个村的技术培训工作，对公主岭市范家屯镇乾程农民专业合作社、顺民农民专业合作社、刘树忱蔬菜种植合作社、金城恒通生态园、小山村农民专业合作社等示范主体技术包保，累计培训1.6万余人次，培训高素质农民1 300人次。经常季节下乡对农民进行产前、产中、产后的技术指导，为农民增加收益数十万元。

自从2009年"公主岭市基层农技推广体系改革与建设项目"实施以来，刘凤丽一直担任技术指导员工作，累计指导科技示范户96户，带动辐射1 920户。结合农时季节提前入户指导，给示范户发放农业技术资料，到田间指导农民防治病虫害，利用打电话、加微信等方式进行技术咨询和指导。通过她的指导，他们现在已经过上了富裕的生活。示范户几乎都成了有钱户，辐射户成了大家的羡慕户。

2018年，刘凤丽和同事一起担任范家屯镇农民田间学校辅导员工作，范家屯镇农民田间学校有玉米和蔬菜2个班，培训班共举办10期。课堂上她的授课幽默风趣、通俗易懂，农民听得明白、学得开心，互动踊跃、记得牢实、活学活用、乐于接受。培训累计310人次，带领学员现场参观学习5次，参观人数达387人次。

她用真心做好"三农"服务工作，用真情推广先进实用技术，用真诚培训高素质农民。她用30年的热血浇灌家乡的黑土地，谱写了一曲曲壮丽的诗篇。她就是吉林省公主岭市范家屯镇农业技术推广站的高级农艺师刘凤丽。

工作成效

一、精华问答

1. 请问这黄瓜叶片得了什么病？
答：这是黄瓜白粉病的症状表现。

问答管理

全部答案(21361766)

杨愉 [农技人员]	图片上的黄瓜得了白粉病。		🗑 删除
严海球 [农技人员]	以图片看是黄瓜白粉病。	♡0 | 💬0	2018-07-29 21:09
杨青云 [农技人员]	从图片上看，这黄瓜叶片得了白粉病。	♡0 | 💬0	2018-07-29 21:09	🗑 删除
唐朝宣 [农技人员]	从图片上看，这黄瓜得了白粉病。	♡0 | 💬0	2018-07-29 21:10	🗑 删除
邱英楠 [农技人员]	图片上的黄瓜得了白粉病。	♡0 | 💬0	2018-07-29 21:11	🗑 删除
张庆兰 [农技人员]	图片上的黄瓜叶子得了白粉病。	♡0 | 💬0	2018-07-29 21:35	🗑 删除
李俊军 [农技人员]	黄瓜叶片得了白粉病以后…	♡0 | 💬0	2018-07-30 05:07	🗑 删除
刘凤丽 [农技人员]	这是黄瓜白粉病的症状表现。	♡0 | 💬0	2018-07-30 07:47	🗑 删除

2．各位同仁这个豆角得了什么病，怎么防治？

答：图片上的豆角得了角斑病。

问答管理

全部答案(17227151)

邹成财 [农技人员]	图片上的豆角得了角斑病。喷点多菌灵就…		🗑 删除
王义国 [农技人员]	豆角角斑病：(1)选无病株留种，并用45℃…	♡0 | 💬0	2018-07-09 12:59	🗑 删除
胡晓敏 [农技人员]	豆角得了角斑病，用多菌灵就可以。	♡1 | 💬0	2018-07-09 13:05	🗑 删除
邱英楠 [农技人员]	图片上的是豆角角斑病。防治方法：(1)选…	♡0 | 💬0	2018-07-09 13:15	🗑 删除
周长文 [农技人员]	从图片上看应该是角斑病。	♡0 | 💬0	2018-07-09 13:23	🗑 删除
王继敏 [农技人员]	从图片上看应该是角斑病。	♡1 | 💬0	2018-07-09 13:28	🗑 删除
齐树强 [农技人员]	图片上的豆角得了角斑病，可用多菌灵进…	♡1 | 💬0	2018-07-09 13:31	🗑 删除
郭志学 [农技人员]	图片上的豆角是角斑病。	♡0 | 💬0	2018-07-09 13:45	🗑 删除
张庆兰 [农技人员]	豆角得了角斑病，用可杀得防治。	♡0 | 💬0	2018-07-09 13:52	🗑 删除
刘凤丽 [农技人员]	图片上的豆角得了角斑病。	♡0 | 💬0	2018-07-09 14:03	🗑 删除

3．这西葫芦得了什么病？

答：这是绵疫病。若茎蔓染病，则蔓上现绿褐色斑，多呈湿腐状；若果实染病，初在近地面处现水渍状黄褐色斑，后病斑凹陷，病部密生白色棉絮状霉。严重的病瓜腐烂。

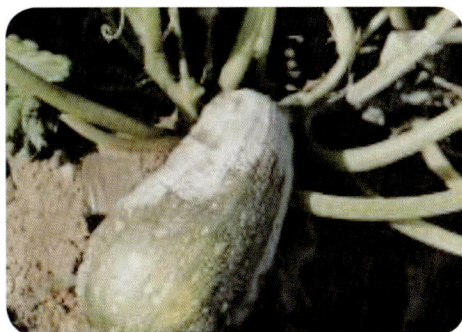

问答管理		
全部答案(17222628)		
张玉祥 [农技人员] 西葫芦得了霜霉病，已经很严重了，应该…		🗑 删除
王冰寒 [农技人员] 这是西葫芦白粉病，用三唑酮防治。	♡0 | 💬0　2018-07-09 10:21	🗑 删除
胡晓敏 [农技人员] 这是绵疫病。 危害叶、蔓和近成熟果实…	♡1 | 💬0　2018-07-09 10:22	🗑 删除
向恒志 [农技人员] 西葫芦现在得了霜霉病，是没法治了。	♡1 | 💬0　2018-07-09 10:23	🗑 删除
刘凤丽 [农技人员] 这是绵疫病。若茎蔓染病，则蔓上现绿褐色斑…	♡0 | 💬0　2018-07-09 10:28	🗑 删除

二、精华日志

1．服务时间：2019年3月21日　服务类型：技术培训

2018—2019年度公主岭市基层农技人员能力提升培训班培训第四天，主题是"以面源污染治理为中心　推进化肥减量增效"。

2. 服务时间：2019年4月11日　服务类型：进村入户

2019年4月10日，我在公主岭市范家屯镇王学坊村五屯农户李春成家指导大棚西红柿栽培技术。

三、精华农情

上报时间：2018年8月28日　上报类型：苗情

现在正值玉米灌浆期，由于前期干旱少雨，玉米长势不是很好，近期下了几场雨对于玉米灌浆非常有利。

干农技推广事　做百姓贴心人

——吉林省舒兰市环城农机技术推广站　阎石

阎石，一名基层普通的农技推广员，30多年来，他一直默默无闻地在农技推广事业上辛勤耕耘、脚踏实地、努力钻研业务，攻坚克难，成功引进示范推广了"水稻机械化育插秧技术""机械化保护性耕作技术""水稻、玉米机械化收获技术"等12项农业新技术。在当今互联网时代，他创新推广机制，成功利用中国农技推广APP实现了"互联网＋农技推广"技术平台农技推广新模式，利用手机APP开展技术咨询、信息交流、答疑解惑，有效提升了科技成果快速转化效率，为舒兰市农业机械化推广工作起到了示范引领的作用，多次受到省、市业务部门的好评和赞誉。先后荣获"全国农牧渔业丰收奖"三等奖、吉林省农业技术推广奖一等奖等奖项。多次被评为省市县农技推广工作先进个人。

努力钻研业务　真心实意服务

1990年毕业后，还被人称作"小阎"的他怀揣梦想来到了当时的舒郊乡农机站，负责农业机械化"两新"技术推广工作。在工作中，亲历了农民兄弟"脸朝黄土背朝天"辛勤劳作的场景，深感任务艰巨、责任重大。如何提高舒郊乡农业机械化作业水平，实现粮食增产、农民增收成为他的责任。为此，他找来农机推广方面的书籍反复研读，准确掌握农机使用性能和技术规范，自身业务水平、技术能力和服务水平逐渐提高。同时，他常年深入村屯入户调研，主动掌握农民的需求。在农忙时节，他奔走于乡间地头，想农民所想急农民所急，手把手地指导农户开展技术作业。从新技术引进、试验到示范，他都要自己先演练一遍，弄懂原理，轮到农机手操作时，边指挥边跟着机器来回跑。"每一项新技术推广应用，不仅要让机手弄清原理，更要我们亲自演示、手把手地教会农民，这样才能发挥农机最大功效。"这是他常说的一句话。

脚踏实地推广　做百姓贴心人

30多年过去了，小阎变成了老阎，不变的是对农技推广事业的热爱。多年来，为把相关的技术及时传播到群众中去，老阎采取办班讲课、播放录像、发放技术资料、现场咨询等方式，把先进适用的农机技术送到农户家中、送到田间地头，实时帮助农户解决机械化育秧插秧过程中遇到的实际困难。通过他的精心指导、努力钻研，破解了舒兰市水稻育苗生产中出苗率和盘根不好等技术难题，为水稻机械化插秧提供了保障，得到了群众的认可。2011年，开展北方单季稻区水稻机械化育插秧技术推广，水浸式（蒸汽式）种子催芽室、机械化育苗流水线等先进适用的育苗设备在舒兰市推广应用。2013年，开展高水平水稻育插秧机械化技术推广，水稻高速插秧机、智能程控水稻浸种催芽车间得到应用，实现水稻育苗工厂化，使舒兰水稻机械化育插秧工作有了新突破。高水平水稻生产机械化的实施可提高农业生产效率，减少农民劳动强度，缩短育苗、插秧周期，促进水稻生长发育，提高粮食产量，增加农民收入，农业生产条件得到有效改善，农业生产力水平得到跨越式提高。2014年至今，在舒兰市"机械化保护性耕作技术"的推广工作中，他一如既往地为示范户提供技术服务、解决难题，并及时向生产厂家反映机械使用过程中的不足之处和改进方法。保护性耕作技术推广应用，土壤有机质含量增加，有机质年增加3%左右，蓄水保墒能力增强，春播期间土壤含水率提高5%～7%，出苗率提高10%以上，产量平均增加5%～8%，节本增效显著。直接节约成本2 000元/公顷，综合节本增效3 100元/公顷。基点测试结果表明，减少水蚀60%以上，生态环境改善；减少秸秆焚烧20%，减轻空气污染；减少径流，减轻水资源污染；减少作业次数，降低拖拉机尾气排放。

投之以桃，报之以李。经过多年的努力，舒兰市插秧机保有量达到9 512台，高速插秧机840台，大型精量免耕播种机66台，农机化装备水平大幅度提高，老阎最初的心愿正逐渐成为现实。

创新推广机制　提升服务水平

在物联网、大数据、电子商务等互联网技术在各领域飞速应用的同时，舒兰市种植业和农机化基层农技推广体系改革与建设工作补助项目的实施、中国农技推广APP的应用，又为老阎提供了一个新的技术推广工作平台。不管是在下班闲余，还是在休息日，都能发现老阎在使用手机开展技术交流，发表实时农情提醒。凭借多年的实践经验，为农户和农技人员解答农机生产出现的难题与农业技术问题。老阎开创了传统学习与线上提升相融合、面对面交流与线上交流相融合、现场宣传与线上宣传相融合、入户指导服务与线上解答相融合的高效工作模式，充分展现了现代农业、信息农业中的现代化农技推广工作方式，加速了现代农业的步伐，得到了上级领导、基层同行以及农户的一致认可，并复制、推广。

时光匆匆，岁月如流。他在农技推广战线依旧活力充沛、信心百倍。未来的日子，他还将为自己挚爱的农机事业永不疲倦地拼搏奋斗。

工作成效

一、精华问答

1. 植物缺锌都有哪些症状呢？

答：锌在作物体内能够影响生长素的合成。当植物缺锌时，芽和茎秆中的生长素含量减少，生长会处于停滞状态，植株矮小。像玉米会出现花白苗；水稻僵苗；苹果、葡萄等出现小叶病、果小、大小不等；桃树出现叶簇、枯梢等。

2. 对锌敏感的作物有哪些?

答:对锌肥敏感的作物主要有玉米、小麦、棉花、甜菜、亚麻、水稻、花生、大豆等作物,以及苹果、梨等果树,对这些作物施用锌肥会起到很好的效果。

问答管理

李文生 　吉林省吉林市舒兰市 | 2019-04-29 19:24

对锌敏感的作物有哪些?

全部答案(29032921)

阎石 [农技人员] 对锌肥敏感的作物主要有玉米、小麦、棉…		🗑 删除
	♡0 ｜💬0 2019-04-29 19:08	
肖洪儒 [农技人员] 玉米、甜菜等农作物对锌较敏感。		🗑 删除
	♡0 ｜💬0 2019-04-29 19:11	
何润昌 [农技人员] 对锌肥敏感作物主要有玉米、小麦、甜菜。		🗑 删除
	♡0 ｜💬0 2019-04-29 19:13	
丁平 [农技人员] 对锌高度敏感的作物有玉米、水稻、大豆。		🗑 删除
	♡0 ｜💬0 2019-04-29 19:14	

---

3. 叶面肥什么时间用最好?

答:叶面施肥效果的好坏与温度、湿度、风力等均有直接关系,进行叶面喷施最好选择无风阴天或湿度较大、蒸发量小的上午9时以前,最适宜的是在下午4时以后进行。如遇喷后3~4小时下雨,则需进行补喷。

问答管理

张腾飞 　吉林省吉林市舒兰市 | 2019-04-29 19:48

叶面肥什么时间用最好?

全部答案(29032766)

阎石 [农技人员] 叶面施肥效果的好坏与温度、湿度、风力等…		🗑 删除
	♡0 ｜💬0 2019-04-29 19:01	
何润昌 [农技人员] 叶面肥最好是下午傍晚时间施用效果好。		🗑 删除
	♡0 ｜💬0 2019-04-29 19:03	
魏庆生 [农技人员] 下午三四点钟施用最好。		🗑 删除
	♡0 ｜💬0 2019-04-29 19:07	

二、精华日志

1. 服务时间:2019年4月27日　服务类型:进村入户

舒兰市农机技术推广站专业技术人员深入上营镇上营村,召开玉米机械化免耕现场演示会,农机技术推广站专业技术人员对免耕播种进行技术指导。

2. 服务时间:2019年4月29日　服务类型:进村入户

舒兰市农机技术推广站专业技术人员深入法特镇法特村,在李志春家庭农场指导水田机械化深翻作业和水稻苗期管理。

三、精华农情

上报时间：2019年4月19日　上报类型：苗情

目前，舒兰地区已经开始大面积整地播种玉米，播种一定要在10厘米地温稳定通过12℃时播种，才会达到7天发芽的效果。如果地温达不到这个温度，玉米种子在土壤里的时间过长，就会影响发芽率，而且勉强发芽的种子也会形成弱苗。因此提醒广大农民，今年春播玉米一定要根据气温变化，适时掌握播种时间。不可播种过早，春玉米不是播种越早产量越高。种植得过早，不但产量偏低，而且病虫害发生严重。

走在稻花香里的
新时代农技推广员

—— 吉林省汪清县汪清镇农业技术推广站　张宝林

　　丁零零零……办公室里响起急促的电话铃。"小张啊，我家水稻苗今早怎么变红了，这可咋办啊？马上就要插秧了，秧苗要是都死了，我这五垧*地水稻可咋办啊？""老吴你别急，你先用手机拍些照片发给我。"随后，农技推广人员通过农技推广网将照片与其他地区水稻病害比对，并仔细向老吴询问秧苗培育过程，确诊为营养土施用过多导致磷肥过剩而发生的细菌性褐斑病。通过施用72%的农用链霉素加乙酸素，一周后老吴家的水稻病情得到根治。而水稻细菌性褐斑病症状、成因及应对方法被及时上传到汪清镇农民田间学校微信群，给全镇水稻种植户防治水稻细菌性褐斑病提供了样板。

　　类似这样的案例在汪清县汪清镇农业技术推广站每天都在发生，"互联网＋"实现了农业技术资源共享，使农技推广人员信息量呈现爆炸式增长，农技科研人员、农技推广服务人员和农户可以在线上沟通，有效解决了农技推广与服务的时间局限和空间局限。

从互联网"门外汉"到"互联网＋农技推广"带头人

　　要说汪清镇"互联网＋农技推广"的建设和使用，不得不提汪清镇农业技术推广站副站长张宝林。张宝林于1996年毕业于吉林省通化农业学校药用植物专业，毕业20多年里一直在汪清镇从事农业技术推广工作，曾6次获得汪清县农业局优秀指导员称号，9次被评为汪清县农业局先进个人，2次被吉林省农委评为先进集体，在2015—2017年马铃薯新品种试验项目中获吉林省农业技术推广奖一等奖。

　　张宝林出生于20世纪70年代，毕业于90年代，在互联网应用上曾经也是个门外汉。2013年8月，一个偶然的机会，张宝林在网上看到一则"互联网＋农技推广"的消息，职业的敏感使他立马意识到"互联网＋农技推广"在农业发展中的广阔前景。于是，他开始大量收集"互联网＋农技推广"相关信息和资料，并自费参加互联网基础知识培训班。在日常工作中，他也不厌其烦地向周围的年轻人请教互联网知识。通过一年的筹备，他感到时机已经成熟，于是2014年两次向局领导提出在汪清镇探索试验"互联网＋农技推广"模式。在他的倡导下，2014年4月，汪清镇建立了汪清县首个"农民田间学校微信群"。万事开头难，平台虽然建立起来了，但最令人头疼的是农户对互联网新兴技术的认识和把握问题。当时很多农户不懂得使用手机，不会使用微信。于是，张宝林首先选择了年轻人比较多的两个村开始推行。他不分白天黑夜，每天走村串户宣传"互联网＋农技推广"知识，发展村级骨

---

　　*　垧为非法定计量单位。1垧＝1公顷。

干力量。通过近两个月的忙碌，两个村的农户全部加入"农民田间学校微信群"，并能有效使用微信和网络学习农业技术知识，询问农业技术难题。通过近5年的努力，汪清镇"农民田间学校微信群"已从当初2个村100多户发展到目前的覆盖全镇14个村3000多农户。2018年，农技推广线上浏览、咨询、解答排名延边朝鲜族自治州第四、汪清县第一，农民亲切地称张宝林为"农业120"。

从"农业赤脚医生"到基层农业专家

张宝林虽然第一学历不高，但他一直坚持后天学习。向书本学、向专家学、向实践学，经过20多年的努力，他从一个几乎"农业赤脚医生"变成了享誉全县的基层农业专家。他毕业以后还一直保持与学校老师的经常性联系，同时通过在农业部门20多年的经历，认识了吉林农业大学的许多专家，每当遇到技术难题，自己把握不准，他都虚心向专家请教，防止因个人知识局限给农户造成损失；他通过搭建"互联网＋农技推广"平台，架起了农户－农技推广人员－农业专家直通车，也实现了农户与专家的面对面沟通；他一直致力于农业技术从实验室到大田实际环境的过渡，确保农业技术的可行性和实用性。每每了解到新技术、新品种试验研发，他就主动请缨，邀请专家来汪清开展试验田。在镇、村领导的支持下，汪清每年试验面积都保持在3公顷以上，先后承担了水稻高光效，水稻、玉米、大豆"3414"，大豆微量元素（钼肥），水稻、大豆高产创建，水稻、玉米、大豆配方校验，蔬菜"2+x""3414"等试验，有效保证了新技术、新品种成果转化。他积极倡导新技术、新品种推广，先后推广大豆新品种黑农51、黑农52、吉育71等，累计推广面积1000多公顷；他还牵头推广了玉米"一穴三株"栽培模式、大豆垄上双行栽培模式、水稻抗低温冷害技术、水稻稻瘟病综合防治技术、玉米大豆性诱剂杀虫技术等。他每年在汪清县完成测土配方2800多公顷，实现"两减一排"500公顷。

从"踌躇满志"的热血青年变成地地道道的庄稼汉

2006年，张宝林从通化农业学校毕业后，最初几年他也想转为行政编，在办公室里体体面面地工作。但通过几年与农民的接触，看到基层农业发展的落后现状，他进一步感受到农技推广的重要性，感受到农技推广人员的崇高责任和光荣使命。为此，他先后多次拒绝了镇里提出由他担任组织委员、宣传委员的建议，把全部心思扑在农技推广事业上。他常年奔波于各村，几乎村里每家的情况他都了解，每个人他都能叫出名字。农户们也从不跟他见外，只要一遇到问题，不管白天黑夜都给他打电话。每每这时，他都不厌其烦地解答农户的问题，必要时会第一时间赶赴现场进行指导。由于他常年工作在田间地头，皮肤晒得黝黑，每每回家，妻子也经常跟他开玩笑说："农村人又进城了。"

"稻花香里说丰年"，离不开像张宝林这样一心扎根基层、几十年如一日苦心开展农技推广事业的普通农技推广人员，他们用自己的实际行动践行着一名共产党员的宗旨，为基层农技推广工作作着既平凡又不平凡的贡献。

工作成效

一、精华问答

1. 土豆开花对土产量有没有影响？
答：土豆开花会消耗大量养分，应及早掐掉。

问答管理

> 王建成 ⊙ 吉林省延边朝鲜族自治州汪清县 | 2019-04-29 09:59
>
> 土豆开花对土产量有没有影响？

全部答案(29030949)

史茂雄 [农技人员] 有了，土豆是块根作物，开花分散营养，应…		删除	
倪春青 [农技人员] 土豆开花是在进行生殖生长，会消耗大量养…	♡0 | 💬0 2019-04-29 09:49	删除	
晨阳 [普通用户] 土豆开花也需要消耗养分和茎叶光合作用制…	♡0 | 💬0 2019-04-29 09:52	删除	
李宏海 [农技人员] 土豆开花对土豆产量有影响，因为开花要消…	♡0 | 💬0 2019-04-29 09:58	删除	
张宝林 [农技人员] 土豆开花会消耗大量养分，应及早掐掉。	♡0 | 💬0 2019-04-29 11:13	删除	
	♡0 | 💬0 2019-04-29 17:37		

2. 水稻每天通风炼苗什么时候开始？

答：这要看每天的气温高低了，低温晚些，在10点左右；温度高些，在7点半至8点。

问答管理

> 王建成 ⊙ 吉林省延边朝鲜族自治州汪清县 | 2019-04-29 07:05
>
> 水稻每天通风炼苗 什 么 时 候 开 始？

全部答案(29030783)

马成 高级工程师 [农技人员] 于每天上午10点到下午5点之间进行秧苗炼…		删除	
龚尤英 [农技人员] 北方水稻稍迟于南方，苗龄在50天左右可以…	♡0 | 💬0 2019-04-29 07:27	删除	
官昌 [农技人员] 水稻每天通风炼苗时间中午12点到下午5…	♡0 | 💬0 2019-04-29 07:28	删除	
159****9196 [农技人员] 天气好的时候，气温回升，可以炼苗	♡0 | 💬0 2019-04-29 07:33	删除	
张宝林 [农技人员] 这要看每天的气温高低了，低温晚些，在10…	♡0 | 💬0 2019-04-29 07:37	删除	
	♡0 | 💬0 2019-04-29 17:30		

3. 水稻插秧前需要做好哪些准备？

答：稻田要整平耙碎、提前泡田、施足底肥。

问答管理

> 王建成 ⊙ 吉林省延边朝鲜族自治州汪清县 | 2019-04-29 05:04
>
> 水稻插秧前需要做好哪些准备？

全部答案(29010699)

任显伟 [农技人员] 翻耙平整地，田里的水寸深不漏泥，给秧苗…		删除	
丁立军 [普通用户] 翻完了地块灌水打浆，秧苗正好适宜机插。	♡0 | 💬0 2019-04-29 05:08	删除	
区锡雄 [农技人员] 施基肥涎好大田，秧苗施好送嫁肥送嫁药。	♡0 | 💬0 2019-04-29 05:10	删除	
李军 [农技人员] 育好秧苗，备好肥料，检修好机具，埋茬打…	♡0 | 💬0 2019-04-29 05:15	删除	
张宝林 [农技人员] 稻田要整平耙碎、提前泡田、施足底肥。	♡7 2019-04-29 05:22	删除	

二、精华日志

1．服务时间：2019年4月23日　服务类型：进村入户

上午到春和村查看苗情时，碰到曲兵家给马铃薯打药。经询问，她打了已过期一年的农药。农技人员建议，若除草剂过期或出现沉淀、絮状物等，请勿使用，应重新购买新药喷施。

2．服务时间：2019年4月29日　服务类型：进村入户

下午，到西崴子村赵海霞家的玉米地，指导农户抗旱播种。趁着气温回升，示范户赵海霞家今天开始种植玉米，指导员建议她要采用二次包衣或采用免耕播种，力争做到一次播种保全苗。

三、精华农情

上报时间：2019年4月10日　上报类型：墒情

整个冬季都没有下雪，使得土地干旱、土壤墒情差。有些农户还按以前的方式先耙细、再播种。那样到播种时，土壤墒情将会很差。

心系沃野农技情
扎根基层砥砺行

——吉林省伊通满族自治县景台镇农业技术推广站　郑立晨

　　郑立晨是吉林省伊通满族自治县基层农技推广战线的普通一员，她用青春的美好韶华与辛勤的汗水甘霖耕耘在广袤的大黑山下，她用无私的甘于奉献与亲农爱农的情怀书写了人生绚丽的华章。她出生于1970年11月，1989年参加工作。2002年开始担任伊通满族自治县景台镇农业技术推广站站长，三十年如一日扎根基层农技推广一线。她扎根基层，真抓实干；她开拓进取，务实创新；她淡泊名利，谦虚严谨；她不畏艰辛，拼搏上进；"几分耕耘，几分收获"，她用爱岗敬业的职业操守与迎难而上的执着谱写着基层农技人员的精神风貌，得到上级业务部门和当地党委、政府的高度认可。她先后多次被吉林省农委授予农技推广工作先进工作者；荣获吉林省农业技术推广奖二等奖1项、三等奖2项；荣获全国农牧渔业农业技术推广成果奖1项。先后当选伊通满族自治县第四、五、六届人民代表大会代表，中国共产党伊通满族自治县第五次代表大会党代表。

不忘初心沃野情　学业有成建故乡

　　1989年，郑立晨于吉林省通化农业学校毕业后，她抱着一颗报效家乡的"赤子情怀"毅然决然地回到了生她养她的故乡——长白山余脉末端大黑山北麓的伊通满族自治县景台镇。她不忘初心、情系家乡，默默地工作在农业技术推广一线，认真钻研业务，深入村屯农户，开展农业技术推广"贴心式服务"。在广袤的景台大地田间地头，留下了她孜孜不倦、言传身教的倩影；在农户的庭院炕头留下她不厌其烦、引经据典的"现身说法"；在崎岖蜿蜒的山间小路留下她早出晚归、疲倦不堪的身影。"谁说女子不如男，巾帼不让须眉男"，她性格天生"好强进取"，怀揣一颗为改变家乡贫穷落后面貌矢志不渝的决心和信心时刻激励着她奋勇前行。她坚持多年在田间开展品种对比试验示范工作，筛选推广熟期安全、抗性好的适合当地的优良品种及其配套高产栽培技术模式，不怕蚊虫叮咬、不顾露水沾衣，不畏烈日酷暑、狂风暴雨，不惧山高路远、泥水满身。她善于总结归纳，将第一手实践经验形成学术材料，先后在国家、省、市相关期刊发表学术论文35篇次，积累了丰富的实践技能与技巧要领，为当地农业生产探索出了很多切实可行、行之有效的成功技术模式和措施，为景台镇农业生产快速发展作出了积极的贡献。她黝黑的面颊、粗糙的双手、憨厚的笑容、简朴的着装与农家妇女无异，农忙时节全身迷彩服虽然与同龄姐妹的娇艳彩妆无法媲美，但是坚毅、干练、执着的拼搏进取更彰显着农技儿女"激流勇进、迎难而上、勇于进取、甘于奉献"的精神风貌。作为一名基层农技人员，她无怨无悔、自诩自乐！

立足项目求发展　创新机制抓培训

几年来，她参加了国家、省、市、县重大科技成果推广示范项目68项次，组织农民培训上百场次，培训农民10 000人次以上，发放生产技术明白纸、小册子5.8万张（册）。为提高农民科学种田水平，她不遗余力地忘我工作着、忙碌着、奔波着。长期以来，她始终坚信"科技培训"是提高农民素质切实有效的途径之一，坚持把农民培育成"懂技术、会经营、善管理"的新时代高素质农民，连续多年配合上级组织开展"阳光工程培训"与"高素质农民培训"工作，培养了一大批"留得住、用得着"的"乡土专家人才"。

在基层农技推广体系改革与建设示范县项目中，为示范户及示范主体提供主推技术、主导品种，入户率达到95%。在农业生产关键环节和农作物灾害突发事件中，她及时赶赴现场，坚持"面对面、手把手"的讲解指导。她肩负着全县定点"农业重大病虫害预测预报"工作，风雨不误，及时准确地进行监测、调查、汇总、分析，掌握有关农业重大病虫害的发生、发展规律，及时发布预测预报信息，力争把病虫害损失降到最低。她第一时间发现、第一时间作了周密部署，及早进行了防治。2013年7月突发二代黏虫灾害，她披星戴月、起早贪黑带领技术人员跑遍所有村（屯）示范户及辐射户，指导农户有效防控，减少了经济损失，做到及早发现、及早防治把损失降到最低。先后推广农田灭鼠25万亩，挽回粮食损失50万千克；赤眼蜂防治玉米螟25万亩，减少损失70万千克；促早熟技术2万亩，确保品种安全成熟，提高成熟品质，当年玉米增产10%。几年来，她依托项目技术支撑全力抓好关键技术培训指导服务，使景台镇农业科技技术水平均衡发展、整体提升，有力地推动了全镇农业生产的快速、健康、稳步发展。

培肥地力育沃壤　减肥增效促增收

多年来，她带领全站农技人员走遍景台镇17个行政村225个自然屯，不遗余力地开展测土配方施肥、化肥减量增效、绿色防控技术、农田统一灭鼠、秸秆综合利用等重大主推技术指导服务工作，足迹遍布大黑山脉。其中，测土配方施肥采集标准土样5 000余个，根据化验结果，指导农户使用测土配方施肥，达到精准诊断、精准施肥、合理施肥、按需施肥，减少了化肥投入。耕地质量得到提升，达到了减肥增效的效果，每年推广测土配方施肥6 000公顷。保护黑土地，增施有机肥，几年来推广使用有机肥2 500吨。不仅减少化肥使用量，而且有效地提升了土壤有机质含量，为培育黑土地、实现农业可持续发展夯实了坚实的基础，为实现两个"零增长"目标提供了雄厚技术支撑。

信息技术领前言　智慧农业结硕果

连续多年参加上级业务部门布置的试验示范，如玉米有机肥无机肥对比试验，肥料"3414"试验，玉米氮、磷、钾肥料利用率试验，玉米品种对比试验等，为确定主推品种和化肥减量增效积累了宝贵经验。

随着技术指导服务信息化建设的发展，她第一时间通过基层农技推广体系改革与建设平台、中国农技推广APP开展农业科技指导服务；她深入田间地头，现场指导培训，帮助农民"排忧解难"，及时解决农业生产中的难题，使农业科技示范主体和广大农民对优良主导品种、先进主推技术充分掌握与应用；她推广并充分应用中国农技推广APP等手机终端系统开展线上技术指导服务，指导示范主体及广大农民，并及时回答、解决广大示范主体与农民提出的各种疑难问题，充分利用现代网络科技手段开展技术指导与培训，确保农民科技素质整体不断提升，提高农民科学种田水平，促进农民节本、增效、增产、增收。同时，她每天坚持登录中国农技推广APP等信息系统，及时掌握党和国家的最新惠农政策、前沿农业科技知识，在学习中不断提高自身素质，武装充实自己的理论水平，在实践中因地制宜、因人而异运用，更快、更好地解决农民生产中的难题，及时报送工作日志、记录汇报农时技术要领的工作。利用中国农技推广APP开展技术指导服务，线上解答问题4 646次，上传工作

日志181篇次，上报相关农情22期次，获得好评144次，拥有粉丝63人。几年来，她指导景台镇开展测土配方施肥手机信息定位服务1 200余次，依托现代传媒技术信息系统的广泛应用，推进了全镇"现代智慧农业"的飞速发展！

"雄关漫道真如铁，而今迈步从头越"，基层农业技术推广工作任重道远。在新的历史机遇下，郑立晨还将砥砺前行、奋发进取，在推动农业供给侧结构性改革、加快乡村振兴战略推进中，肩负起新时代农技人员的历史使命，充分发挥公益性职能作用，为实现农民增收致富、加快县域经济发展作出应有的贡献！

工作成效

一、精华问答

1. 各位老师，桃叶卷了，叶背上有灰色霉，这是什么病，该如何防治?
答：桃的缩叶病，可用代森锰锌防治。

问答管理

段雪梅 📍 四川省广安市岳池县 | 2019-04-18 05:28

各位老师，桃叶卷了，叶背上有灰色霉，这是什么病，该如何防治？

全部答案(28587117)

朱福民 [农技人员] 这种病害应该是桃缩叶病，可用代森锰锌防… 🗑 删除
♡0 | 💬0 2019-04-18 06:00

郑立晨 [农技人员] 桃的缩叶病，可用代森锰锌防治。 🗑 删除
♡0 | 💬0 2019-04-18 06:11

2. 马铃薯环腐病怎么防治?
答：加强检疫严禁从病区调种，选无病种薯，整薯播种，生育期拔除病株。

问答管理

苏春辉 📍 吉林省四平市伊通满族自治县 | 2019-04-17 19:54

马铃薯环腐病怎么防治？

全部答案(28579565)

谢连颂 [农技人员] 防治方法：(1)实行检疫，严禁无病区从病区调… 🗑 删除
♡2 | 💬0 2019-04-17 20:00

郑立晨 [农技人员] 加强检疫严禁从病区调种，选无病种薯，整… 🗑 删除

3．水稻发生二化螟怎样治？

答：处理寄主越冬残体，化蛹期深灌 3 ~ 4 天，灯光诱蛾，药物喷雾防治。

问答管理

水稻发生二化螟怎样治？

全部答案(28579826)

虞根聪 [农技人员] 现在防治二化螟需要综合防治。　　♡0 | 🗨1　2019-04-17 20:18　🗑 删除

如果已经发生了应该怎么办
胡亮[农技人员]　2019-04-25 11:09　🗑 删除

郑立晨 [农技人员] 处理寄主越冬残体，化蛹期深灌3～4天，灯…　♡0 | 🗨0　2019-04-17 21:09　🗑 删除

王静荣 [农技人员] 这个应该是要选用合适农药防治。　　　　　🗑 删除
♡5 | 🗨0　2019-04-17 21:24

二、精华日志

1．服务时间：2019 年 4 月 26 日　服务类型：进村入户

2019 年 4 月 16 日，到富山村五社翻试验田，开展肥料试验，撒肥是关键。因手机不慎掉水里了，当时没报日志，在此补报。

2．服务时间：2019 年 4 月 28 日　服务类型：学习观摩

2019 年 4 月 28 日，到马安生态园学习参观。

三、精华农情

上报时间：2019 年 4 月 25 日　上报类型：墒情

2019 年 4 月 25 日，伊通县三四月无雨，旱情严重，干土下籽，等雨出苗。

平凡的岗位　不平凡的坚守

——安徽省黟县西递镇为民服务中心　陈家和

1988年7月，刚从安徽省池州农业学校毕业的陈家和，来到安徽省黄山市黟县西递镇农业综合服务站（因机构改革，现隶属西递镇为民服务中心），开始从事畜牧兽医技术推广服务工作。自参加工作30多年来，陈家和一直扎根乡镇、服务基层，以强烈的事业心和高度的工作责任感，艰苦奋斗、任劳任怨，全心全意为农民服务。他爱岗敬业、立足本职，为西递镇畜牧业发展增添了新的亮点，促使畜牧业成为全镇农民增收致富的支柱产业之一。不管刮风下雨还是白天黑夜，他总是随叫随到，得到了养殖户的一致好评，并多次获得省、市、县有关部门的表彰。

疫病防控保稳定　严把操作技术关

动物防疫是畜牧业发展的基础性工作，是保障社会供给、保护人类健康、维护社会公共卫生安全的重要举措，在疫病防治工作中，需要密切关注疫情动态。事业心极强的陈家和按照疫情监测规定程序及时、准确地上报疫情动态，严格落实疫情报告责任追究制，彻底杜绝瞒报、漏报疫情现象，做到动物防疫的每个环节有人管、有人抓。有时在钻猪栏逮猪时，猪粪溅脸上、身上都是常有的事，但他从无怨言，确保了西递镇动物防疫工作每年在黟县都名列前茅。2004年，当时省内发生禽流感疫情，为了做好全镇禽流感预防工作，他每晚不辞辛苦深入养殖户家中，挨家挨户做好家禽免疫工作。有一次，在前往源川村湖川组工作途中，夜晚很黑，又出现大雾天气，路面能见度很低，陈家和就只能先把摩托车停在路边，待大雾散去后再到农户家中。这时候一些农户已经睡下，他只能挨家挨户敲门，边解释宣传边做好家禽的免疫工作。等到工作结束返回家中都已经半夜12点了。同时，为尽快完成工作，他每天早上5点半就出门上户预防，一直工作到9点多结束才吃早饭。农户们都让他先吃饭再工作，他却说，先把工作做好，大家都在家等着，不能耽误农户的干活时间。

2018年9月以来，国内非洲猪瘟疫情频发，西递镇养殖户也忧心忡忡，不仅担心价格、销路，更害怕多年培育的增收产业毁于一旦。陈家和第一时间开展行动，广泛动员村级防疫力量，及时入户宣传，让群众正确认识非洲猪瘟，避免恐慌。同时，指导农户对养殖圈舍进行逐一消毒，做好预防工作，在公路主干道进出口设立检查站，对过往车辆运输生猪及生猪产品进行逐一排查，严格审批程序。他不分昼夜驻守检查站、奔波于各个养殖户家中，为的就是保证全镇区域不发生疫情，养殖户的利益不受损失。在他工作期间，西递镇共有免疫牛、羊0.5万头（只），生猪18.5万头，家禽21.7万羽，免疫率均达95%以上，全镇的防疫体系得到了进一步完善和加强，辖区未发生一起重大动物疫情。广大群众养殖的积极性也进一步提高，为本镇畜牧业健康发展打下了坚实基础。

刻苦钻研强技艺　积极奉献暖民心

自参加工作以来，陈家和认真学习理论知识，虚心向老兽医请教，为取得临床第一手资料，分析掌握不同季节畜禽发病原因，亲手解剖各种病死畜禽达200多头，掌握了过硬的技术。"群众利益无小事"，多年来，他以过硬的业务技术和热情周到的服务态度，切实为广大群众和养殖户解难事、办实事、做好事。2018年夏季，西递镇潭口村的养殖大户胡建华打来电话，"陈技术员，你有空不？帮我看看那几头猪是什么情况，这几天不是很爱吃食，精神也不是很好。"接到电话后，陈家和立马放下手头事情，带上诊疗器具，驱车前往。赶到猪场，陈家和对发病猪只逐一仔细检查，从测量体温、查看猪的整体外表以及粪便等情况，结合养殖户的饲养管理作出病情分析，并针对性地进行药物治疗，很快解决了养殖户的问题。

想养殖户所想，做养殖户所需，这是陈家和多年工作的真实告白。只要养殖户有需求，他总能早到一分钟，为的是养殖户少一些损失、多一分信心。他真心为养殖户服务，真诚奉献于工作，真情融于乡亲的点点滴滴。多年来，全镇生猪、家禽死亡率分别控制在3%、5%以下，解除了养殖户的后顾之忧，陈家和也因此得到了当地老百姓赞许的口碑。

"互联网＋" 新模式　敢为人先求创新

"互联网＋"的初心是服务群众的切实需求，陈家和充分利用中国农技推广APP等现代化手段开展科技服务，提升服务效率和水平。通过网络平台学习并运用科技知识，为养殖户们提供专业指导；建立养殖户QQ群、微信群等，图文并茂地宣传畜牧科技知识，并鼓励和指导经营主体依托淘宝等电商发展网络销售；挖掘畜牧科技在本区域的特色和亮点，认真做好归纳总结。此外，在上级部门的领导下，及时宣传畜牧业政策法规，不定期开展畜牧养殖实用技术培训班等，提供行业最新资讯，推广先进的畜牧兽医专业技术知识，让先进实用的畜牧科技更好、更快地惠及广大畜禽养殖业者，真正实现养殖户和专家的"零距离"对接。

畜牧兽医工作是一个既脏又累的苦差事，但他不怕苦不怕累，三十多年如一日坚守着这份平淡和执着，默默奉献着自己的青春和汗水，为西递镇重大动物疫病防控工作、畜牧业持续健康发展、畜产品安全供应以及农民增收作出了一定贡献，先后获得2006年度安徽省畜牧技术推广贡献奖以及2006年度、2008年度、2010年度、2015年度、2016年度黄山市动物防疫工作先进个人等荣誉表彰，以实际行动展现了新时代农技干部的优秀品质和不凡追求。

工作成效

一、精华问答

1. 动物检疫的种类有哪些？

答：（1）进出境动物检疫，是指对进出我国的动物、动物产品，由口岸动植物检疫机关实施的检疫。进出境检疫的管理、分类又具体划分为：①动物、动物产品检疫；②出境动物、动物产品检疫；③过境动物、动物产品检疫。（2）国内检疫，是指对国内的动物、动物产品进行的检疫。其具体划分为：①产地检疫；②运输检疫；③屠宰检疫；④动物产品检疫。

问答管理

任焕景 ⚲ 河南省濮阳市濮阳县 | 2018-08-06 09:20

动物检疫的种类有哪些？

全部答案(18401551)

刘翠英 [农技人员] 动物检疫分为产地检疫和屠宰检疫两种。　　　　　　　　　🗑 删除

关亚荣 [农技人员] 动物检疫分为产地检疫和屠宰检疫两种。　　　　　　　　　🗑 删除

♡0 | 💬0 　2018-08-06 09:24

陈家和 [农技人员] (1)进出境动物检疫，是指对进出我国的动…　　　　　　　　🗑 删除

♡0 | 💬0 　2018-08-06 09:33

谭志文 [农技人员] 动物检疫分为产地检疫和屠宰检疫。　　　　　　　　　　　🗑 删除

♡4 | 💬0 　2018-08-06 09:35

刘俊湘 [农技人员] 动物检疫有屠宰检疫、产地检疫。　　　　　　　　　　　　🗑 删除

♡0 | 💬0 　2018-08-06 09:43

程传明 [农技人员] 动物检疫分为产地检疫、屠宰检疫。　　　　　　　　　　　🗑 删除

♡0 | 💬0 　2018-08-06 09:57

♡0 | 💬0 　2018-08-06 12:24

2．夏季养鸡应注意哪些事项？

答：①降低密度；②开窗搭棚；③勤换饮水；④早放晚圈；⑤科学饲喂。

问答管理

刘水平 ⚲ 山西省临汾市霍州市 | 2018-08-06 09:39

夏季养鸡应注意哪些事项？

全部答案(18396397)

尹太金 [农技人员] 注意湿度，注意防暑降温。　　　　　　　　　　　　　　🗑 删除

郭育奎 [农技人员] 夏季养鸡主要应注意病菌的传播！　　　　　　　　　　　🗑 删除

♡0 | 💬0 　2018-08-06 09:21

陈家和 [农技人员] ① 降低密度；② 开窗搭棚；③ 勤换饮水…　　　　　　　🗑 删除

♡0 | 💬0 　2018-08-06 09:21

袁永东 [农技人员] 夏季养鸡做好预防，保持通风。　　　　　　　　　　　　🗑 删除

♡1 | 💬0 　2018-08-06 09:23

♡0 | 💬0 　2018-08-06 09:29

3．得了犬细小病毒如何防治？

答：对病犬应及时隔离治疗，为防止肠炎型病犬的脱水，应注意补液、止泻、止血、止呕和控制进食。为防止继发感染，在输液的同时应加入抗生素。重症病例可注射犬细小病毒高免血清，皮下注射3～5毫升（大型犬0.5～1毫升／千克），1次/天，3天一个疗程。

问答管理

叶建锋 ⚲ 上海市市辖区金山区 | 2018-08-01 10:37

得了犬细小病毒如何防治？

全部答案(18206770)

陈家和 [农技人员] 对病犬应及时隔离治疗，为防止肠炎型病犬…　　　　　　　🗑 删除

♡1 | 💬0 　2018-08-01 10:46

二、精华日志

1. 服务时间：2019年3月7日　服务类型：业务包村

专家讲课，能力提升，打造"黟县五黑"之黑鸡、黑猪产业。李赛明讲授黟县黑猪养殖、非洲猪瘟防控、粪污资源化利用。詹凯讲授黄山黑鸡品质特点、脱温鸡生产关键技术、黑鸡安全生产。

2. 服务时间：2019年3月7日　服务类型：业务包村

参加黟县农业农村水利局组织的农技人员能力提升培训，主题为"名优茶产业科技动态与应用"。

三、精华农情

上报时间：2019年3月7日　上报类型：墒情

连日来，多晴少雨天气给田地里的水稻和蔬菜造成了干旱。还好下了一场及时雨，大大缓解了旱情。

老百姓心目中的鱼专家

——安徽省天长市水产技术指导站　占家智

占家智是安徽省天长市水产技术指导站的站长，高级工程师，中共党员。自1995年参加工作以来，他一直学习、工作、服务在水产一线，致力于水产科技推广、科学普及和科普创作工作，先后发表专业文章300余篇，出版水产相关著作160余本（部），主讲水产科技培训30多次，参与各级科研项目和农技推广项目10多项，2018年获"全国最美渔技员"的称号。占家智投身水产23年，甘愿做水产科技的领头雁，努力用自己的知识倾心为渔民服务。尤其是近年来，他除了在线上积极回答各地养殖户的疑难问题外，也在线下积极为渔民服务。无论什么时候，只要接到渔民的电话，他都会在最短的时间内赶到养殖户的塘头。因此，深受当地养殖户的信任和喜爱，养殖户亲切地称他为"我们的鱼专家"。

理论联系实践　努力提高业务水平

占家智长期工作在水产一线，有着丰富的实践经验和理论基础。2000年，天长市河蟹遭受了前所未有的"抖抖病"的肆虐侵袭。他把年仅3岁的儿子交给爱人照顾，自己一口气地连续20余天坚守在河蟹池塘边，一只只地观察并解剖死蟹，试验了十几种药物来预防和治疗该病。当时天气炎热，加上蚊虫叮咬得非常厉害，他的脸被晒得黝亮发黑，身上被叮咬了十几个疱，蟹农心疼地称他为"黑专家"。当他回到家里，儿子怯生生地望着他，一时竟然不敢相认这个"黑爸爸"。他通过仔细观察、分析并对比试验后，根据在现场收集的第一手资料，撰写了《河蟹"抖抖病"的病情分析及防治初探》一文，被评为安徽省第三届自然科学优秀学术论文三等奖。他提出了河蟹"抖抖病"的生态防治理论，在天长市积极宣传并实施，当年就降低了"抖抖病"的发病率，为蟹农挽回了经济损失500余万元，对养殖户提高河蟹的成活率和增加经济效益打下了坚实的基础。近两年来，他一直在天长市的河蟹养殖区大力推广"河蟹861高效养殖技术"模式，即亩放大规格扣蟹800只、成活600只、亩纯收益超过1万元，推广效果非常好。鉴于取得突出的成绩，2000年占家智荣获天长市农业科技开发与承包先进个人的光荣称号。

用活用好政策　为养殖户排忧解难

在安徽省实施"三进工程"（其中一项就是龙虾进稻田）中，占家智积极响应、主动实施，2018年天长市的小龙虾又得到长足的发展。目前养殖面积已经超过2万亩，亩增收效益近3 000元。2017年，大户鲍玉国流转土地养殖龙虾时，受到了老百姓的阻挠，几位年纪大的老农躺在挖土机前不给

老鲍开挖田间沟，占家智就利用晚上大家都在家里的机会，与老鲍及村干部一起一户一户地做工作，把当前的形势、稻田养殖的优势、承包户的发展趋势一一和他们说清，同时还担保了8年后复垦的费用。在做了整整一个星期的工作后，老百姓终于同意开挖田间沟。而让他想不到的是，在机器正常开工3天后，一个大清早老鲍的电话就把占家智呼叫到了镇政府。原来是当地的土地管理所不给开挖，说是改变了土地用途，要求恢复原样，而且还扣了机器，还要拘人，老鲍立即慌了神。占家智立即拿出省农委和滁州市政府的相关文件，与镇长、书记一起沟通，利用专业知识详细讲解稻田养殖龙虾的好处以及并没有改变土地性质的原理。在多方面的共同努力下，当天下午机器又发出了轰隆隆的声音。2017年和2018年老鲍都获得了丰收，现在已经是天长市稻虾养殖的领头羊，年纯收入超过百万元。老鲍一见到前来参观学习的人就说："是占站长帮了我大忙，不但在技术上帮助我，在其他方方面面都帮我大忙了，你们有事可以直接找他。"

2018年，天长电视台、天长发布、天长论坛等媒体先后以《红了小龙虾，黑了鱼技员》为题宣传占家智的工作成绩。

线上线下齐努力　发挥互联网作用

在长期的工作学习生活中，占家智将自己的技术、理论和实践进行提炼、升华，先后出版了《施肥养鱼技术》《水产活饵料培育新技术》《淡水鲨鱼养殖实用技术》《观赏鱼养殖500问》《稻田养龙虾100问》等多本水产技术书籍。

占家智充分发挥互联网的重要作用，注重"互联网＋农技推广"的学习和运用，在中国水产网、安徽农业信息网、中国水产养殖信息网以及省、市、县主流媒体发表水产技术文章和农业信息稿件200多篇，工作之余还精心钻读中国农技推广APP。截至2018年底，提问近万次，回答问题1万余个，发表日志1 800余篇，发布农情1 040篇，发布个人相册15篇，现有积分60 000多分，位居天长市第一。他不仅教会同事用中国农技推广APP，还手把手地教农民下载使用云上智农APP。他把在中国农技推广应用平台上学到的新知识、新技术用于指导农业生产工作，为天长市的"三农"事业贡献了自己的力量。同时，他从2016年开始创建了天长市水产养殖微信群。目前，群里的养殖大户已经超过120人，占家智每天通过微信向全市水产从业人员讲解养殖技术、沟通市场信息、传递国家政策。2016年和2017年作为技术负责人，他先后组织实施了"物联网建设在龟鳖养殖中的应用"和"物联网建设在稻虾种养上的应用"两个项目，并已经通过验收，为养殖户取得了显著的经济效益和社会效益。

组织实施科研项目　积极参加标准制定

占家智一直积极参加多项水产科研项目，如天长市渔光互补试验示范基地的推广、天长市稻虾连作共生综合种养试验示范基地的建设与推广；申报安徽省特色农产品优势区（芡实）并获批；组织天长市物联网建设在稻虾种养上的应用和物联网建设在龟鳖养殖中的应用项目；参加了海峡两岸珍稀水生生物展示交流项目；参加"中草药在鱼类爱德华病治疗中的示范推广研究"项目；参与研制的"黄颡鱼规模化人工繁殖和捕捞新技术研究"和"蟹、蚌、鲌立体生态高效养殖技术"双双获省科技成果奖等。

占家智不仅仅积极参加技术推广和科研项目，也非常注重水产标准的制定。一是参加了安徽省地方标准的制定，分别是《克氏原螯虾鱼种池塘轮养操作规程》《克氏原螯虾稻田生态繁育技术规程》，对实施安徽省及天长市龙虾的标准化养殖起到一定的积极推动作用。二是在天长市委、市政府确定把发展芡实作为地方特色后，占家智在全省范围内编写了第一本乡土培训教材《芡实高效种植实用技术》，对全市6 000余户从事芡实生产、加工与流通的农民进行培训，并编制了《芡实育苗技术规程》《芡实大水面种植生产技术规程》《芡实移栽技术规程》《芡实鲜苞加工生产技术操作规程》4个地方标准。2019年，由他参与编制的《芡实（鲜果）》和《芡实（干果）》2项团体标准发布。

占家智以他自己对渔业的执着信念、对养殖户的浓浓爱意，20多年来一直坚持立足渔业、服务渔民，用自己的知识为天长市水产事业的发展作出了积极贡献！

工作成效

一、精华问答

1.请问各位同仁，这是什么树？

答：这棵树看起来是鸡爪槭。

2.请问辛硫磷在生产上禁止使用吗？
答：辛硫磷就是以前的老鼠药吧。

问答管理

王飞扬　吉林省长春市双阳区 ｜ 2019-04-08 00:56
请问辛硫磷在生产上禁止使用吗？

全部答案(28155877)

占家智 [农技人员] 辛硫磷就是以前的老鼠药吧。　　　2019-04-08 00:46

♡0 ｜ 💬0 　2019-04-08 00:51

3. 这个花卉长得很漂亮是什么品种？

答：这种漂亮的花叫一品红。

问答管理

赵建林　江苏省淮安市洪泽县 ｜ 2019-04-06 11:10
这个花卉长得很漂亮是什么品种？

全部答案(28086303)

占家智 [农技人员] 这种漂亮的花叫一品红。　　♡0 ｜ 💬0 　2019-04-06 11:08

♡0 ｜ 💬0 　2019-04-06 11:10

二、精华日志

1. 服务时间：2019年1月24日　服务类型：购销服务

鲫鱼的品种比较多，是水产养殖中非常重要的一种鱼类。现在流行的中科3号是科技工作者培育的优质鱼类，产量高，抗病性强，养殖效果比较好。

2. 服务时间：2019年4月12日　服务类型：学习观摩

今天带领养殖大户到天长市川桥水库下游参观稻田养殖龙虾，该大户养殖龙虾170亩，养殖效益非常好。

3. 服务时间：2019年4月19日　服务类型：进村入户

今天下午到天长市万寿镇百子村甲鱼养殖大户胡培成这里指导甲鱼繁育生产和苗种培育工作。

用青春耕耘现代农业梦

——安徽省宿州市埇桥区灰古镇农机化推广服务中心　吴军

吴军，男，1962年7月出生，1981年1月参加工作，1990年2月加入中国共产党，现任安徽省宿州市埇桥区灰古镇农机化推广服务中心主任。他参加工作30多年来，立足"三农"，广开思路，撸袖实干，在新型农业发展需求方面做强服务，特别是近年来能及时而熟练地运用计算机信息技术和现代网络信息工具，以全新的理念和姿态重塑了农技推广工作者的新风貌与新形象。在农机推广服务工作中，无悔的青春默默耕耘，为地区农业增效、农民增收贡献了自己全部的力量，他用朴素的人生经历，演绎了当代的不凡历程！

"互联网＋农机"让耕种收更高效

近年来，埇桥区借助"互联网＋"加快提高农业全程机械化程度、提高农机智能化水平，成为带动乡村振兴发展新引擎。

多渠道的工作方式。吴军顺应形势的需求，及时建立了各类农机技术推广服务微信群、产业扶贫微信群、农技推广体系示范户微信群、扶贫干部微信群、农业专家微信群、家庭农场种植大户微信群等各类涉农微信群，能让专家教授、技术人员、基层能人、高素质农民、农机手等所有关心关注农业、有各类需求的个人、专业大户、合作社以及企业随时交流与互动，一段话、一张图片、一个小视频等，所有需求的技术、政策、市场等信息都能在微信圈里在线得到帮助与解决，助推了农技推广各项工作的开展。

依托"互联网＋农技推广"提升智能化水平

吴军利用手机及QQ网络平台积极引导辖区内的农机合作社和农机手组建相关微信群，使农机手与农户能快速业务连接，有效解决"有机无田耕、有田无机耕"的问题，基本实现了"让信息多跑路，让农机多干活，让农户得实惠"。"以前灰古镇的农机作业还是'经验式'生产模式，近几年灰古农机站积极探索开展农机机械化云服务合作，为现代农业示范园区农机生产转型升级提供有力的科技支撑，将有效促进农业生产'经验式'生产模式向'科学式'种田转变。"吴军说。

2010年以来，吴军每年都利用"互联网＋"平台组织本辖区农机专业合作社、农机大户开展大规模的农机跨区作业，农机作业年增加收入2万多元/台。

土壤深松显示"互联网＋"威力

自2015年国家实施土地深松作业补贴，为保质保量完成深松任务，吴军带头采用"互联网＋"模式，为深松机具安装了互联网检测仪，农机手可以更直观地观察到深松面积和深度。全程智能监控农机深松整地作业已在秋耕时发挥"威力"。对于"互联网＋"模式的土地深松，灰古镇付湖村家庭农场主周茂丰很是满意，"以前深松看不到作业质量，现在使用'互联网＋'作业质量全程智能监控，深松过的土地保水保肥，对农作物有好处，种的庄稼苗旺、高产，这互联网真是让我们省心、放心"。

除了农民，从这一模式中受益的还有农机手。"利用深松机具安装互联网检测仪，我可以更直观地观察到深松面积和深度，松过的地基本没有不合格的，大大减少了因作业质量产生的纠纷"农机手张攀说。

推广实现农业机械化

通过多年来的摸索，他结合农业生产的实际，深刻地认识到，要彻底改变农村的面貌，解决落后的生产方式，解决农民千百年来"面朝黄土背朝天"的根本问题，关键是要推广实现农业机械化。他站得高、看得远，在基层几十年来，既积极推广农机化的新品牌、新技术，又肩负农机维修的工作。从建立农机化示范基地，做给农机人看，带动农机人干；从建立农机化信息化网络，不限时间、不分区域，不怕麻烦，做到了全心全意为农民服务。

吴军常年带着农机具和图版资料奔波在田间地头和集市，不辞辛苦地做示范演示和技术培训。他在实践中不断探索，建立起农机管理服务网络，运用示范引导、提供服务等方法，逐步推广了小麦精（少）量播种、玉米机械化点播、化肥深施、机械深耕、秸秆粉碎还田和保护性耕作等农机化新技术，受到农民群众的欢迎，当地农机装备水平和农机作业水平大大提高。2010年，灰古镇全部实现了小麦、玉米的机械化播种。2011年，全部实现了小麦机械化收获，为解放农村劳动力发挥了重要作用。

让群众靠科技致富

"让群众靠科技致富"当作自己的追求目标，吴军依托单位技术优势，积极开展科普宣传和实用技术培训。争取镇党委、政府及主管局的支持，健全农技服务网络，每个农机服务专业合作社明确一名农机推广员，每个村都落实了5～6名农机科技示范户，组建了以农技、农机等部门负责人为成员的科技服务队，配备了科技互联网服务电话和服务车。以农民专业合作社为平台，以农机化生产试验示范基地为模板，充分利用办班示范、开辟科技专栏、一对一帮扶等有效形式，免费组织开展技术培训，发挥农机服务专业合作社和科技示范户的"二传手"作用，辐射带动更多的农户推行科学务农，实现了农业生产全程机械化。

灰古镇付湖村的家庭农场主童士合坐在停在田边的轿车里，看着农业机械在自己田里作业高兴地说："这农机服务微信群就是农机版的'滴滴打车'，再也不用东奔西跑地为找农机犯愁啦，坐在家里打开手机，就能预定各种农机作业机具和耕种收作业时间。出门打'滴滴'，咱种田也可以享受'滴滴'式的服务了。"

倾情服务"三农"创业绩

为增加当地农民收入，他积极帮助群众出主意、想办法、筹资金，在犁耕耙拉收植保、农机购买、购机补贴、粮食烘干等各个环节提供全过程、全方位的服务，成为当地广大农机户的贴心人和主心骨。在为实现农业机械化道路上，他不断探索、积极创新，具备懂技术、会管理、掌握市场经济的

3个方面的素质。他积极应用"互联网＋"的网络信息化技术，多渠道、多层面提升服务范畴，加强队伍整体能力建设，紧跟"三农"形势需求，在服务乡村振兴战略中大显身手，时刻以党员的标准严格要求自己，约束自己的言行，在平凡的工作岗位上始终如一，勤奋刻苦，扎实工作，按照"诚实做人、踏实做事"的原则，以饱满的工作热情、务实的工作作风完成了党交给的工作任务，尽自己的所能发挥党员的模范带头作用，在平凡的工作岗位上作出了不平凡的业绩，用青春耕耘现代农业梦，也是我国奋斗在"互联网＋农技推广"的杰出代表。

工作成效

一、精华问答

1. 请问草铵膦的优点有哪些？

答：草铵膦以谷氨酰胺合成酶为靶标酶，通过抑制谷氨酰胺合成酶的活性，造成植物体内氮代谢紊乱，氨过量积累，导致叶绿体解体，破坏植物光合作用，达到杀虫效果。

2. 请问专家，小麦白粉病如何综合防治？

答：一般每公顷用20％乳剂600～750毫升加水37.5～150千克稀释后用迷雾机喷雾，或加水900千克进行常量喷雾，病情较重时可间隔7天左右再喷药一次。

3．追施尿素后为什么不宜马上灌水？

答：追施尿素后马上灌溉大水，容易使氮素随水流失。

李小露 安徽省宿州市埇桥区 | 2019-02-10 21:13

追施尿素后为什么不宜马上灌水？

全部答案(9)

梅三龙 [农技人员]	追施尿素后不宜马上灌水，因为灌水后易冲走，且易流失。	♡0 | 💬0	2019-02-10 21:23	🗑 删除
胡凤华 [农技人员]	如果马上灌水，会使根部吸收氮过快，烧根。	♡0 | 💬0	2019-02-10 21:24	🗑 删除
宋东涛 [农技人员]	肥料中的氮素易溶，易淋洗。	♡0 | 💬0	2019-02-10 21:27	🗑 删除
于凤江 [农技人员]	尿素在土壤中经过3~5天转换成铵态氮，才能被作物吸收利用，如直接灌水，没等吸收就淋溶失了一…	♡0 | 💬0	2019-02-10 21:28	🗑 删除
李文志 [农技人员]	尿素易溶于水，呈分子态，需一定时间转化成碳酸氢铵，铵离子易被作物根吸收和土壤吸附，所以不…	♡0 | 💬0	2019-02-10 21:29	🗑 删除
梁志仁 [农技人员]	追施尿素后马上灌水，尿素会马上随水流失。	♡0 | 💬0	2019-02-10 21:31	🗑 删除
武春艳 [农技人员]	如果施用尿素后马上灌水，它就会被水溶解，由于土壤胶体与尿素之间的吸附力很弱，尿素在土壤中…	♡0 | 💬0	2019-02-10 21:32	🗑 删除
吴军 [农技人员]	追施尿素后马上灌溉大水，容易使氮素随水流失。	♡0 | 💬0	2019-02-11 08:04	🗑 删除
杨洪 [农技人员]	一是防止尿素流失，二是防止烧根。	♡0 | 💬0	2019-02-11 08:05	🗑 删除

二、精华日志

1．服务时间：2019年4月18日　服务类型：业务包村

看麦苗发育3月上旬是施用拔节肥的时间，此时施肥能促进大蘖成穗，提高成穗率，促进小穗、小花分化，争取穗大粒多，同时促进顶三叶的生长。拔节期，精播高产麦田的壮苗、偏旺苗，采用一般栽培法种植的壮苗和应用独秆栽培法种植的晚茬麦，均应在拔节期适时浇水，重施拔节肥。

2．服务时间：2019年4月19日　服务类型：学习观摩

针对今年冬小麦苗情特点，春季田间管理应坚持"以促为主、促控结合，因地因苗制宜，加强分类管理，促苗情转化升级，防控病虫草害，严防和补救春季冻害"的技术途径，做好春季麦田管理，夯实夏粮丰收的基础。

三、精华农情

1．服务时间：2019年5月1日　上报类型：苗情

要谨防"倒春寒"和晚霜冻害。小麦拔节后抗寒性下降，留意气温转变，在暖流到来之前，采取浇水、喷洒防冻剂等办法，防备晚霜冻害。一旦发生冻害，要实时采用浇水施肥等弥补办法，促进麦苗尽快恢复发展。

2．服务时间：2019年5月7日　上报类型：苗情

当前气温回升有利于多种病虫害的发生和蔓延，而目前正是防治小麦根、茎部病害的关键时期，一旦错过，后期再防治效果很不理想。

汗水浇开遍地花

——安徽省亳州市谯城区农业技术推广中心　张广玲

"桃李不言，下自成蹊。"有一位女农艺师，不论是严寒的冬天还是酷暑的夏天，她经常在田间查看苗情，在集市上散发农作物种植技术明白纸，在农户地头讲解粮食栽培技术。她就是谯城区农业技术推广中心的张广玲。

情系农业乐奉献

张广玲，女，1970年5月出生，在职本科毕业，中共党员，农艺师，现任谯城区农业技术推广中心粮油站站长，安徽省作物学会会员，安徽省农学会会员，安徽省园艺学会会员。

1990年8月，她毕业于宿县地区农业学校，分配到原亳州市魏岗区农牧渔业站工作。那还是一个农民刚解决温饱的年代，秋种就被派到边远的张沃乡抓小麦高产创建。为工作方便，她吃住在乡里，每天骑自行车在6个村的田间来回查看小麦苗情，发现问题就利用各村的大喇叭宣传："小麦该除草了、小麦该施拔节肥了、小麦该防治蚜虫了……"通过努力，当年张沃乡小麦高产示范区取得平均单产达450千克的好成绩，也成为全区有名的小麦高产示范田。这样一干就是6年，因成绩显著，局领导把她调到区农业技术推广中心，负责粮食生产工作。

2012年，谯城区创建小麦千斤示范区，作为技术骨干的张广玲，走遍全区16个小麦主产乡镇的每一个村庄、每一寸土地，进行技术讲座20多场次，发放明白纸10多万份。开展产前良种选择、肥料配方、深松整地播种技术指导，春季指导病虫草害综合防治。为小麦绿色高产创建，付出了超负荷的劳动，保证了创建工作当年取得成功，平均单产达到500.7千克，此后一直稳固在500千克以上，2017年平均单产达到535千克。"采得百花成蜜后，为谁辛苦为谁甜。"当有人问张广玲，"你整天与种粮大户、家庭农场主、农民专业合作社社员打交道，帮助他们解决生产中的技术问题，这样辛苦操劳，为了啥？"她笑笑说："啥都不为，俺也是农民出身，知道种地不容易，就想让他们多收粮食、多得效益。"多么淳朴的话语，多么诚挚的言辞。她把田地当家庭，把农民当亲人，不厌其烦地向农户推广粮食新技术、新品种、新机械，使谯城区的粮食生产良种覆盖率、主推技术普及率、农机使用率均达95%以上。

在测土配方施肥技术方面，张广玲主持建立测土配方施肥供肥网点田牛肥业、丰田肥业等70多个，培训供肥网点技术人员张昌领、牛峰、于杰等1 000多人次。2009年以来，为建立优质粮食生产基地，实施粮食绿色增产模式，她每年主持建立城父、大杨、立德等16个乡镇的25万亩配方肥示范区，建立22个土壤肥力监测点，发放技术资料30多万份，在全区270个村庄张贴测土配方施肥技术挂图。项目实施后，全区土地每亩增收68元，全区每年增收1.5亿元。2017年，她主持推广的农作物

秸秆还田技术成效显著，在谯城区统计局农村社会经济调查队的调查和测算下，全区当年减少不合理化肥使用3 614吨（折纯），节约资金1 160万元。

依靠网络传技术

"忽如一夜春风来，千树万树梨花开。"智能手机、电脑像春风吹开的梨花，仿佛一夜之间，遍布城乡的每一个角落。张广玲主动联系联通公司，与联通公司合作建立了"沃农信息平台"。把小麦、玉米等农作物栽培技术，以及病虫草害预测预报情况及时发布到平台，种粮大户、家庭农场等经营主体们马上就能得到信息，及时地进行病虫草害的防治和灾害性天气的预防，从而保证了农作物生产，保证了新型经营主体的利益不受损伤，大大地提高了他们的种粮积极性。

"单丝不成线，独木难成林。"农技推广重在服务指导、重在技术普及，让更多的人了解和掌握农业技术，形成辐射带动效应，才能"一生二，二生三"。近5年来，张广玲利用农闲时间，在工作之余利用互联网，先后开展高素质农民培训20多个班次。其中，培训农村信息员270多人次，培训科技示范户1 000多人次，培训村镇农业技术人员1 000多人次，得到参训学员的一致好评。自中国农技推广APP上线以来，张广玲发表工作日志300多篇，上报农情70篇，参与解答问题10 000多个，得到好评3 000多个，2018年位居全区中国农技推广APP应用总分第一名，受到区农委通报奖励。

近年来，张广玲主持并组建了多个农业技术推广微信群，如谯城农技推广群、谯城种粮大户群、家庭农场群、粮食种植专业合作社群等。每一个群里都有上百人，天天都有人提出农作物生产和管理及病虫害防治方面的问题，张广玲都会耐心细致、不厌其烦地给予解答，直到提问者满意为止。她自己解答不出来的问题，及时向农业院校和科研院所的专家、教授请教，哪怕忙到深夜，也不让问话者留有遗憾。

辛勤得荣誉满身

荣誉总是属于辛勤付出者，鲜花总是属于遍洒汗水者。在农技推广的路上，28年风雨兼程，28年奔波辗转，张广玲收获着农民们的掌声和信任，收获着同事和领导的鼓励与肯定，也收获着属于她的荣誉和学术成就。

2007年，她被评为全市小麦高产攻关先进个人；2008年被评为全省小麦高产攻关活动先进个人；2010年被评为全省粮食生产三大行动先进个人；2012年获全省农业科技促进年活动突出个人；2013年被评为全市农技推广工作先进个人；2013—2015年获全省农作物苗情监测工作先进个人；2017年被评为全省种植业系统农业技术推广先进个人。

张广玲很注重经验的积累，经常反思自己在农技推广工作中遇到的问题，而且不断地进行总结、提炼、升华，且行之于文字。近年来，她的学术论文《小麦西瓜（小辣椒）、玉米高效种植技术》于2015年5月在《安徽农学通报》发表；《亳州市小麦产业化发展现状及对策》于2017年在《现代农业科技》第七期发表；《亳州市中药材产业转型升级发展背景与对策》于2017年在《现代农业科技》第八期发表。还参与编写了《谯城区耕地地力评价》和几本农民培训材料，如《玉米高产栽培技术》《粮食绿色增产模式攻关文件和技术汇编》等。

28年过去，弹指一挥间。张广玲说，成绩只属于过去，在未来农业技术推广的道路上，她依然会砥砺前行、不忘初心，在农业技术推广的道路上贡献自己的才智，乃至生命。

工作成效

一、精华问答

1. 小麦扬花期间，管理上应注意什么问题？

答：小麦扬花期防治赤霉病是关键时期。

问答管理

郭宪振 河南省濮阳市台前县 | 2019-04-29 05:58

小麦扬花期间，管理上应注意什么问题？

全部答案(29009076)

谯城女儿 [农技人员] 小麦扬花期防治赤霉病诗关键时期。　♡0 | ▢0 2019-04-29 05:19

2. 今天下乡看到的，老农说是一种中药材。有谁认识，它的学名叫什么？

答：图片上的植物名叫泽漆，别称五朵云、猫儿眼，可入药。

问答管理

宋玉梅 山东省潍坊市昌乐县 | 2019-04-28 23:17

今天下乡看到的，老农说是一种中药材。有谁认识，它的学名叫什么？

全部答案(29007096)

凌昌秀 [农技人员] 图片上的中药材叫做泽漆。　　　　　　　　　　🗑 删除

谯城女儿 [农技人员] 图片上的植物名叫泽漆，别称五朵云、猫...　♡1 | ▢0 2019-04-28 23:03　🗑 删除

♡0 | ▢0 2019-04-28 23:04

3．这是今天在街边拍到的，请朋友们看看。这是什么树开的花？粉粉的花儿、绿绿的叶儿与宽阔的街道相映成趣。

答：图片上开花的树木名叫楸。平常说梓楸树其实是两个树种，分别是梓树、楸树。

问答管理

张亚楠 安徽省亳州市谯城区 | 2019-04-28 22:26

这是今天在街边拍到的，请朋友们看看。这是什么树开的花？粉粉的花儿、绿绿的叶儿与宽阔的街道相映成趣。

全部答案(29025520)

曹学海 [农技人员] 图片上的植物是楸。
♡ 0 | 💬 0   2019-04-28 22:50   🗑 删除

进城女儿 [农技人员] 图片上开花的树木名叫楸。平常说梓楸树…
🗑 删除
♡ 0 | 💬 0   2019-04-28 22:53

二、精华日志

1．服务时间：2019年4月25日　服务类型：技术咨询

月见草具有极高的药用价值。可治疗多种疾病，调节血液中类脂物质，对高胆固醇、粥样硬化及脑血栓等病症有显著疗效。月见草生命力很强，不怕干旱也不怕寒冷。

2．服务时间：2019年4月28日　服务类型：技术咨询

苦参对土壤要求不严，一般沙壤和黏壤上均可生长，为深根性植物，应选择地下水位低、排水良好的地块种植。它的功效是清热燥湿、杀虫、利尿。

初心不忘为农忙

——安徽省太湖县城西农业综合服务中心 周泉水

1986年，年仅22岁的周泉水在向党组织递交的入党申请书中写道："为农业丰收、农民致富，尽其一生热血与春秋！"

时光荏苒，岁月流沙。如今，55岁的周泉水虽鬓角微霜、皱纹沧桑，但他依然精神抖擞、行事如风。38年不间断的基层农技推广，修炼了他与泥土同化的朴实情怀、挚诚爽直的农民风味。他是有名的"老实人、踏实人"，农民心中的"贴心人"。近年来，周泉水连续被乡党委评为"优秀共产党员"，2016年、2017年、2018年县"优秀指导员"，2018年农业系统"先进个人"；2017年被中国科学技术协会授予"全国科技助力精准扶贫先进个人"，还获得"2018年科普中国优秀科普信息员"称号。

田园处处留脚印

我是一颗螺丝钉，哪里需要哪里搬，做好服务为农民。

1992年撤区并乡，乡镇成立农技站，面临缺员。当时，28岁的周泉水是县农科所技术员，接到调令后，便毫不犹豫收拾行囊，亲吻牙牙学语的儿子，坐上班车，蜿蜒起伏100余公里来到皖鄂交界老山区北中镇。工作一年多，发展蚕桑支柱产业和推广杂交水稻良种，成绩特别突出。1994年，周泉水在赵河乡任农技站副站长负责全面工作时，面对的是交通闭塞且山高路陡的贫困老山区，山地垄田，人均不足5分的缺粮库区。他带领同事从大力推广杂交水稻良种、淘汰常规低劣品种入手，配套"水稻旱育稀植、软盘抛秧、病虫害统防统治"等技术措施，便使全乡粮食单产、总产获得历史上大突破，实现了杂交水稻良种销售不足1 000千克到供应万斤的转变；他为"赵河三年大变样"作出了突出的贡献，曾受到县政府颁发的"科技先进个人"一等奖表彰。之后，他辗转多个乡镇开展农业技术推广服务工作，结合乡镇优势产业，推广"方格簇作茧""蚕园套种""蚕沙利用"等技术，提高了茧单产、桑园效益，成为当时经验推广示范区；承担主持、协助省、市、县粮油"高产攻关"示范片1万余亩，其增幅均达目标产量。2016年，太湖县乡镇农技、农经、农机、畜牧四站合一，曾有乡镇领导想挽留他改行去乡政府工作，却被他婉言谢绝，他说："农技推广才是我的老本行。"

紧跟时代有作为

随着互联网发展，农业技术推广手段更加智能先进，工作、学习交流更加快捷、高效。周泉水乐于接受新事物，与年轻人一样网上办公。对于中国农技推广APP和云上智农APP，他精心研读，弄懂平台规则，手把手地教同事、农民下载和使用。对接受能力差的人，老周是一遍又一遍地教，直到学会为止。看者说累，老周笑答："精是宝，熟能生巧。"老周经常关注用户问答，发现问题及时提示，对有捞分作答现象则严肃批评。

现在，单位技术人员应用中国农技推广APP 100%，高素质农民99%会操作。通过"互联网＋农技推广"新模式，不仅解决了他们生产经营中遇到的疑点难题，扩宽了思路，提升了效益，还增添了农民的快乐。在APP上阅读文章，书写上传日志农情、回答提问，成为老周工作之余的新生活。平台上，他的答问1万余条，上传日志、农情千余篇，获赞5 000人次，在太湖县一枝独秀！

创建微信群，实现互联网精准服务。老周为全乡新农民们分有专业类型群8个，生产经营动态他了然于胸。工作指导是随叫随应。农民新生代，在老周眼里就是宝，他在工作中牵线搭桥，不遗余力。近3年来，老周在中国农业信息网等国家、省、市、县主流媒体发表信息稿件200多篇。工作之余，他会去帮扶户、示范户老朋友家果园菜地转一转，聊一聊农业这些事，偶尔为兴办实体商标取名、设计包装当参谋，甚至在文字上帮人把关……他时刻践行着基层农业技术推广服务体系的螺丝钉作用，平凡的工作却不忘初心，平凡的基层农技人却发挥着不平凡的服务角色。

新的一天开始，周泉水又早早开门，走进办公室。

工作成效

一、精华问答

1. 这群同志又深入田间地头忙活什么？
答：这是专家剥查越冬螟虫蛹吧。

问答管理		

章方海　安徽省安庆市太湖县 ｜ 2019-04-23 19:07

这群同志又深入田间地头忙活什么？

全部答案(28824861)

孟凡更 [农技人员]	这群同志正在查看病虫害。	♡0 ｜ 💬0	2019-04-23 19:26	删除
马鹏飞 [农技人员]	好像是在进行病虫防治工作。	♡0 ｜ 💬0	2019-04-23 19:26	删除
王红义 [农技人员]	从图片上看，是在调查越冬的稻纵二化螟…			删除
胥军孝 [农技人员]	是在调查田间地下害虫吧。	♡1 ｜ 💬0	2019-04-23 19:27	删除
李道忠 [农技人员]	这群同志在数稻纵二化螟。	♡0 ｜ 💬0	2019-04-23 19:27	删除
周泉水 [农技人员]	这是专家剥查越冬螟虫蛹吧。	♡0 ｜ 💬0	2019-04-23 19:31	删除

2. 现在有的小麦出现发黄现象，是怎么回事？
答：图片看不清楚，可能是小麦缺水或除草剂中毒。

问答管理

宋国红 ⚲ 河北省邢台市清河县 ｜ 2019-04-23 20:09

现在有的小麦出现发黄现象，是怎么回事？

全部答案(28821838)

刘芳 [农技人员] 有很多原因造成小麦发黄现象，比如用药… 🗑 删除
♡0 ｜💬0 2019-04-23 20:40

周泉水 [农技人员] 图片看不清楚，可能是小麦缺水或除草剂… 🗑 删除
♡0 ｜💬0 2019-04-23 20:43

3. 请问上图是什么品种中草药？
答：从图片上看，是中药材蒲公英。

问答管理

李小林 ⚲ 湖南省衡阳市耒阳市 ｜ 2019-04-23 20:06

请问上图是什么品种中草药？

全部答案(28822144)

全祖和 [农技人员] 这是兔子最喜欢吃的草，营养好。 🗑 删除
♡0 ｜💬0 2019-04-23 20:40

周泉水 [农技人员] 从图片上看，是中药材蒲公英。 🗑 删除
♡0 ｜💬0 2019-04-23 20:40

二、精华日志

1.服务时间：2019年4月24日　服务类型：技术培训

4月24日，农业综合服务中心召开非洲猪瘟防控工作推进会。要求全面落实县指挥部"五公开"，禁止生猪外调运。

2.服务时间：2019年4月26日　服务类型：进村入户

4月26日，农业综合服务中心主任、副主任到村组户，开展农业领域的"涉黑涉恶、保护伞"摸排行动。

三、精华农情

上报时间：2019年1月29日　上报类型：农产品质量安全监测

为保证春节蔬菜市场质量安全，1月29日，城西乡农产品质量安全监管站工作人员采取不打招呼，与菜农面对面田块取样30余个，品种以大白菜、小白菜、大蒜、菠菜、香菜、萝卜为主。城西乡幸福畈蔬菜基地主要供应老城蔬菜市场的批发，绝大部分的菜农均参加高素质农民培训，并取得证书；乡农产品质量安全监管站分别将其纳入监管平台管理。

情系田野传科技
开拓创新谋发展

——福建省福清市现代农业发展中心　陈彬

略显消瘦的身材，已经发亮的头顶，越来越稀疏的头发，这是52岁的高级农艺师陈彬留下的鲜明印记。作为福州市经济作物生产技术推广先进个人、福州市农业系统先进工作者、福清市农业工作先进工作者、福清市重点项目建设先进个人，这些看起来不是很起眼的荣誉，体现了侨乡农民、农业技术人员对陈彬二十八年如一日，扎根基层、扎根农村的深情厚谊，更是当地政府对陈彬为福清市现代农业发展默默奉献、发展乡村经济四处奔波的充分肯定，激励着陈彬不断前进。

扎根基层　苦学服务本领

1991年，陈彬从福建农学院农学系毕业，来到了福清市农科所当一名普通的干部。来到单位的第一天，看着整个山头就只有一座房子的工作场所，让这个从大学象牙塔里走出来的骄子好一阵彷徨，曾经在大学校园里对今后工作的美好憧憬似乎一下子受到了极大的挫折，让这个年轻人的心情一度十分低落……

但是，艰苦的环境并没有让陈彬退缩，他很快就适应了这个工作环境，一向勤奋好学、吃苦耐劳、敢于探索的他每天跟着农科所的老专家、老农技员们到田间地头观察、积累、探索；到各个乡镇了解福清市农业产业发展情况，从品种结构、种植习惯、技术应用等进行深入了解。几年来，他几乎跑遍了福清市的每一个乡村，为各个地方的农户送去新品种，指导应用新技术。那时候，福清市的交通还不大方便，特别是一些山区乡村。为了观察品种试验数据，获得第一手的数据材料，常要来回步行3～4个小时。就这样一步一步地探索与积累，使得一个年轻的小伙子不断成长，也受到了各个乡村农民的认可。2009年，陈彬被任命为福清市农科所副所长，新的职务、新的平台，给了他更大的为"三农"服务的空间。他在总结经验的基础上实践着，同时在实践的基础上认认真真地总结着，探索着农业技术推广服务的新路子。

与时俱进　推广数字农业

随着时代的发展，互联网技术在各个领域的发展越来越广阔，从农业生产到产品销售，给农技人员工作带来了新的机遇与挑战。在日新月异的互联网时代，陈彬勇于克服自身不足，积极尝试，努力学习互联网知识。从不懂到懂再到熟悉应用，对于长期在生产一线的农技人员，需要克服各种知识障碍。但是，陈彬硬是啃下来了，现在已经可以较为熟练地运用各种相关的网络软件

APP，助力基层农技推广工作。不仅如此，他还召集专门业务培训及利用日常下乡动员各镇（街道）农技员要善于利用信息化手段，汇聚产业链、服务链、技术链等环节"土专家""技术专家"的力量，帮助种植户快速专业地解决农业生产过程的各类难题，为主推技术与实用技术指导方面提供更快捷有效的平台，不断学习探索适合福清市农业科技服务新模式，解决农技服务"最后一公里"问题，提高农技对福清市农业发展的贡献度。截至目前，陈彬在中国农技推广APP上发表日志634篇，发布农情111份，解答4 400多个农技工作者的提问，获得270个好评，总积分已达3.5万多分。同时，他积极引导帮助福清市现代农业企业建设农业"物联网"，把先进的"物联网"技术应用到农业生产中去，让农业生产过程向着远程可视化、环境调节数字化、农事操作自动化等现代农业方向发展。经他指导建成的"物联网"系统并投入应用的现代农业企业有福建星源农牧发展有限公司、福清市绿丰农业开发有限公司等多家，大大提升了企业的生产管理水平。

技术创新　服务现代农业

近年来，福清市现代农业发展迅速，并获批全省首家国家现代农业示范区农业改革与建设试点县市。现代农业的快速发展，同样考验着像陈彬一样的农业人。2014年8月，陈彬调任福清市现代农业发展中心主任，更是深彻地感觉到现代农业发展对"五新"技术应用的迫切需求。陈彬与团队成员立足于本地气候与自然资源优势，寻求与专业团队合作，并成功与福建省农业科学院、福建农林大学、福州市蔬菜科学研究所建立了"院－市""校－市"合作机制，并把福清市作为国家大宗蔬菜产业体技术体系福州综合试验站、国家特色蔬菜产业技术体系福州综合试验站、福建省蔬菜产业技术体系等现代农业产业技术体系的示范县或示范基地，合作开展新品种新技术引进、研发与示范推广。每年带领团队成员赴山东寿光等地，引进各类蔬菜新品种300多个，建立了5个新品种引进试验点、10个新品种展示范基地，形成功能各有侧重、品种特色鲜明的品种推广网络。主持推广节水灌溉技术、全生态地布、塑料无滴农膜覆盖栽培技术、控制管理物化技术、配方施肥、集约化智能数控与可视化物联网系统建设应用等农业高新技术及配套技术的应用，节约氮、磷、钾养分20%，农药使用量减少35%，产品合格率增加15%，使福清市设施农业成为福建省农业发展的一个亮点。通过技术应用，把原来福清市龙高半岛历史上缺水只能种植甘薯、花生的区域，发展成为设施大棚种植重要基地，大大提高当地农民的经济效益。截至2018年底，指导福清市建成各类设施蔬菜栽培面积6.1万亩，亩产5.0吨以上，亩产值5.0万元以上。

网络助力　促进蔬菜产业发展

利用互联网技术进行信息共享，是现代农业的一个重要标志。陈彬督促完成福清市蔬菜生产信息监测预警项目建设任务，完整建立年度监测信息档案，掌握产销动态信息。定期采集全市蔬菜产地批发价格以及蔬菜生产中品种、病害、产量出现的新情况和新问题，进一步引导生产发展和销售渠道流通，提高对蔬菜生产形势预测能力，有助于提高种植户的经济效益。指导福清市蔬果种植与流通行业协会制定"玉融尖椒"集体商标使用规则，召集"玉融尖椒"集体商标成员单位确定集体商标logo设计标志内容，为打造福清尖椒区域公用品牌迈出坚实的一步，促成"玉融尖椒"区域公用品牌的注册。利用网络广泛宣传"玉融尖椒"，协调种植户与京东云开发网络销售渠道合作，尽一切努力为福清的蔬菜产业发展作贡献。

工作成效

一、精华问答

1. 今年小麦长势喜人，一片丰收景象，请问今后应如何加强技术管理？
答：加强肥水管理确保生长势正常。

问答管理

张健 ⊙ 山东省济南市章丘区 | 2019-04-29 11:24

今年小麦长势喜人，一片丰收景象，请问今后应如何加强技术管理？

全部答案(29022675)

侯宇 [农技人员] 这个时期主要增加粒重，防好病虫害。　　　　　🗑 删除
　　　　　　　　　　　　　　　　　　　　　　♡0 | 💬0　2019-04-29 11:29
陈彬 [农技人员] 加强肥水管理确保生长势正常。　　　　　🗑 删除
　　　　　　　　　　　　　　　　　　　　　　♡0 | 💬0　2019-04-29 11:40
任恩涛 [农技人员] 在满足水肥需要的同时开展一喷三防，确保...　　　🗑 删除
　　　　　　　　　　　　　　　　　　　　　　♡0 | 💬0　2019-04-29 12:25

2. 种植的水稻总有不少钻心虫，对于这种害虫如何防治呢？
答：及时预防，一旦发现做好防治工作。

问答管理

牛润莲 ⊙ 河北省保定市涞水县 | 2019-04-29 06:41

种植的水稻总有不少钻心虫，对于这种害虫如何防治呢？

全部答案(29012991)

冯明磊 [农技人员] 目前防治水稻钻心虫，比较理想的药剂...　　　🗑 删除
　　　　　　　　　　　　　　　　　　　　　　♡0 | 💬0　2019-04-29 06:58
赵翠英 [农技人员] 有放鸭子防治水稻害虫的生态模式，调研下...　　🗑 删除
　　　　　　　　　　　　　　　　　　　　　　♡0 | 💬0　2019-04-29 07:01
刘慈明 [农技人员] 早春灌深水灭越冬蛹，田埂上种植大豆...　　　🗑 删除
于海龙 [农技人员] 水稻的钻心虫可以放鸭子解决，还可用药...　　♡0 | 💬0　2019-04-29 07:01
　　　　　　　　　　　　　　　　　　　　　　♡0 | 💬0　2019-04-29 07:14
李志杰 [农技人员] 水稻钻心虫防治可以放养鸭子或药剂防治。　　🗑 删除
陈彬 [农技人员] 及时预防，一旦发现做好防治工作。　　♡0 | 💬0　2019-04-29 07:32
　　　　　　　　　　　　　　　　　　　　　　　　🗑 删除

85

3．今年猪价到底会涨多少，请问大家？

答：正常的情况下猪价是变化不大。

问答管理

孙锦霞 ⊙ 山东省烟台市龙口市 │ 2019-04-28 15:40

今年猪价到底会涨多少，请问大家？

全部答案(29000584)

兽医 [农技人员] 近段时间，农业农村部发布了关于加强屠宰…	♡0 │ 💬0	2019-04-28 15:34	🗑 删除
张明贵 [农技人员] 猪价应该不会涨太多，因为非洲猪瘟已基本…	♡0 │ 💬0	2019-04-28 15:37	🗑 删除
何君张 [农技人员] 今年猪价只涨不会跌价的。	♡0 │ 💬0	2019-04-28 17:12	🗑 删除
十八子 [农技人员] 猪肉价格会上涨，但消费量会萎缩，但相关…	♡0 │ 💬0	2019-04-28 18:44	🗑 删除
陈彬 [农技人员] 正常的情况下猪价是变化不大。	♡0 │ 💬0	2019-04-28 19:32	🗑 删除

二、精华日志

1．服务时间：2019年4月23日　服务类型：业务包村

在南岭大山村看到水库集消防、储供水于一体的作用。据介绍，许多乡村都这样实施，值得表扬一下。

2．服务时间：2019年4月27日　服务类型：进村入户

下乡入户调查初夏种植空心菜的适应性，据种植户介绍，品种选择很重要，要不断筛选才对。

三、精华农情

上报时间：2019年4月20日　上报类型：墒情

福清市有中雨，部分镇街有大雨到暴雨，过程累积雨量为40～60毫米，局地超过80毫米。雷雨时局部伴有短时强降水和6～8级雷雨大风。

情系"三农" 汗洒热土

——福建省莆田县农业局 林忠华

林忠华，男，1993年7月毕业于福建农学院土壤农化系土壤与植物营养专业，当年分配到福建省农业科学院红萍研究中心，参加农业科研与技术推广工作；1997年1月调回福建省莆田县农业局，从事农业生态环境保护、生态农业建设与养殖场粪污资源化利用模式等方面的设计、试验和推广工作，负责生态农业建设与农村可再生能源开发等方面的规划、推广和项目实施工作，曾被评为2005年福建省服务农村青年增收成才奖先进个人、2013年农业部科技教育司授予的"农民满意的农技员"荣誉称号，获得了2002年全国农牧渔业丰收奖二等奖、2011年中华农业科教基金会神内基金农技推广奖、2013年全国农牧渔业丰收奖三等奖、2013年中华农业科技奖科研类成果奖二等奖。

25年来，林忠华始终扎根农业生产一线从事农技推广工作，足迹遍布田间地头、畜舍禽场，用自己的青春和智慧默默无闻地工作、踏踏实实地干事，尤其在养殖污染治理新技术的试验、示范、推广上更是耗尽了心血。

普及农业科技的"领头羊"

莆田的养殖业比较发达，以前几乎家家都有家禽家畜，但随之而来的却是环境的不堪。正是农家庭院的蚊蝇飞舞、村道水沟的污泥臭水，让林忠华心里埋下了美丽乡村的梦想。

那时还是21世纪初，为了动员一个农户建沼气，林忠华往往要跑上三五趟。在很多人眼里，干沼气这行工作又脏又累。但在他的眼里，推广沼气不仅是推广一种变废为宝的能源利用方式，也是推广一种干净文明的生活方式，更是推广一种循环生态农业模式。其挂钩村做到场场建沼气、户户通沼气、养殖零排放，实现了种养循环，促进了和谐和美新农村的发展。

进入新时代，户用沼气池解决了农村燃料、肥料、综合治理环境卫生问题，完成了历史使命，逐渐退出历史舞台，留下的是一颗颗定时炸弹。林忠华就致力于尝试废弃沼气池再利用与长效管理机制的建立。这背后凝结的不是一个人的智慧。"我们是一个团队。"林忠华每次都会这么说。这个团队，有他所在的能源站，有市、区老科协，有绿源合作社，还有一家环保企业。

近5年来，林忠华通过"互联网＋农技推广"完善自己、提升自己，沉心钻研破难题，建立服务网、微信群，尽心尽责服务于农业技术咨询、沼气科技普及与农牧结合资源化利用等方面工作；还受邀为省农业厅，厦门、漳州、莆田等地市农业局，古田、长汀等县农业局举办沼气安全生产与废弃沼气池处置、养殖污染治理与综合利用、农业面源污染整治等各类培训班20多期，参训人员达1 250多人次；接受技术咨询1 600余次，每次咨询他都能耐心答疑、详细讲解。此外，先后指导修复大中型沼气池30多口，协助制订养殖污染治理工艺及模式方案50多个，处理大中型沼气池上浮、破裂及养殖污染治理工程等较大质量事故22起。

构建种养结合的"生命线"

莆田市对生态保护抓得很紧。面对养殖业污染随意排放现象，在林忠华眼里，传统的沼气还有不少可挖掘的地方。他提出养殖业污染物循环利用零排放的新设想，并建立示范基地。这一模式的推广，有效处理粪渣，实现农牧结合、种养平衡，形成生态型产业的新思路。

桃李不言，下自成蹊。荔城区在福建省首创了"送气入户、送肥入田"的规模养殖场自循环治污模式，并成为养殖场的主要治污模式。

事物总是在变化的。养殖场的沼气接上管子，免费通到乡亲们家中，看似很好，但很快问题来了：一来管道太长，容易损坏造成事故；二来猪粪直接进沼气池，沼液浓度过高，排放仍会造成污染。

团队的第一个对策是鼓励养殖场沼气发电，第二个对策是推广使用自渗式滤粪柜。猪粪、污水通过自渗式滤粪柜固液分离后，液体进入沼气池，干粪成为有机肥。与传统的机械分离相比，一是不耗电，二是更环保。这项发明的灵感，竟来自"互联网＋"上所提到的农村豆腐制作工艺。

第三个问题接踵而至：固液分离后的猪粪怎么处理？这里不像北方地区，人均不到半亩地，养殖场配套的果园和附近农户家的承包地消纳不了如此多的猪粪，运到外地又不划算。

关键节点，团队还是依托"互联网＋"，想出了气化发电的主意。在清华大学专家的帮助下，与福建新科真绿能生态科技有限公司等5家单位共同开发"粪渣气化发电新技术"。开发出全国第一套商业应用的畜禽粪便气体发电系统，这套既可使用沼气又可使用猪粪气化产生的一氧化碳发电的新装置，为资源化利用畜禽粪便寻找出一条新的出路。"干粪每小时发电50度！最后只剩下5%的粪渣，且发电的尾气还可以烘干猪粪。"一个万头猪场，每天产生16吨猪粪，变成3吨干粪气化后可发电1 500度，按工业用电一度0.7元算，100万元的设备投资3年回本。这本账还没算同期3年的沼气收益、粪渣收益及其他补助等。

推进技术革新的"新把手"

一是促进畜禽养殖场排泄物资源化高值利用。通过"互联网＋"了解到福安市葡萄产业规模发展后，组织鸿峰农业合作社等3家企业现场取经，探索生态循环发展的路子。目前已引进"美人指"等葡萄品种20多亩，计划扩大至200多亩，生产上全部使用畜禽有机肥。

二是发展与服务"自循环"特色农业。畜禽养殖场排泄物资源化利用给"自循环"特色农业的发展提供了广阔的前景。"互联网＋"引导，林忠华指导鸿峰农业合作社以台湾黄金百香果种植为载体大力发展特色农业，实现养殖业与种植业的"自循环"，带动群众增收致富。2018年初，引种台湾黄金百香果15亩。种植过程中，因除草剂使用易造成百香果落果，田间杂草的防治一度困扰着业主。一场场"头脑风暴"从"互联网＋"开始找答案，变废为宝、自循环，是利用互联网开展农技服务的"密码"。生态、循环，林忠华豁然开朗。接下来，百香果架下配养鸡、鸭、鹅，既除草又灭虫还松土，百香果长势喜人。

三是畜禽养殖场排泄物资源化利用的理念逐渐成形。20多年的农技推广实践、创新，结合带着问题上"互联网＋"找答案的新课题，从畜舍禽场到田间地头的"纠缠"，从养殖业到种植业的"探索"，从农牧结合到"互联网＋"的引导，他提出了"猪粪、污水是资源，不是污染源""种养结合就是零排放""达标排放＝资源浪费"等新观点。把养殖业、种植业组成一个大循环循环起来，实现资源优化利用，保护生态的同时节省成本。一条从养殖业污染治理的低端服务逐步延伸至农牧结合、种养平衡、自循环特色农业等高端环节的可持续发展路线也明确起来。

泥土里能开出最美的花，猪粪成了香饽饽。在这个过程中，他自制的全自动气水分离器、大中型沼气脱硫器、滤粪柜等附属设备广泛应用于大中型沼气工程上，可抽取含有动物毛发、沙石等沼液的绞碎型清淤泵以及处理养殖场粪污的主要设施顶返水压式厌氧反应器获得国家实用新型专利。

工作成效

一、精华问答

1. 请问猪的免疫接种分为哪几类？

答：猪的免疫接种分类如下：根据免疫接种的时机不同，免疫接种可分为3种：①预防接种，是指为防止传染病的发生、流行，平时有计划地给健康猪群进行的免疫接种。②紧急接种，是指在发生传染病时，为了迅速控制和扑灭疫病的流行，而对疫区和受威胁区尚未发病的猪进行应急性免疫接种。③临时免疫接种，是指当猪引进、外调、运输或去势、手术时，临时为避免发生某些传染病而进行的免疫接种。

问答管理

张伟华 ⊙ 内蒙古自治区赤峰市巴林左旗 | 2019-04-29 18:39
请问猪的免疫接种分为哪几类？

全部答案(29033925)

林忠华 [农技人员] 猪的免疫接种分类如下：根据免疫接种的时…		♡0 | ▭0 2019-04-29 18:09	☷ 删除
刘云国 [农技人员] 免疫接种分预防接种、紧急接种、临时免…		2019-04-29 18:12	☷ 删除
刘宇国 [农技人员] 预防接种、紧急接种、临时接种。		♡0 | ▭0 2019-04-29 18:31	☷ 删除
吴金龙 [农技人员] 程序免疫、紧急免疫、临时免疫。			☷ 删除

2. 引种在农业生产上有什么作用？

答：引种是一项见效快、繁殖良种的有力措施。时间短，只要经过试种，就可以应用到生产上，增产效果显著。同时，引种可以充实丰富育种的遗传资源。

问答管理

陈金珍 ⊙ 福建省莆田市荔城区新度镇 | 2019-04-28 22:06
引种在农业生产上有什么作用？

全部答案(29006129)

林忠华 [农技人员] 引种是一项见效快、繁殖良种的有力措施…		♡0 | ▭0 2019-04-28 22:22	☷ 删除
谭聪明 [农技人员] 引种在农业生产上有提高生产效益、经济效…			☷ 删除
亢火明 [农技人员] a.积温是作物与品种特性的重要指标之一…		♡0 | ▭0 2019-04-28 22:25	☷ 删除
郭贤林 [农技人员] 引种是对特定种子的丰产性、品质、抗性等…		♡0 | ▭0 2019-04-28 22:26	☷ 删除
张水生 [农技人员] 引种有利于品种的更新换代，但也要注意地…		♡0 | ▭0 2019-04-28 22:29	☷ 删除

3．请问水稻栽培上"三螟"指的是什么？

答：水稻"三螟"指的是二化螟、三化螟和大螟。

问答管理

陈金珍 ⊙ 福建省莆田市荔城区新度镇 | 2019-04-28 22:38

请问水稻栽培上"三螟"指的是什么？

全部答案(29006016)

林忠华 [农技人员]　水稻"三螟"指的是二化螟、三化螟和大螟。　　　　　　　　　🗑 删除

♡ 0 | 💬 0　2019-04-28 22:19

刘小勋 [农技人员]　水稻"三螟"指的是二化螟、三化螟和大螟。　　　　　　　　　🗑 删除

♡ 0 | 💬 0　2019-04-28 22:20

二、精华日志

1．服务时间：2019年4月23日　服务类型：进村入户

2019年4月23日，区农业农村局农业环保能源站、黄石镇环保站联合对黄石镇清后村耕地田间农业废弃物回收利用处置情况进行检查。

2．服务时间：2019年4月26日　服务类型：政策宣传

2019年4月26日上午，为进一步贯彻落实省委农村工作会议、全省农村人居环境整治会议精神和市委农村工作会议精神，推动全市农村人居环境整治任务落实落细落深，莆田市农业农村局召开全市人居环境整治工作会议，部署下一阶段工作。

3．服务时间：2019年4月26日　服务类型：其他

2019年4月26日下午，区政府召开荔城区迎接华东环保督察及省环保督察问题整改交账销号工作会议。区农业农村局等部门简要汇报各自的主要问题及整改措施，陈玉源副区长作了强调讲话。

三、精华农情

上报时间：2018年11月9日　上报类型：疫情

2018年11月8日，莆田市城厢区一养殖场排查出非洲猪瘟疫情。全市已按照要求启动应急响应机制，采取封锁、扑杀、无害化处理、消毒等处置措施，对全部病死和扑杀猪进行无害化处理。同时，禁止所有生猪及其产品调出封锁区，禁止生猪运入封锁区。

农业农村部畜牧兽医局

农牧便函〔2018〕214号

农业农村部畜牧兽医局关于福建省莆田市城厢区排查出非洲猪瘟疫情有关情况的通报

公安部治安局、交通运输部办公厅、商务部办公厅、应急管理部应急管理中心、海关总署办公厅、国家市场监督管理总局食品经营司、国家林业和草原局保护司、中国民用航空局飞行标准司、国家邮政局市场监管司、军委后勤保障部卫生局、军需能源局、中国铁路总公司劳卫部，各省、自治区、直辖市及计划单列市畜牧兽医（农牧、农业）厅（局、委、办），新疆生产建设兵团畜牧兽医局：

11月8日16时，农业农村部接到中国动物疫病预防控制中心报告，经中国动物卫生与流行病学中心（国家外来动物疫病研究中心）确诊，福建省莆田市城厢区一养殖场排查出非洲猪瘟疫情。该养殖场存栏生猪4521头，发病85头，死亡85头。

疫情发生后，农业农村部立即派出督导组赴当地。当地已按照要求启动应急响应机制，采取封锁、扑杀、无害化处理、消毒等处置措施，对全部病死和扑杀猪进行无害化处理。同时，禁止所有生猪及其产品调出封锁区，禁止生猪运入封锁区。目前，上述疫情已得到有效控制。

农业农村部畜牧兽医局

2018年11月8日

只为田野结硕果
不言辛苦农技人

——福建省南靖县土壤肥料站　刘福长

　　他扎根农村基层30余年，脚踏实地、兢兢业业，如同默默耕耘的老牛一般，吃苦耐劳、厚道实在，熟悉的同事亲切地喊他"老牛"。他深入农村基层接地气，足迹遍布全县每个角落；他翱翔网络书屋、驰骋中国农技推广APP对接专家教授"接天线"，"线上线下"双管齐下，服务到田，共推农技。"心系'三农'，用心服务"是他一直秉持的工作理念，"想农民所想，急农村所急，爱农业所爱"是他始终坚持的优良工作作风。他是刘福长，南靖县土壤肥料站副站长。福建省2017年度"福建最美农技员典型风采"，福建省"2018年中国农技推广APP应用竞赛活动"二等奖，全国农牧渔业丰收奖一等奖、三等奖，福建省人民政府粮食丰收奖三等奖……他深爱着"农技推广"这份事业，获得的多项殊荣正是他为农服务的真实写照。

服务"三农"　实现价值

　　"能为农民多做事，能给农村多增美，能给农业产业现代化多助力，人生就会多价值！"作为一名基层农技人员，工作以来，他始终围绕南靖县农业中心工作，深入镇、村开展技术试验、示范与推广，出色完成了各项工作任务：2013—2016年度，连续4年在南靖县引进推广倍盈西红柿等蔬菜设施专用新品种，推广应用设施病虫害绿色防控技术等集成蔬菜设施生产关键性技术，4年累计推广应用2.89万亩，新增效益17 091.19万元，总经济效益10 767.45万元，取得了显著的经济效益、社会效益和生态效益。他包村帮扶双明村引进福建百汇绿海公司建成了占地430亩的漳州市现代农业核心示范园区，年产净菜3万吨，创产值4亿元。接纳解决300多个员工就业和500名的季节工人，社会效益显著。2013年以来，他负责全县蔬菜、兰花设施大棚建造的指导和验收，整年奔忙于南靖的各个乡镇，帮助农户建起了5 000多亩设施温室大棚，使之形成规模，推动南靖现代农业的发展。

　　5年来，他以"走访、挂钩、蹲点"为载体，深入基层"接地气"，与普通群众"零距离"接触，帮助解决生产中的难点问题，受到好评。一提起他，不论是局里的同事还是他帮助过的农民都会竖起大拇指，他勤奋、聪慧、爱岗敬业、恪尽职守，彰显了无私奉献的职业品德，展现了农技人员的高尚风采。

夙夜匪懈　忘我耕耘

　　基层工作繁重，作为农技一线的农业干部，他总能坚持做好本职工作，"南靖农业局的'5+2''白+黑'！"这是领导、同事对他勤奋工作、爱岗敬业的点赞。最忙的时候，刘福长一整月

都在熬夜加班，好几次半夜醒来想到一些要做的工作，担心到了明天又忘记了，就马上起床用笔记下，第二天写入他办公桌上贴着的写满待办事项的备忘录上。2016—2017年，设施大棚验收任务重，他坚持逐个大棚验收，每天暴走田间地头5公里以上，两年验收大棚近4 000亩、1万多个棚，足迹遍及7个镇60多个村，连续走田间地头、风吹日晒，劳累导致"痔症"频现、大便出血、腿肿脚痛，但他为早日完成任务常咬牙带病坚持工作直至任务圆满完成。

开拓创新 "线上线下"双管齐下

线上"私人订制"，线下"套餐配送"。刘福长作为"全国农技推广补助项目"管理员，在长期的基层实践中，积累了大量经验，在保质保量完成任务的基础上积极创新，他被群众称为"我们的田博士"。近年来，跟随新媒体技术大潮，他积极创新办法，创造典型引路。

刘福长在创新办法解决农业生产技术问题方面进行了试验和探索。例如，他创建了"南靖县农技推广APP信息群"，并细心指导成员安装使用中国农技推广APP，推进农业技术推广进入数字信息阶段。他本人更是积极使用中国农技推广APP，以"解答""提问""日志""农情"为载体，深入顶层（农技专家）"接科技""交朋友"，深入底层（科技示范基地、科技示范主体）与群众网上"面对面""手拉手""心连心"。刘福长脚踏实地，深入农广天地，与普通群众"零距离"接触，在5 000多个"解答""提问"、300多个"日志"、100多个"农情"中了解民情和从事农技推广等工作，帮助基层农技人员和群众解决生产技术中的难点问题，受到30 000多个好评。在过去，遇到困难要打电话或跑到农技中心寻求帮助；现在手指一动，把问题通过图片或者视频方式发到中国农技推广APP，就能获得解答，直观快捷。如南靖县泓兴果蔬合作社理事长高秀雄说："自从加入'南靖县农技推广APP信息群'和安装中国农技推广APP后，黄瓜的病虫害问题直接拍图上传到APP上发问题，就能马上得到专家的及时指导，非常快速高效。黄瓜的销路也是通过APP中的'市场价格'了解全国各地市场行情后找到买家。"

刘福长在创造典型引路帮助传统农民"洗脚上岸"成为"新农人"方面进行了试验和探索。他始终牢记习近平总书记的嘱托："农业出路在现代化，农业现代化关键在科技进步。我们必须比以往任何时候都更加重视和依靠农业科技进步，走内涵式发展道路。"他大力推动南靖县发展高水平设施农业和应用"互联网＋"，如他帮助源兴公司、百汇绿海公司应用远程遥控、温控节能、自动喷灌、水肥一体化等现代信息技术，并且取得成效。源兴公司余志强便是"新农人"的典型代表：穿着皮鞋、开着小汽车上班，干的是老本行"种菜"，不过地点换成了办公室。坐在电脑前，轻轻一点鼠标，蔬菜大棚内温度、湿度等各种数值一目了然。通过监控就清楚哪里该灌水和施肥。现在的余志强，虽然也是在"种菜"，但是与其父母一辈的方式大不一样了，像这样在办公室里种田的"新农人"已经多了起来。

日出前的起航，夕阳下的守望，暮色中的回返，他从不计较自己的身影曾多少次被缩小和拉长。脚踏实地、务实肯干、勇于创新，刘福长用34年的时间诠释了全心全意为人民服务的职业精神，长期扎根于基层一线，设身处地地站在农民的角度考虑问题，工作中坚持用耐心、细致的工作态度为农民服务。他一步一个脚印，踏踏实实地做好工作。他不怕麻烦、不怕辛苦，刻苦钻研业务知识，用自己的实际行动实践"为人民服务"的理想。

工作成效

一、精华问答

1. 这是芒果树发的新梢，为什么叶片长得这么大？

答：太阳晒得太少了吧，所以叶片大而下垂。

问答管理

陈明发　福建省漳州市南靖县　| 2019-04-21 11:00

这是芒果树发的新梢，为什么叶片长得这么大？

全部答案(28920751)

谭子刚 [农技人员] 新叶一般长得大，老叶会收缩的。　　　　　　　　　　　　🗑 删除
♡0 | 💬0　2019-04-21 11:17

刘福长 [农技人员] 太阳晒得太少了吧，所以叶片大而下垂。　　　　　　🗑 删除
♡0 | 💬0　2019-04-26 11:35

2. 这是天方夜谭月季，香气宜人。请问如何栽培使花朵更大？
答：施足有机底肥最为关键。

问答管理

陈明发　福建省漳州市南靖县　| 2019-04-23 12:03

这是天方夜谭月季，香气宜人。请问如何栽培使花朵更大？

全部答案(28920558)

刘福长 [农技人员] 施足有机底肥最为关键。
♡1 | 💬0　2019-04-23 12:47
🗑 删除

3. 头部干瘪，这黑色斑点是病吗，如何防治？

答：发财树黑斑可用石灰水刷一下解决。

问答管理

吴俊海　福建省漳州市南靖县 ｜ 2019-04-25 17:28

头部干瘪，这黑色斑点是病吗，如何防治？

全部答案(28920496)

刘福长 [农技人员] 发财树黑斑可用石灰水刷一下解决。　　　　🗑 删除

♡ 0 ｜ 🗨 0　2019-04-26 11:26

二、精华日志

1. 服务时间：2019年4月19日　服务类型：技术培训

　　4月19日上午，在南靖县农业农村局四楼会议室召开海峡两岸兰花融合发展产业园工作方案座谈会，会议邀请县林业局分管领导及花卉股负责人等18人参加座谈会。大家围绕南靖县两岸合作发展现状、融合发展思路、建设地点（核心区）、主导产业、功能定位、重点建设内容及规模、下一步推进计划等问题展开热烈讨论，积极建言献策，为制订工作方案提供非常多的有用信息。

2．服务时间：2019年4月19日　服务类型：进村入户

今天下午，靖城镇食用菌产业协会召开了会长会议。镇分管领导、农技站有关人员列席了会议。会议主要讨论3个议题：一是围绕靖城镇食用菌规范发展进行讨论；二是要进一步推进食用菌产房标准化建设及污染防治；三是进一步强调协会会长、副会长、理事等岗位职责，下一步要加强对种植户的业务技术指导，切实发挥协会作用，将靖城镇食用菌做大、做强！会议还研究了其他事项。

3．服务时间：2019年4月29日　服务类型：学习观摩

4月29日，我同南靖县农业农村局组织的股级以上干部一行23人到庄亨阳廉政文化教育基地开展廉政教育活动暨"重拾初心再出发"主题党日活动。活动期间，全体党员干部参观亨阳廉政文化长廊，瞻仰庄亨阳雕像，感悟庄亨阳执政为民、廉洁奉公的事迹，同时举行廉政承诺签字仪式。随后，聆听"全国十佳最美乡村教师"庄巧真关于"德高于行、业精于勤"的主题授课。

农技推广路上
不知疲倦的"老马"

——福建省漳平市农业农村局种子管理站　马义荣

漳平市农业农村局种子管理站高级农艺师、中共党员马义荣，1982年7月于龙岩农业学校农学专业毕业，自当年8月参加工作以来，一直兢兢业业地从事基层农技推广工作。2007年3月兼任漳平市农业农村局信息中心负责人，承担起农情科教等业务。多年来，他始终坚持以共产党员的标准严格要求自己，自觉加强学习，刻苦钻研业务，不断提高农技推广能力。2007年，马义荣被列为漳平市农业技术服务专家组成员、漳平市水稻种植保险查勘定损专家鉴定组成员；2012年被列为漳平市全国基层农技推广体系补助项目专家组成员。马义荣农技推广不含糊，标准应用有成效，农业信息化不落伍，热线服务解民忧，专业调查求真知，为当地"三农"的发展积极发挥作用。

农技推广不含糊

农业发展，良种先行。在农技推广工作中，马义荣深知"良种"与"良法"只有配套推广，才能充分发挥良种的"内因"作用，延长良种的"青春期"。在"九山半水半分田"的漳平，单季稻、双季稻混作，马义荣掌握了哪里是稻瘟病常发区，哪里有"冷烂田""望天田"，对水稻品种的感光性、感温性和基本营养生长性进行深入了解，并建立一个信任他、乐意先行先试的"追新"族。20世纪90年代，马义荣参与引进推广的"汕优10号"，有目的地引导桂林、芦芝、和平等乡镇低海拔早稻区和溪南镇吾老村、和平镇下乾村等海拔较高的双季晚稻区先行试种，在栽培管理上，他重点提示稻农要培育适龄壮秧。同时，积极参与漳平市农技推广中心开展的"杂交水稻汕优10号组合"3项地方标准的制定实施工作，取得了良好的效果。该组合1996年种植面积占当地水稻全年种植面积的43%。

马义荣十分注重以培训促推广。2017年6月，漳平市吾祠乡举办"稻田综合养殖技术"专题培训班，马义荣应邀到场授课。他结合PPT展示，深入浅出地讲解水稻"强化栽培"的技术关键，提出稻田综合种养要力争"早"、力求"勤"、讲究"细"的观点，发挥稻株个体潜能，让稻鱼和谐共生，促使稻田综合种养效益最大化。类似的授课活动，还有在西园镇举办的贫困户"雨露计划"培训、漳平市全国基层农技推广体系农技人员培训、"阳光工程"培训、村级农民技术员培训、农民"绿色证书"培训等，马义荣在多种培训场合积极作为。

马义荣从事的良种推广，在20世纪80年代实现粮食产量大幅增产，90年代促进了种植业结构调整，进入21世纪又服务于现代特色产业的发展。2008年，漳平市种子管理站开始承担国家玉米产业体系广州综合试验站的甜玉米试验与示范任务。作为单位主要技术骨干，马义荣为"粤甜16号"品种及轻简栽培技术应用积累了基础数据，为该品种及轻简栽培技术的推广奠定了基础。2016年12月，马义荣获得全国农牧渔业丰收奖二等奖（第12完成人）。

标准应用有成效

1992—1995年，马义荣参与"杂交水稻汕优10号组合"3项地方标准的制定与实施，获得了福建省标准计量科学技术进步奖二等奖（第二完成人）。

1997—2005年，马义荣严格执行了与国际标准接轨的《农作物种子检验规程》（GB/T 3543—1995）、《农作物种子质量标准》（GB 4404—1996），规范而创新性地开展了种子质量标准的实施工作，在福建省内起到一定的示范带动作用，获得了"全国种子检验先进工作者"称号。

2007年，马义荣参与"漳平市农产品安全质量标准化示范"项目，宣传贯彻实施了茶叶、蔬菜等多项地方标准，有效地推动当地特色产业的发展。马义荣因此获得龙岩市2011年度科技进步奖三等奖（第三完成人）。

农业信息化不落伍

1998年，马义荣学会了电脑办公软件的应用，从此对农业信息化的驾驭能力不断提高。年过半百的他，能熟练地运用电脑、智能手机、网页、QQ、微信等进行电子化办公，常常令晚辈们叹服！他维护"漳平农业信息网"安全运行10余年，累计采集发布涉农信息3 222条（其中，农业科教262条，应急服务267条，技术推广146条，农业论坛131条）引导现代特色产业的发展；利用"福建省农情报送系统"，着力提高农情调度效率；2012年以来，通过"全国基层农技推广体系管理信息系统"和"补助项目信息管理系统"组织开展漳平机构、人员和推广业务信息填报工作，支持全国基层农技推广体系规范化管理。他的信息化工作能力，在2016年春季援疆工作中也得到呼图壁县农业局领导干部的赞赏。

作为漳平农技推广骨干，马义荣充分利用中国农技推广APP开展农技指导和互动服务，结合自己的业务实际发布工作日志、上传本地农情，按照"减肥减药增效""耕地地力保护与提升""农业废弃物资源化利用"等生态农业理念，针对性地解答技术难题。截至2018年底，他在中国农技推广APP登录509次，累计上传工作日志987条、本地农情629条，解答专业问题2 440个，就中国农技推广APP使用上的问题与平台专家互动交流56次。

马义荣利用信息化手段强化了农业防灾减灾工作，提高了当地农情信息调度和农技推广的效率，多次得到福建省农业农村厅相关处室的通报表扬。

热线服务解民忧

作为农技推广人员，马义荣积极参加12316农业热线服务。其中，参与田间查勘、现场服务20余次。

1998年10月，漳平市瑞都村一村民带来一把连头拔起的稻株称：2.5亩汕优63几乎不结实，要求调查处理。从送来的稻株看来，叶色清秀，株叶形态也正常。但是，稻穗枝梗和颖花畸形，结实率低。这种情况，种子管理站所有技术人员均未曾见过。马义荣和同事一道到田间实地勘察，查阅了《实用水稻栽培学》等相关书籍资料，并结合气象资料分析，断定该稻田孕穗后期曾一度断水，属于"旱青立"。

马义荣参与经办的服务诉求还真不少。例如，2002年菁西村某村民因喷洒"铁路专用除草剂"导致早稻汕优89几近绝收。同年，西园乡钟秀、卓宅两村部分村民的早稻发生"落地谷苗"混杂现象；2006年桂林街道厚福村一村民早季种植的福优964"早孕早穗"，5月下旬出现"五月寒"天气导致漳平多个乡镇早稻出现不同程度的减产。对此，马义荣总是认真对待，及时与同事们一道开展田间调查工作，弄清问题实质，并印发技术资料，讲解相关知识，让群众吸取教训，避免类似事件再度发生。

专业调查求真知

　　杂交水稻"特优63"等特优系列组合丰产性好，但在推广应用中常常遇到种子纯度不稳定的困扰，这一问题同样引起了马义荣的重视。他密切关注特优组合种子纯度在不同年度间的变化，以独特的视角，找到了原因所在，提出了对策，并主笔撰写了《龙特浦A自交结实机制及其调控探析》在专业期刊《福建农业科技》2002年第三期上发表。

　　为了增强杂交水稻种子纯度掌控的时效性，马义荣创新探索了春季制种生产的种子当年秋播鉴定的质量控制模式，并针对鉴定的难点，提出了相应的鉴定技术。所撰写的《杂交水稻春制种子秋播纯度鉴定技术》在专业期刊《杂交水稻》2003年第一期上发表。

　　马义荣主动开展的行业调查研究活动还有很多。几年来，独立撰写或第一作者完成专业论文20余篇，在《基层农技推广》《杂交水稻》《种子》《福建农业科技》等刊物上发表，并积极参加福建省青年农学会、福建省种子协会等学术交流活动。此外，他还被漳平市农业农村局指定参与编撰《农民技术员培训教材》《漳平市志（续志）》《漳平农业"十二五"规划》《漳平农产品主产区发展规划》《海峡西岸经济区发展规划》，主编完成《漳平农业发展"十三五"规划》……为推动当地农业规模化生产、品牌化经营和可持续发展，他不知疲倦地工作。

工作成效

一、精华问答

1. 秸秆粉碎还田的切碎长度是多少厘米？

　　答：切碎有利于耕作和有机养分的转化，但也加速了营养流失和碳排放。建议：能粗就粗，能不切就不切，维护好农田生态。

问答管理

杨雪梅　吉林省长春市九台区 ｜ 2019-04-27 10:05
秸秆粉碎还田的切碎长度是多少厘米？

全部答案(28952956)

郑军 [农技人员] 这个要看是什么作物秸秆，一般宜在10cm...	♡0 ｜ 💬0	2019-04-27 10:18	🗑 删除
沈国强 [农技人员] 秸秆粉碎还田的切碎长度大概在10厘米到1...	♡0 ｜ 💬0	2019-04-27 10:19	🗑 删除
刘井良 [农技人员] 不同作物的秸秆，粉碎程度不同。玉米秸...	♡0 ｜ 💬0	2019-04-27 10:19	🗑 删除
杨雪梅 [农技人员] 秸秆粉碎还田的切碎长度是10厘米。	♡0 ｜ 💬0	2019-04-27 10:20	🗑 删除
马义荣 [农技人员] 切碎有利于耕作和有机养分的转化，但也...	♡1 ｜ 💬0	2019-04-27 10:21	🗑 删除

2. 水稻抛秧栽培有哪些优越性？

答：对于没有机械化条件的山区水稻来说，是一种节本增效的栽培方式。呼图壁水稻极少，不是吗?

问答管理

巴合提古丽•哈美提古 新疆维吾尔自治区昌吉回族自治州呼图壁县 ｜ 2019-04-27 03:24

水稻抛秧栽培有哪些优越性？

全部答案(28942385)

韦祖康	[农技人员]	水稻抛秧栽培，可以适当延长秧龄，同…			删除
赖传魁	[农技人员]	水稻抛秧具有省工、省力、省种子和秧田…	♡0 ｜ 💬0 2019-04-27 03:40		删除
李国武	[农技人员]	避免常规插秧时对根系的破坏，提高成…	♡0 ｜ 💬0 2019-04-27 03:44		删除
马义荣	[农技人员]	对于没有机械化条件的山区水稻来说，是…	♡0 ｜ 💬0 2019-04-27 03:54		删除
			♡1 ｜ 💬0 2019-04-27 04:06		

3. 各位同事，这是水稻什么病害，怎样有效防控这种病害，谢谢！

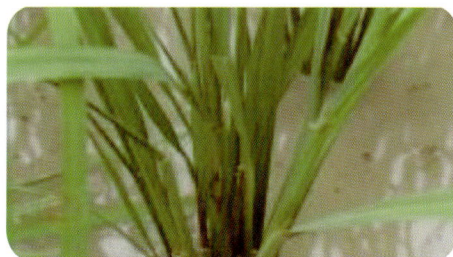

答：这是纹枯病，从合理密植、增施钾肥、适时烤田等方面增强稻株抗性入手。

问答管理

乔鹏 吉林省四平市伊通满族自治县 ｜ 2019-04-25 14:29

各位同事，这是水稻什么病害，怎样有效防控这种病害，谢谢！

全部答案(28892633)

钟恩胜	[农技人员]	图片上这水稻基部症状是纹枯病，用井冈…			删除
井茂海	[农技人员]	图片上是水稻纹枯病，用井冈霉素药液喷…	♡0 ｜ 💬0 2019-04-25 14:23		删除
周军顺	[农技人员]	从图片上看像是纹枯病，用苯甲丙环唑…	♡0 ｜ 💬0 2019-04-25 14:25		删除
马义荣	[农技人员]	这是纹枯病，从合理密植、增施钾肥、适…	♡1 ｜ 💬0 2019-04-25 14:25		删除
			♡1 ｜ 💬0 2019-04-25 14:25		

二、精华日志

1. 服务时间：2019年4月24日　服务类型：学习观摩

4月24日上午，漳平市农业农村局机关支部组织全体在家党员认真学习扫黑除恶专项斗争基础知识。

2. 服务时间：2019年4月26日　服务类型：进村入户

4月26日，漳平市农业农村局种子管理站在厚福（良种场）开展的玉米新品种展示项目玉米苗长势良好。

三、精华农情

上报时间：2019年4月27日　上报类型：苗情

今年气候适宜、年景好，李子（四月李）的产量和品质都比往年好得多，可没想到李子增产了销路却成了难题。

"网络大V"的田野情怀

——江西省万年县农技推广中心 张少东

"要更好地服务'三农'，不能只把'农村要发展，农业要增产，农民要增收'挂在嘴上，要适应新时代，不断丰富自己的头脑，学习运用好新的科技知识，特别是网络知识，为农民朋友丰产增收做好参谋。"20多年奋斗在农业生产一线，他始终坚守着这样的职业信念。

他就是万年县农技推广中心副主任张少东，他用"田野"做网名，先后通过灵活运用报纸、电视、短信、语音信箱、中国农技推广APP、微博、微信、抖音等载体，采用不间断地发布工作日志、上报农情信息、开展在线答问等形式，开展农技推广工作。许多亮点和创新工作在这些网络平台发布后，受到众多农技粉丝的热情点赞，被农民网友们亲切地称为"贴心人"，成了农技粉丝眼中的"网红"。

执着奉献 挖潜增效发展粮油生产

现任万年县农技推广中心副主任的张少东，男，汉族，江西省万年人，1973年10月出生，中共党员。自1995年参加工作、走上农技员岗位以来，作为一名基层农技员长期奋斗在农技推广一线，始终坚持全心全意为人民服务的宗旨，学中干、干中学，扎根基层、脚踏实地、无私奉献。

万年县是粮食生产大县，由于种植水平和效益参差不齐，散户种粮效益不高，导致农民种粮积极性不高。为此，张少东积极引导农民土地流转，推行水稻规模化种植。如今，万年县100亩以上的种粮大户有980多户，涌现了一大批种粮能手。

张少东还通过建立种植示范基地、推广优质稻绿色高效集成技术、利用万年贡品牌等优质稻产业优势，依托万年贡集团、裴梅荷桥贡米合作社、正稻小种有限公司等农业产业化龙头企业，采用公司加基地模式，组建一批优质大米绿色生产联盟，使粮油生产的产量、质量和效益都得到了一定程度的提高。

为进一步提升种植效益，张少东又大力推广稻虾、稻鱼、稻鸭共作模式，创下了水稻亩产600千克、油菜亩产175千克，亩纯收益4500元的种植效益。

20多年来，张少东为万年农业持续健康快速发展，为农业粮食增产、农业增效、农民增收作出了积极的贡献。曾获得"省市县农业技术推广先进工作者"荣誉称号以及表彰。

忘我工作 积极开展技术服务

20多年来，张少东深入田间地头，积极开展各种技术培训、咨询和生产技术指导工作，每年培

训农民近千人次。每年进行新品种和新技术试验、示范，推广优良新品种2～3个、推广先进实用新技术3～4项。他先后引进了泰优398、甬优1538等水稻优质高产新品种；推广水稻双季机插技术、水稻直播技术、籼改粳高产高效栽培技术、超级稻早蘖壮秆强源高产栽培技术、测土配方施肥技术、优质稻米产业重大技术协同推广、化控调节、"三控"栽培、防早衰栽培、水稻轻简化栽培技术等先进适用技术，其中水稻直播技术获得上饶市人民政府科技进步奖二等奖。

病虫害是农业生产的大敌，做好病虫害测报服务至关重要。不管刮风下雨还是烈日炎炎，在病虫害测报点和监测点上，张少东总是兢兢业业，认真调查取样，日复一日，年复一年，没有丝毫懈怠。

为了提高病虫害防治水平，张少东潜心钻研，将所学专业知识与实践经验相结合，提出一系列病虫害防治新方法。在实际农业生产中，农民存在用药水平不高、病虫不分、混淆用药等盲目用药现象。张少东提出了稻田及时耕沤治螟技术、水稻秧田超级送嫁药技术、破口抽穗初期混合用药保穗技术、高效对路农药及其使用技术等"轻型傻瓜"病虫害防治技术，有效指导农民规范用药，降低病虫害防治成本。这些技术的推广应用每年为万年县节约病虫害防治成本近百万元。

情系基层　在田间地头玩转网络

因为常年风吹日晒，年纪轻轻的张少东皮肤黝黑，完全一副农民模样。他虽然才45岁，可头发已经花白；因为一贯一马当先，他用实际行动感染了全站的农技人员。20多年来，他走遍了全县每一个村落，熟悉农村每一块土地，风里来、雨里去，走遍了全县12个乡镇130个村。他把"想农民所想、急农民所急、办农民所需"作为自己的座右铭、作为鞭策自己的动力，张少东与农民广交朋友，竭尽全力为农技推广服务、为农民服务，赢得了广大农民群众的良好评价和赞誉。现在的万年农村，没有人不认识他的，都亲切地称他为"张老师"。

为宣传推广农业科技，张少东与时俱进，先后采取了各种群众喜闻乐见、便捷的方式。为及时有效地为农民提供病虫防治预报、田间管理等技术信息，张少东创造性地在县电视台推出了《每周病情预报》节目，每天集中在中午和晚上黄金时间播出一集，使万年县的农业病虫预报像天气预报。节目采取电视流动画面、静态照片、字幕、配音与现场指导相结合的方式，将农作物病虫特征、危害症状、发生趋势、防治技术措施等形象生动地展现在农民眼前，由于便于理解、记忆、掌握和运用，病虫预报深受农民欢迎。目前，节目已累计播出172期，播出时长3 860分钟。万年病虫预报可视化工作被评为全国三等奖。

多年来，他还先后灵活运用手机短信、电话语音、党员远程教育网、病虫情报简报等平台，将病虫害预报、防治技术、田间管理等技术信息传送到千家万户，全县病虫情报及田间管理等技术信息入户率由2005年的10%提高到当前的90%，中长期和短期预报准确率也分别达到85%和95%以上。

用好工具　做"田野"网红

现在，随着手机互联网的普及应用，为适应新时代，张少东不仅是中国农技推广APP的注册用户，也是多个农技交流群的群主、万年农技推广微信公众号的负责人、万年农技推广抖音号的负责人。他的各种平台吸粉超过100多万人，可算得上是个十足"网络大V"。

网友：立春后，气温回升，雨水增多，油菜怎么管理才好？

田野：是的。现在是油菜管理关键期，特别要注意以下田间管理技术要点：一是及时清沟理水；二是因苗科学追肥；三是搞好"一促四防"；四是搞好化学除草。

网友：好的，谢谢"田野"老师！

这段对话是日前万年农技交流微信群里的一个片段。农民朋友在群里提出了自己在农业生产中遇到的问题后，网名为"田野"的农技人员及时进行了解答。

"田野"就是万年县农技推广中心副主任张少东的网名。

成为"网络大V"后，"田野"不秀高富帅，不晒白富美，而是不间断地通过中国农技推广APP

等网络载体，发布工作日志，上报农情信息，开展在线答问。许多亮点和创新工作在这些网络平台发布后受到众多农技粉丝的热情点赞，在当地被农民网友亲切地称为农技"网红"。

张少东个子不高，声音不大，他总说自己就是一名基层农技员，岗位很平凡。但种粮大户、蔬菜种植户对他的依赖和欢迎，彰显出他的不平凡。家庭农场主都愿意和他畅谈生产发展计划，种菜大哥愿意和他拉家常，种葡萄老大爷说起他总是赞不绝口。他的贴心服务换来了农民增产增收后的笑容。

工作成效

一、精华问答

1. 请问瓜绢螟应如何防治？

答：瓜绢螟可采用毒死蜱、阿维菌素防治。

问答管理

倪明庭　山西省朔州市山阴县　| 2019-04-21 11:52

请问瓜绢螟应如何防治？

全部答案(28724222)

冯明磊 [农技人员] 瓜绢螟可以用甲维盐混合氯虫苯甲酰胺防治。　　　删除
♡ 0 | 💬 0　2019-04-21 11:59

张少东 [农技人员] 瓜绢螟可采用毒死蜱、阿维菌素防治。　　　删除
♡ 0 | 💬 0　2019-04-21 12:09

2. 水稻栽培一般每亩施用多少千克纯氮？

答：在亩产达到 500 ~ 600 千克的产量水平时，根据测土结果，在施有机肥（2 ~ 3 千克纯氮）的基础上，化肥用量控制在氮肥 10 ~ 12 千克/亩。

问答管理

倪作云　湖南省益阳市赫山区　| 2019-04-12 16:18

水稻栽培一般每亩施用多少千克纯氮？

全部答案(28361118)

方守玲 [农技人员] 根据地块的肥力情况，一般情况下就10千克...　　删除
根据地块的肥力情况，一般情况下就10千克纯氮就可以　　2019-04-12 16:18

毛爱国 [农技人员] 根据土地的情况，一般都是8~10千克。　　删除
2019-04-12 16:24

张少东 [农技人员] 在亩产达到500~600千克的产量水平时，根...　　删除
♡ 0 | 💬 0　2019-04-12 16:27

3．请问一下各位同仁这个工具是干啥用的?

答：保种育秧时对覆土粉碎的机器。

问答管理

全部答案(28223499)

郭熙法 [农技人员] 这图片上的工具在我们湖北真的没见过,干...		♡0 | 💬0	2019-04-08 19:31	🗑 删除
黄雄华 [农技人员] 机械插秧盘式育苗用的。				🗑 删除
穆海祥 [农技人员] 这个工具是不是垃圾桶。	♡0 | 💬0	2019-04-08 19:33		🗑 删除
蒋丽 [农技人员] 这个应该是钵盘育苗播种用的吧。	♡0 | 💬0	2019-04-08 19:33		🗑 删除
王飞扬 [农技人员] 图片上的是机械插秧盘式育苗		♡0 | 💬0	2019-04-08 19:34	🗑 删除
陈永新 [农技人员] 水稻早育秧钵盘育苗机。			2019-04-08 21:17	🗑 删除
倪春青 [农技人员] 水稻育苗的流水作业机械	♡0 | 💬0	2019-04-09 04:59		🗑 删除
张少东 [农技人员] 保种育秧时对覆土粉碎的机器。	♡0 | 💬0	2019-04-09 10:44		🗑 删除
	♡0 | 💬0	2019-04-09 13:18		

二、精华日志

1．服务时间：2019年4月25日 服务类型：进村入户

宣讲小组深入万年县施氏家庭农场，开展产业调研，农场占地面积200多亩，种植有杨梅、葡萄、桃、柑橘等特色水果，目前均已投产。结合农场的农业特色，开展有针对性的技术指导服务，并进行了座谈交流。通过交谈发现品种、市场等问题，提出可借鉴的解决对策，为农场主指点迷津。

2．服务时间：2019年4月25日　服务类型：进村入户

江西农业大讲堂下基层宣讲活动在万年，活动现场人声鼎沸，济济一堂。宣讲团的农业技术专家在活动现场设置了专家服务点，10多名农业专家现场提供一对一农业政策、技术咨询服务，针对农户们提出的一些疑难问题，专家们都一一作答。万年县农产品运营中心负责人介绍了县级运营中心进行农产品网上销售的模式，当地益农信息社人员带来了众多本地特色农产品进行展示，吸引了农户们接踵而来。现场还设立了12316咨询服务点，专门教大家如何使用手机进行农业技术咨询，如何使用12316"一码找专家"新功能，实现与农业专家"零距离"接触和"面对面"服务，给农民朋友们带来了更便捷的服务。

3．服务时间：2019年4月25日　服务类型：技术培训

在齐埠乡手机应用技能集中培训现场，专家就"电商助力农产品出村""12316三农服务热线推广"主题进行授课。授课专家指出，"互联网＋农业"为传统农业升级改造带来了新机遇，以移动互联网、云计算、大数据、物联网、人工智能等为代表的新一代信息技术已成为传统农业升级的新引擎，要抓住机遇，使互联网成为助力农村一二三产业融合发展的重要手段。

三、精华农情

上报时间：2019年3月18日　上报类型：病虫草害

近日，万年县植保植检局组织县、乡植保技术人员对冬后二化螟残存基数进行剥查，发现今年冬后基数高于往年，高的田块亩达7万～8万条、一般的田块亩有2万～3万条、低的田块有3 000 ～ 5 000条。望广大农民引起重视，在4月10日前可对田块深翻耕灌满水沤田杀死螟虫越冬幼虫及蛹，减少有源虫源，可以减轻当年水稻螟虫危害。

等新技术60余项，累计推广面积达80余万亩，为农业生产增加效益1.4亿余元。创新豇豆绿色高产高效栽培技术，仅此一项全镇每年增收9 000万元以上，累计增收5亿元以上。目前姝冢镇设施栽培豇豆面积达2.9万亩以上，成为全国豇豆生产大镇。

工作成效

一、精华问答

1. 叶螨用什么药剂防治效果好？

答：选择螺螨酯、哒螨灵等药剂防治。

问答管理

牛丽丽　内蒙古自治区赤峰市巴林左旗　| 2019-04-29 17:34

叶螨用什么药剂防治效果好？

全部答案(29030699)

| 张传凤 [农技人员] 用哒螨灵防治，效果较好。 | ♡ 0 | 💬 0 | 2019-04-29 17:16　🗑 删除 |

巩相景 [农技人员] 选择螺螨酯、哒螨灵等药剂防治。　　　　　🗑 删除

♡ 0 | 💬 0　2019-04-29 17:26

2. 是什么原因造成了黄瓜弯曲畸形呢？

答：土壤肥力不足、营养失调、瓜秧旺长、病虫危害严重等原因都可造成黄瓜弯瓜畸形。

问答管理

吴燕军　山西省大同市阳高县　| 2019-04-29 17:40

是什么原因造成了黄瓜弯曲畸形呢？

全部答案(29030654)

张福芬 [农技人员] 造成黄瓜叶片卷曲应该是蚜虫危害的。　♡ 0 | 💬 0　2019-04-29 17:18　🗑 删除

巩相景 [农技人员] 土壤肥力不足、营养失调、瓜秧旺长、病虫危…　🗑 删除

♡ 0 | 💬 0　2019-04-29 17:24

3. 菜豆如何施肥管理可获得高产？

答：采取增施有机肥，实行配方施肥，合理密植，适时吊蔓，合理调节温度、湿度，科学运用肥水，综合防治病虫害等措施。

菜豆如何施肥管理可获得高产？

王峰 | ⚲ 安徽省宿州市灵璧县 | 2019-10-11 12:37:23 | 5 回答 | 2 点赞 | 36浏览

我要回答

全部答案

采取增施有机肥，实行配方施肥，合理密植，适时吊蔓，合理调节温度、湿度，科学运用肥水，综合防治病虫害等措施。

巩相景 | ⚲ 山东省聊城市莘县 | 2019-10-11 12:41:17　　　　♡ 2 点赞 | 💬 0 | 评论

二、精华日志

1. 服务时间：2019年4月27日　服务类型：技术培训

昨天论坛上关于莘县瓜菜菌产业发展前景方面的问题，到场人员与专家进行了互动、交流。

2. 服务时间：2019年4月29日　服务类型：学习观摩

这个黄瓜品种很好，值得推广。在观摩新品种时，看到很多品种表现很好，综合性状表现良好。

三、精华农情

1. 上报时间：2019年4月25日　上报类型：墒情

昨天晚上大风伴随着下雨，据气象部门监测本地雨量13毫米，小麦大田墒情较好。

2. 上报时间：2019年4月26日　上报类型：苗情

全镇3万余亩豆角，目前多数处于开花刚坐荚阶段，长势正常，总体比较理想，比以往几年都好。

科技女强人的奉献

——山东省齐河县农业农村局　闫开霞

　　闫开霞，1990年参加工作，一直从事基层农技推广工作。作为一名基层农技推广人员，她不忘初心、牢记使命，认真履行职责，工作踏实肯干，爱岗敬业，开拓创新，求真务实，负重拼搏，无私奉献，工作有思路有办法，紧跟时代步伐，以改革创新的精神开展工作，甘为农业奉献。她认真宣传各项惠农政策，大力推广各种粮食高产栽培技术，做好粮食绿色优质高效技术措施的落实，加大新品种、新技术的引进推广力度，当好农技推广"宣传员""辅导员"，在平凡的工作岗位上作出了不平凡的业绩，受到了各级部门的肯定和广大农民群众的一致好评，为齐河县农业发展作出了突出贡献。

　　自从事基层农技推广工作以来，她就树立了"两个一"的工作目标：一个信仰，为国家生产出国内最好的粮食，让更多的人吃上安全、放心粮；一个愿望，将自己的毕生精力全部用在农技推广事业上，无愧于领导信任、无愧于个人信仰。

　　干一行、爱一行，用自己的执着干好本职工作，成为支撑闫开霞做好农技推广的"精神食粮"。她注重调研、了解生产，根据生产需要，开展技术引进和推广，服务农业生产。近年来，通过优化栽培技术，引进筛选良种，调整种植结构，加快了全县主要粮食作物品种更新换代，提升了生产和产量水平。她先后引进示范推广了济麦22、良星99、良星66、泰农18、纹农14等一批高产优质小麦品种和郑单958、浚单20、伟科702、先玉335、中科11等一批高产优质玉米种；集成推广了冬小麦精播、半精播高产栽培技术，冬小麦宽幅精播、氮肥后移、一喷三防技术，夏玉米贴茬单粒精播、种肥同播、一增四改、一防双减、适期晚收技术等一批先进实用技术。在生产实践中，她总结编写了当地实用的一批作物生产技术规程，如《齐河县冬小麦600千克、650千克、700千克生产技术规程》《齐河县夏玉米800千克、900千克、1 000千克生产技术规程》，为提高全县粮食产量、增加农民收入、促进全县农业健康可持续发展奠定了基础。

　　"田间地头是我人生的重要舞台，全身心扑在农业技术推广和粮食安全生产上，是我毕生追求。在这人生的大舞台上，能一展身手、竭尽所能搞好信仰事业，为国家种出高端粮食，在心里感到很自豪。"这是闫开霞从事农业技术推广的初衷。她在县里和农业农村局营造的良好工作氛围中，创新了高效农业技术推广与培训模式，探索出高效农业推广新机制。依托农民实用知识和实用技术培训工程，采用传统方法与现代手段相结合，开展对科技示范户的培训。同时，她还直接面对示范户，针对实际情况进行实用技术指导，增强示范户的实用性和可操作性。自从县农业农村局建立了微信群、QQ群、手机短信群等，8小时之外也成为她的工作时刻，每年累计发送微信消息、手机短信等1 000多条。特别是随着中国农技推广APP的运行普及，受益群众越来越广泛。据统计，闫开霞在中国农技推广APP上，关注量59人，粉丝量53人，上报农情8篇，上报日志329篇，年提问75次，回答问

题7 302次，在全国排名第560名、全省排名第29名、全市排名第2名、全县排名第1名。她通过运用互联网技术，提供"精准、及时、全程顾问式"的技术指导与信息服务，及时推广应用农业主导品种、主推技术，涉农信息化新产品、新技术等，提高全县科技示范户和广大农民群众的科技水平，为全县农业农村经济发展作出贡献。

2015年12月14日，室外气温低至零下几度。突如其来的小雨加暴风雪缓解了麦田旱情，让很多庄稼人误认为麦田墒情充足，不需要浇冬水。没有湿透的地，如果不及时补充水分将会导致第二年减产——闫开霞根据多年的农技推广经验清醒地认识到这一点。她不顾自己连续高烧的病情，依然深入田间地头，指导群众浇好越冬水，为全县小麦战胜干旱实现丰收作出了积极贡献。

科技入户拉近了农技人员与农户之间的距离，同志式的农技推广使农户更易于接受、乐于接受。通过开展宣传、培训、田头指导、科技咨询等科技入户方式，既为广大农民树立了绿色农产品的生产经营理念，又为农民解决了生产中遇到的实际问题和困难。

闫开霞喜欢与示范户拉呱交流，只要有时间她就深入田间地头，手把手、面对面地为示范户进行技术指导和技术服务，受到示范户的好评。2017年3月23日，刚吃完早饭准备上班，闫开霞接到刘桥镇示范户的电话，说该村有几户村民的麦子出现发黄死亡的现象。闫开霞立马动身到田间查看，由于那年是暖冬天气，造成麦蜘蛛越冬基数大，形成危害。在闫开霞的指导下，这几户农民的麦田很快恢复了生长，而且收获了很高的产量。

2014年是齐河粮食高产创建的"双喜临门"——农业部20万亩绿色增产模式攻关核心区全年粮食单产实现"吨半粮"，再创全国大面积高产新纪录。同时，全县粮食生产顺利实现"十二连增"。荣誉和成效的取得，离不开一大批农业技术推广人员的辛勤奉献，闫开霞便是其中的"佼佼者"。

华店镇后拐村村民赵金城是闫开霞的科技联系户，赵金城是当地有名的种田大户，承包土地600多亩，小麦常年产量600千克左右，玉米产量800千克左右，可最近几年，他的产量都徘徊不前。2013年，闫开霞和赵金城结为科技对子后，主动联系县农业局土肥站的技术员，免费为赵金城的土壤进行取土化验。由于赵金城种地舍得投入，氮肥使用量偏大，造成土壤板结，出现盐渍化。针对这种情况，闫开霞制订一整套耕种方案，深耕改土，增施有机肥，破除土壤板结；降氮增磷钾，配微肥，平衡土壤营养；更新品种，科学肥水管理，提高产量。在闫开霞的科学指导下，2013年，赵金城的小麦产量达到657千克，玉米产量达到854千克，全年粮食单产达到1 511千克，突破"吨半粮"大关。2014年10月2日，农业部玉米专家指导组组长赵久然博士率领相关专家对赵金城种植的玉米进行了实打测产，产量达到1 084.3千克，创下了德州市夏玉米高产纪录，加上小麦产量760.6千克，全年粮食平均产量达到1 844.9千克。面对粮食的连年丰收，赵金城掩饰不住喜悦心情："有闫技术员的指导俺踏实，这两年俺算是傍上'科技'大款了。"

工作成效

一、精华问答

1. 请问怎样计算玉米的播种量？
答：玉米按照种子粒型大小、种植密度、发芽率等来定播种量。

问答管理

> 阎小梅 辽宁省锦州市凌海市 | 2019-04-29 16:07
>
> 请问怎样计算玉米的播种量？

全部答案(29030703)

闫开霞 [农技人员] 玉米按照种子粒型大小、种植密度、发芽率等…		0 | 0 2019-04-29 17:02 🗑 删除
崔权贵 [农技人员] 玉米的播种量应当根据种植密度、籽粒 大小…	♡0 | 0	2019-04-29 17:03 🗑 删除
张向阳 [农技人员] 应该看玉米种子颗粒大小、种植密度等来计算…	♡0 | 0	2019-04-29 17:24 🗑 删除
祁海军 [农技人员] 玉米的播种量应当根据种植密度、籽粒大小…	♡0 | 0	2019-04-29 17:26 🗑 删除

2. 玉米是雌雄同株、异花授粉作物吗？

答：玉米属于异花授粉作物。

问答管理

> 阎小梅 辽宁省锦州市凌海市 | 2019-04-29 16:46
>
> 玉米是雌雄同株、异花授粉作物吗？

全部答案(29030543)

陈云峰 [农技人员] 玉米是雌雄同株、异花授粉作物。	♡0 | 0 2019-04-29 16:59 🗑 删除
闫开霞 [农技人员] 玉米属于异花授粉作物。	0 | 0 2019-04-29 16:59 🗑 删除
张向阳 [农技人员] 玉米是雌雄同株、异花授粉植物。	♡0 | 0 2019-04-29 17:20 🗑 删除

3. 请问这个丝瓜品种的综合性状如何？

答：这个丝瓜看起来好像是老了，实际上不老。它可以凉拌着吃，高温使结瓜率低，反之结瓜就多了。

问答管理

张敏强 📍 广东省广州市越秀区 ｜ 2019-04-27 21:48

请问这个丝瓜品种的综合性状如何？

全部答案(28971947)

闫开霞 [农技人员] 这个丝瓜看起来好像是老了，实际上不老。它…   🗑 删除

♡ 0 ｜ 💬 0   2019-04-27 22:51

二、精华日志

1．服务时间：2019年4月25日　服务类型：学习观摩

我们去莱芜市明利蔬菜种植基地参观学习，他们搞得的确不错，种植无公害的韭菜、草莓，以及能生吃的芹菜等好多品种，且设施先进，蔬菜种植基地的负责人给我们介绍经验。

2．服务时间：2019年4月26日　服务类型：业务包村

借助齐河县基层农技推广补助项目，农技人员给示范主体户发放物化补贴肥料尿素。

3．服务时间：2019年4月26日　服务类型：技术培训

特邀山东农业大学教授张吉旺，给我们农业技术人员授课，围绕玉米提质增效、发展绿色农业、节水省肥等课题，课讲得生动、易懂，学到了许多新知识。

三、精华农情

上报时间：2019年3月13日　上报类型：自然灾害

目前，小麦出现了部分冻害。主要原因是品种特性越冬能力差，播种后没及时镇压，土壤疏松透气，越冬后冷空气袭来伤根，造成麦苗发黄甚至死亡。

创新农技推广服务的担当者

—— 山东省济宁市兖州区蔬菜服务中心　钟霞

1993年，钟霞从学校毕业后就到了农技推广一线摸爬滚打，这一干就是26年。时代在发展，科技在进步，以信息革命为标志的"互联网+"被广泛运用于人们的生产生活。以促进农民增收、农业增效为己任的她紧紧把握时代脉搏，目前正瞄准乡村振兴，站在创新前沿，积极探索"互联网+"运用于农技推广，闯出了一条信息兴农、科技强农的新路子，搭建了提升农民素质、增加农民收入、增强农村发展实力的崭新平台，为当地乡村振兴提供了强力支撑。

提高自身素质　提升服务水平

钟霞1993年毕业于济宁农业学校园艺专业，作为一名中专生，深感自己知识的匮乏，她想"既然选择了农技服务就要有真本事"。于是，她如饥似渴地从实践、从书本汲取营养，积极报名参加农业经济管理、园艺、农学等专业知识学习，为农技推广打下了坚实的理论基础。同时，理论联系实际，学中干，干中学，走遍了兖州7个乡镇的435个村庄，深入调查研究，收集整理了上万字的有关区域种植传统、土壤结构、粮食高产支撑等方面的资料，指导农民农业生产，为1994年兖州实现粮食生产"双千市"作出了突出贡献。

随着时代发展和科技进步，互联网加速进入生产领域，也带来了农业生产革命。钟霞始终保持"知识危机感"，不断更新自己的知识结构，紧紧盯住现代农业前沿，积极探索"互联网+"为农业生产方式带来的深刻变化，并从中找到农业增收增效的路径。通过学习掌握的"互联网+"新知识，她指导当地所有村庄加入了"农业科技网络书屋"和"中国农技推广"云平台。当地农民学习《农业知识》《科学种养》等成为常态，从而推动了先进农业技术在当地的推广与应用，受到广大农民的欢迎和认可，取得了实实在在的成效。

引领农技新潮　培育高素质农民

关注农产品质量安全、关注蔬菜农药残留问题，让消费者从吃得饱到吃得好、吃得健康、吃得安全，这是钟霞一直致力追求的梦想。2016年开始，她在全区首创并推广蔬菜健身栽培技术，从土壤处理到种子消毒、从定植模式到水肥管理、从基肥使用到叶面肥的补充、从养根到延缓叶片衰老、从增加有机肥的使用到减少化肥用量、从提前用药预防到结果期没有病虫害等各个环节入手，提前做好预防，提高蔬菜本身的抗逆性，让结果期的蔬菜没有病虫害发生。不用农药，最终不仅解决了蔬菜质量安全问题，还提高了蔬菜风味和品质。仅此一项技术推广就可帮助农民每亩地棚

室节约成本5 000多元。其中，减少农药投入1 000多元、肥料投入4 000元，这让菜农每亩地多增收5 000元。她撰写的《蔬菜健身栽培技术》等60多篇论文、调查报告分别在《长江蔬菜》《科学种养》《农业知识》等有影响力的杂志上发表。她每年参与省市农产品质量安全抽检20多次，合格率均达到100%。

为把先进的农业技术推广到广大农村、普及到众多农民手上，让农民素质普遍得到提升，26年来，她共举办各类培训班150多次，培训农民达15 000多人次。深入田间地头现场解答农民问题600多次，通过微信、电话解答农民遇到的问题更是不胜枚举。承担基层农技推广补助项目以来，她每年针对不同示范户的具体情况制订不同的指导方案，根据农时需要进行技术培训和田间指导。近几年，作为高素质农民培训项目的培训教师，她每年都要参与授课培训，每期200人，一年举办3期，受训农民之多、授课内容变化之快在当地前所未有。她采用田间课堂授课、现场解答等方式，问题在一线发现，难题在一线解决，农民的知识获得感在一线体现，突破了传统的把农民捆绑在教室进行灌输知识的模式，农民能参与到培训中来，提高了培训的质量和效果，深受农民欢迎。2017年，她顺利通过全省高素质农民培训优秀教师评选。

站在创新前沿　聚焦乡村振兴

党的十九大提出了实施乡村振兴战略，这为钟霞在农技推广服务中提供了新的平台，也提出了全新的课题。她向新技术借力，创新服务模式，借助"农业科技网络书屋"和"中国农技推广"云平台，认真开展新技术指导，每天通过提出和解答平台问题，与全国各地高手交流，共同解决农技推广服务中遇到的新问题。她通过发表工作日志和上报农情，及时对每天的技术指导工作进行归纳和总结，找出农技推广中的堵点、痛点和难点，及时调整思路，探索服务模式。近年来，兖州区域经常出现倒春寒，给当地农业生产带来危害。她通过"农业科技网络书屋"和"中国农技推广"云平台分析，得出自己的结论，及时提醒农技人员和农民朋友针对低温天气状况和农时进行冬小麦管理和温室蔬菜防冻措施，收到较好效果。同时，她把在互联网平台上掌握的新技术、新品种、新肥料及时提供给农户，真正让云平台大数据发挥更大的技术推广作用，让新技术服务"三农"落地生根，为乡村振兴提供科技支撑。2016年，她把在云平台上学习到的高温闷棚加生物菌预防土传病害技术及时运用到生产中，兖州瑞鹏农业30多个高温闷棚经过她的技术指导，当年定植的草莓成活率就达到了95%以上，有效解决了定植后严重死棵的问题。仅这一项技术，给基地每亩节约成本2 000多元，每亩增收近万元。

26年栉风沐雨，26年辛勤耕耘，钟霞在农技推广服务中走出了一条创新之路，取得了丰硕成果。她参与的"越夏辣椒高产栽培技术研究示范""兖州市2万亩山药高产栽培技术推广""绿色韭菜栽培技术研究与示范推广"等成果分别获得济宁市和兖州区科学技术奖一等奖、三等奖。2017年12月，她被评为"济宁市农业系统先进个人"。

工作成效

一、精华问答

1. 为什么露天韭菜暴雨过后容易生病？
答：雨后田间积水加大，给病菌滋生创造了条件。所以，容易引起病害发生。

问答管理

全部答案(29015336)

刘祖国 [农技人员] 这个问题就是发病要有适合的温度和湿度的原...　　　　　　　♡0 | 💬0　2019-04-29 07:31　🗑 删除

温庆文 [农技人员] 雨后湿度骤然加大，容易造成伤口出现，给病...　　　　　　　♡1 | 💬0　2019-04-29 07:34　🗑 删除

方健明 [农技人员] 雨后露天韭菜烂够多，容易传染细菌，造成...　　　　　♡0 | 💬0　2019-04-29 07:34　🗑 删除

钟霞 [农技人员] 雨后田间积水加大，给病菌滋生创造了条件 ...　　　　♡0 | 💬0　2019-04-29 08:33　🗑 删除

2. 大蒜死棵、疙瘩烂、有臭味，咋回事？
答：这应该是细菌性病害侵染导致的。

问答管理

马君岭 📍山东省济宁市兖州区 | 2019-04-29 07:46

大蒜死棵、疙瘩烂、有臭味，咋回事？

全部答案(29015255)

吴国勇 [农技人员] 说明大蒜已经患上病虫害了，要尽快治疗。　　　♡0 | 💬0　2019-04-29 07:43 🗑 删除

鲍卫东 [农技人员] 可能大蒜感染了软腐病。　　　♡0 | 💬0　2019-04-29 07:55 🗑 删除

张秀平 [农技人员] 这种情况应该是感染了软腐病。　　　♡0 | 💬0　2019-04-29 08:44 🗑 删除

钟霞 [农技人员] 这应该是细菌性病害侵染导致的。　　　♡0 | 💬0　2019-04-29 08:46 🗑 删除

3. 草莓心叶反卷、边缘干枯是怎么回事？
答：这应该是缺钙引起的症状。

问答管理

鲍卫东 📍山东省济宁市兖州区 | 2019-04-29 07:55

草莓心叶反卷、边缘干枯是怎么回事？

全部答案(29015102)

陈芝兰 [农技人员] 草莓心叶反卷、边缘干枯、整株萎缩可能是病毒病。　　　♡0 | 💬0　2019-04-29 08:38 🗑 删除

钟霞 [农技人员] 这应该是缺钙引起的症状。　　　♡0 | 💬0　2019-04-29 08:43

二、精华日志

1．服务时间：2019年4月28日　服务类型：业务包村

甜瓜出现这种萎蔫现象可能是枯萎病，这是一种土传病害，由于重茬种植造成的。也有可能是连续阴雨天气后突然放晴引起的。

2．服务时间：2019年4月28日　服务类型：业务包村

炭疽是导致甜瓜烂瓜的主要病害之一。炭疽可使叶片、茎蔓和瓜受害，严重时也可以造成成片死亡。叶片发病出现圆形淡黄色病斑，以后变为褐色，有同心轮纹，容易干枯破碎。茎蔓发病，先是出现褐色病斑，稍凹陷，病斑有时干裂。瓜被害，出现大小不等的圆形病斑，稍凹陷。干燥后，从病斑中部开裂；潮湿时，病斑扩大，瓜腐烂。

3．服务时间：2019年4月29日　服务类型：业务包村

如何识别西瓜病毒病？病毒病一般都是先发于植株顶端；叶片皱皱巴巴的，看上去就是营养不良的表现；有的是叶片颜色不一，深绿，浅绿，还有黄色，乱七八糟的那种；还有一种，表现为叶形细长，跟鸡爪子似的。植株早期得了病毒病，一般都长不大，整体植株皱缩扭曲。

农民致富的贴心人

——河南省中牟县农业技术推广黄店区域中心站　冉建民

"我出生在农村，从事农业技术推广工作，服务'三农'造福百姓，不能只挂在嘴上，要脚踏实地，切实为农民当好参谋。"参加工作15年来，长期奋斗在农业生产一线，他始终坚守着这样的职业信念，用实际行动诠释着一名农技推广工作者的情怀和梦想。他就是中牟县农业技术推广黄店区域中心站的农技推广员冉建民，被当地农民亲切地称为"冉指导"。

深入田间地头　向农民传授农业技术

冉建民是个工作狂，他把自己的全部心血和汗水都融入了岗位。他长年奔波于农村基层一线，根据农时季节和不同地区的病虫害发生情况，深入田间地头传授技术，现场指导农民开展防治，常常是牺牲节假日，晴天一身汗，雨天一身泥，不计得失，任劳任怨，许多地方的田间地头留下了他传播知识的身影。在县植保站工作10年期间，先后在大蒜、小麦、花生、玉米上安排各种农药新品种对比试验36个，推广新农药100余吨，进行栽培试验20项次，在病虫害防治方面实践经验丰富，冉建民已经成为农民眼里的"贴心人""行家里手"；在黄店区域中心站工作5年期间，先后试验、示范新品种26个，进行栽培试验20项次，推广应用小麦、玉米、花生新品种10多万亩，示范推广农业新技术10多项，普及率均在80%以上，增产增收均在10%以上；组织开展技术培训130余场次，培训农民9 800余人次；其间，在参与中牟县玉米高产创建活动中，协调安排玉米高产创建实施地点，在黄店、刁家两乡镇建成玉米高产创建示范样板4个，每个点面积5 000余亩，3年累计实施面积达到6万亩次，实现粮食增产780万千克，玉米亩均单产达到513.07千克。

求真务实　全心全意为群众办实事

在多年的农技推广工作中，冉建民与农民兄弟结下了深厚的情谊，农民都把他当成自己的"主心骨""贴心人"。为了方便与农民沟通，更好地服务农民，不论是田间指导，还是培训讲课，他都会把手机号码留给农民，且10多年一直没有更换过手机号码。许多陌生的农民群众经常通过电话向他咨询，他的电话已成了名副其实的"农技咨询热线"。每次接到农民的电话，他都不厌其烦地认真加以解答。2013年10月下旬的一天，黄店镇段村的科技示范户赵志援，因把握不好玉米螟防治的时间，就向冉建民电话咨询。冉建民告诉他，防治玉米螟要在玉米大喇叭口期防治最合适。第二天一大早，冉建民又来到这个农户田里，查看玉米生育进程，进行现场指导。有人说冉建民，这点小事还这样认真，他说："农民种庄稼不容易，耽误了就会减产减收。在咱看来是小事，对他却是天大的事。"

2015年，冉建民在推广小麦精量播种技术时，由于当地农民"有钱买种，没钱买苗"意识较深，对这项技术都持怀疑态度。为此，他起早贪黑做工作，农民被他的真诚打动了，半信半疑地接受了。从种到收200多天，他几乎天天泡在地里，随时观察记录，定期技术指导。最终结果证明，实施该技术的小麦亩增产100多斤。精量播种既节约用种成本，又节省工时。农民不无感慨地说："现在种地，不相信科学不行啊。"在推广新品种时，有的农民说："种了你们的新品种，万一产量比老品种低了怎么办，我们的损失谁来补？"他坚定地说："我跟你们签约，咱们到秋季算账。如果新品种产量不如老品种，减产多少我赔多少。"农民打消了顾虑，种植了这个新品种。秋季，他去测产，农民簇拥着围上来，说这个品种真高产，明年我们还种。2016年，小麦条锈病在中牟县大发生，他根据全县实际，提出了"准确监测、带药踏查、发现一点、控制一片"和严把"五关"的小麦条锈病防治方法，使条锈病得到了有效控制，保障了全县小麦生产安全。

爱岗敬业　甘愿把青春献给党的事业

黄店区域站属县农委2009年设置的6个跨乡镇基层农技推广服务机构之一，承担着委属植保、土肥、园艺、农民培训、农产品质量检测、合作社、农业开发、扶贫等领域农业项目的实施，工作任务烦琐，业务量大。经过部队的锻炼，军人的作风使他处事老练、果断、稳重，他干一行爱一行，不浮躁、脚踏实地、一心一意、爱岗敬业，甘愿把青春献给党的事业。在花生植物油倍增计划项目实施中，冉建民跑遍了刁家、黄店两乡镇的50多个行政村，围绕良种品种更新推广、配方施肥、地膜覆盖、统防统治等内容，累计实施花生万亩方2个、千亩方3个、百亩方3个，面积2.33万亩。填写供种、供肥、供药清册，完成供种、供肥、供药任务。通过项目实施百亩方达420千克、千亩方达400千克、万亩达370千克，亩均增产50千克，亩可增收160元，良种普及率达到90%以上，科技贡献率达到60%以上，农民种植花生技术和管理水平得到了显著提高。

推陈出新　致力新技术推广工作

冉建民爱动脑、勤思考、爱学习、善创新，乐于在技术应用中推陈出新。从2015年开始，他参与小麦集成高产"六改"技术研究。即：改小麦白籽播种为红籽包衣，改大种量播种为机械化精量播种，改单一种植为间作套种，改"一炮轰"施肥为测土配方施肥，改年前年后两次化学除草为年前一次性化学除草，改散户防治为机防队统防统治。3年累计推广24 000亩，创千亩平均单产420.3千克的高产纪录。以此为核心内容的"小麦增产关键技术研究与应用"已通过专家组的验收，现正积极申报省科技进步成果奖。同时，他还积极参与中牟大蒜病虫草害防治研究，完成了"绿色大蒜抗逆提质增效关键技术集成研究及示范"课题申报，建成绿色大蒜综合防控示范田1万亩，开展了烟雾机防治、色板诱集、黑光灯诱杀技术的研制和推广工作，累计发表论文著作20多篇（部），编写技术性培训材料2部、20多万字。

"互联网＋"为农技推广插上信息翅膀

随着智能信息化技术的推广应用，"互联网＋"为农技推广插上信息翅膀，改变了农技推广服务模式。现在只要用手指轻轻一点，各种农业技术信息'信手拈来'，不仅可以在线与农业专家交流学习，还可以实时掌握各地农业生产动态，"零距离"贴近农业、农村、农民已成为现实，彻底解决了农业技术推广"最后一公里"问题。

在基层农技推广体系改革补助项目实施中，他严格要求遴选技术指导员、科技示范户（主体），定期开展技术培训。同时，利用中国农技推广APP、农业科技网络书屋等信息化服务手段，积极登录农业科技网络书屋学习、交流，通过"互联网＋农技推广"服务平台，不断加强农业技术推广，服务当地主导产业，解决农业生产中的关键问题。现在无论他走到哪里，在田间地头总能看到他调查记录的身影，随时随地用手机拍照，成为他日常必修课。他每天都及时将身边农技推广的新技术、新品种信息，通过手机上传至中国农技推广APP和知农APP平台。同时，还在平台上交流工作经验，回答有关农业问题，学习新知识。

作为一名农业科技工作者，再建民对农业、农村、农民有着深厚的感情，是生产中存在的疑难问题激发了他大胆探索的热情，在不断解决新问题的过程中，使他的知识得以转化为社会财富，正是他无私奉献、勤恳工作、努力开拓的精神，使他成为科技示范的带头人、农民致富的贴心人。

工作成效

一、精华问答

1．图片中的西红柿怎么回事?

答：这是西红柿授粉不良造成的现象。

问答管理

| 朱伟强 📍 河南省郑州市中牟县 | 2019-04-27 05:45 |

图片中的西红柿怎么回事?

全部答案(28953505)

符桂杰 [农技人员] 图片上的西红柿是畸形，应该是营养不良或者是…	♡0 | 💬0	2019-04-27 05:43	🗑 删除
李桐 [农技人员] 番茄异形果，主要是授粉不良或在生长过程中气…	♡0 | 💬0	2019-04-27 05:46	🗑 删除
谭子刚 [农技人员] 如果是个别现象就忽略，如果出现多了，可能是…	♡0 | 💬0	2019-04-27 05:47	🗑 删除
冯明磊 [农技人员] 这种畸形的西红柿都是因为使用激素导致的。	♡0 | 💬0	2019-04-27 05:49	🗑 删除
冉建民 [农技人员] 这是西红柿授粉不良造成的现象。	♡1 | 💬0	2019-04-27 11:41	🗑 删除

2. 小麦赤霉病的发病时期及预防方法是什么？

答：整个生育期都能发生，可用苯醚甲环唑进行防治。

问答管理

杜宝民 ♀ 河南省郑州市中牟县 | 2019-04-24 11:15			

小麦赤霉病的发病时期及预防方法是什么？

全部答案(28844927)

温庆文 [农技人员] 小麦赤霉病主要在扬花期发生。	♡ 2 | 💬 0	2019-04-24 11:18	🗑 删除
李清宇 [农技人员] 农业防治合理排灌，湿地要开沟排水。收获后要…	♡ 0 | 💬 0	2019-04-24 11:21	🗑 删除
陈云峰 [农技人员] 小麦赤霉病整个生育期都能发生，以穗腐危害最…	♡ 0 | 💬 0	2019-04-24 11:23	🗑 删除
冉建民 [农技人员] 整个生育期都能发生，可用苯醚甲环唑进行防…	♡ 0 | 💬 0	2019-04-24 11:33	🗑 删除

整个生育期都能发生，可用苯醚甲环唑进行防治。

3. 图片上茄子得的什么病，怎么防治？

答：从症状上看是青枯病，这种病害可防不可治。

问答管理

于桂丽 ♀ 吉林省长春市农安县 | 2019-03-25 07:34			

图片上茄子得的什么病，怎么防治？

全部答案(27478713)

冉建民 [农技人员] 从症状上看是青枯病，这种病害可防不可治。	♡ 1 | 💬 0	2019-03-25 07:20	🗑 删除
于晓霞 [农技人员] 图片上的茄子得的立枯病，选择抗病品种、倒茬、移…	♡ 13 | 💬 0	2019-03-25 07:30	🗑 删除

二、精华日志

服务时间：2019年4月8日　**服务类型**：业务包村

今天下午到示范主体指导蒜薹采收并指出应及时出售。

三、精华农情

上报时间：2018年8月20日　**上报类型**：自然灾害

台风过境后，造成玉米大面积倒伏，损失严重。

一生深情　奉献"三农"

——湖北省丹江口市习家店镇农技推广服务中心　仇秀峰

　　仇秀峰，20世纪70年代出生于湖北省西北边陲一个偏僻的小山村。说到偏僻，不单是地无三尺平，其实在2018年之前，回家连一条固定的道路都没有。缺吃少穿不说，更重要的是信息闭塞导致思想僵化，大家在浑浑噩噩中打发时间。但是，艰苦的环境也让人进行反思和觉醒，培养坚毅性格，依靠勤俭节约、自力更生改善生活环境。1995年自十堰农业学校毕业之后，他有幸分配到习家店镇农技站工作。在这里，他一生的理想信念就是利用所学农业技术，服务于"三农"，让农民的日子过得红红火火，让农村更美好，不断减小城乡差距。

　　说实话，每一位农技推广工作者都知道从事农业技术推广工作苦、累、难。晴天一身灰，雨天一身泥，远看像要饭的，近看像卖炭的，再走近一看是农技推广站。其实，这就是基层农技推广工作者的真实写照，太形象、太贴切了。但是，仇秀峰依然无怨无悔、不计得失，深深扎根于农村，服务于农民。有远大理想和崇高追求者，事竟成。对他来说其实目标很小，那就是：为民服务，发展"三农"。

充分利用"互联网+"　提升农技推广服务质量

　　十二届全国人大三次会议上，李克强总理在政府工作报告中首次提出"互联网+"行动计划。2015年7月4日，国务院印发《国务院关于积极推进"互联网+"行动的指导意见》。作为一名农业科技推广工作者，就要听从党的号召，与时俱进，充分利用互联网优势，向全国的各位农业专家虚心请教，不耻下问，仔细甄别，学为我用，以不断提高自己的综合业务素质和农业科技推广的社会效果。

　　例如2015年，习家店镇在青塘村、杏花村发展"豇豆－三叶菜""烟－菜""玉米－菜"种植模式的时候，仇秀峰负责在杏花村采摘回收、装车销售，几天下来，脖子和脸像铁锅一样黑，而且一直蜕皮，不知道的人看到就关心地问他，这是发生了什么情况，怎么成了这个样子。还记得五月端午那天上午，等忙毕之后已近中午12点，发现没有交通工具返回集镇，他就徒步4公里，半个多小时后才回到家中，家人早已吃完饭午休了。由于高温炎热，集中连片种植的豇豆生长旺盛，病虫害十分严重，农户防治投入不少，但是效果不理想。作为一名农技人员，他看在眼里，急在心里，赶紧就在191农资人网站上发布豇豆病虫害求助。各位前辈高手积极发言指导，豇豆病虫害防治得到有效控制并且每亩每次投入降低8元，全镇5 000亩豇豆在病虫防治上，每年减少投入达10万余元（病虫防治每季至少3次计），也促进了豇豆产业发展。2015年，全镇13个村发展2 000亩豇豆、5 000亩三叶菜，豇豆按亩平均产量3 000千克，订单回收价格为2.0元/千克计算；三叶菜亩平均产量由1 000千克提高到2 500千克，高产地块达到3 500千克，订单回收价格为0.5元/千克计算，豆菜轮作地每亩将稳增近3 000元收入。

利用"互联网＋最后一公里" 提升农技推广示范成效

根据相关文件精神，"十三五"期间要着力加强农业与现代信息技术融合，全面提高农业信息化水平。搭载"互联网＋"的农技推广服务平台，可以让化肥和农药的利用效率增高、资源浪费减少、环境污染减少，实现绿色发展可持续。

一是借助"互联网＋信息化"的翅膀，借鉴吸收外地成功的试验示范项目，积极在本地推广创建高产粮油示范项目。十堰市南三县大力推广示范成功应用的水稻全程地膜覆盖湿润栽培技术，经《十堰日报》报道之后，在1997年，由仇秀峰与熊孟学负责在卧龙岗果园场李家湾村路家沟进行了此项技术示范推广，经过亲身示范覆膜栽插，在品种、播期、基本苗、施肥、田间管理相同条件下，示范田块当年亩产达到690千克，高于全镇水稻平均产量，比上年亩产高30%，效益显著。虽然全镇水稻全程地膜覆盖湿润栽培推广面积不大（因为没有多少烂泥冷浸田），但是农户非常认可这种栽培方法。在这一处示范点，烂泥冷浸田主人陈老伯坚持应用这项技术栽培水稻10多年，直到土地项目治理后流转养殖小龙虾才结束。

小麦高产创建示范技术是农业农村部小麦专家指导组与小麦产业技术体系组织小麦主产省专家的共同结晶，对促进现代小麦生产的发展、加强科研与生产实践的结合、促进农业技术推广有重要指导作用。近几年，在小茯苓、茯苓开展的万亩小麦高产创建示范，核心示范区集中连片300亩。示范区小麦亩平单产425千克，比全镇平均亩产高48千克。在茯苓创建水稻高产集中连片展示区300亩，示范片平均亩产625千克，比上年亩增产75千克。

在茯苓流域茯苓村开展了200亩无公害水稻生产，向农户免费发放无公害水稻种子和低毒高效农药，培训种植技术。利用报纸、电视、社交软件、微信公众号等传播渠道大力宣传"金桩堰贡米"地理标志申报成功这一机遇，在茯苓村发展"贡米"核心示范区300亩。通过统一品种选择、统一配方施肥、统一整地播种、统一病虫害绿色防控、高产栽培及无公害水稻栽培示范，打造了"金桩堰贡米"地理标志产品。现在，农户种植的水稻产品"金桩堰贡米"每500克10元仍供不应求。

二是充分发掘利用周边发展推广的高效经济作物种植模式。2015年，在青塘村、杏花村发展"豇豆－三叶菜""烟－菜""玉米－菜"种植模式就是借用十堰市长岭开发区大型泡菜厂加工能力的一次成功范例。仇秀峰途经郧阳区巧遇技术员在安阳镇推广发展"豇豆－三叶菜"产业。作为农业技术员，他敏锐地捕捉到这是农业生产上可遇不可求的发展机遇，立即将消息传达给单位领导。经过综合考察，第一年全镇就发展豇豆种植1 100亩，全镇三叶菜种植规模也由开始的200亩发展到高峰时期的5 000余亩，直接带动当地2 500余户农民脱贫走上致富路。

前几年，通过政府引导、农技中心牵头、多方筹资外调优质高产高淀粉甘薯种子10万千克以上，并免费发放给农户种植；并在青塘村、板桥村建设1 000亩高淀粉甘薯示范基地，甘薯平均亩产3 500千克。通过不断做大做强甘薯产业，使甘薯种植面积常年稳定在1.2万亩以上，从而带动习家店镇高淀粉甘薯种植热潮。直接的结果是，全镇成立了5家薯粉加工企业，为甘薯产业与薯粉加工品牌化、集团化、规模化生产及销售提供坚实的基础和保障。现在，甘薯产业社会效益日益凸显：薯粉加工企业每年自筹资金调运优质种苗，免费提供给种植户，再以优惠的价格收购种植户的甘薯产品，还有种植大户自己积极购置种苗，让习家店镇甘薯产业走上互惠互利、良性发展的轨道。

2018年，立足镇情结合发展精准扶贫产业优势，采取统一供种育苗、统一配方施肥、统一技术管理、统一采摘标准、统一订单回收的模式，解除了农户缺技术、销售难的后顾之忧，在习家店镇共推广发展订单产业高产高糖南瓜3 500亩。同时，指导创办集中连片高产栽培示范区600亩。其中，小茯苓村集中连片示范区南瓜种植大户高产典型黑永刚，亩平均单产达到3 808千克。此外，全镇发展南瓜套种甜玉米示范种植1 000亩，每亩定植甜玉米1 000株，收获1 000穗、450～500千克，单价为1.2元/千克，亩增收入500元，仅此一项农户增收50万元。

三是积极利用"互联网＋"，大力打造农业主导产业。柑橘是习家店镇支柱产业之一，经过多年

的发展，特别是2016年全面实施柑橘"二次革命"后，柑橘品质和产量都大幅提高。仇秀峰紧盯全国各大农贸市场柑橘销售价格，利用电话、短信、交流群，及时发布共享价格信息。硬件方面，主要发展适销对路的品种互相搭配，错峰上市，延长销售时间，增加效益。截至2018年，累计完成柑橘低产园改造20 000亩、精品园建设8 000亩和疏密改造9 000亩。借助科技示范主体培育服务网络，重点做好柑橘重大病虫害防治和高产栽培示范及技术培训工作，带动全镇柑橘产业健康发展。2017年，投资2 000万元、占地70余亩的习源柑橘交易大市场正式投入使用，是集柑橘收购、储藏、销售于一体的综合性交易市场。借助柑橘交易市场的建成，正好填补习家店镇无大型柑橘专业交易市场的空白，帮助橘农有效解决销售难的问题。

现在全镇柑橘面积7万余亩，总产量稳定在1.5亿斤以上，产值近1亿元，成为丹江口库区最大的蜜橘生产、销售基地。以习家店柑橘为代表的"武当牌"蜜橘更是享有农业农村部"中华名果"之荣誉，一度畅销我国东北、华北、西北地区，远销俄罗斯、加拿大等国家。

加强技术培训　创新发展模式

一是每年参与举办柑橘、小麦、水稻、高产高糖南瓜及套种甜玉米、高粱、富硒黑花生等高产栽培技术培训会，少则20场、多则40余场次，每年发放技术资料15 000余份。通过培训，推广了先进技术和优良品种，指导农户通过适时播种、喷施低毒低残留农药防治作物病虫害，避免了病情、虫情的大面积发生。

二是结合农技推广体系建设，向科技示范户、种植大户、合作社技术骨干推广使用中国农技推广APP，交流沟通农业生产中存在或出现的问题并及时予以求助、解决，实现了农业专家、农技人员和农民之间的互联互通。

从2017年12月开始，仇秀峰利用中国农技推广APP一共发布日志800篇，主要记载服务农户的作物、技术、成效等；收集当地农情200条，记录作物苗期、病虫害、旱涝灾害，做好预防；提出问题以及解答问题达到1 000余条。

三是开办高素质农民培训班，每年培训柑橘和粮油种植农户120余名，利用手持终端建立微信和QQ交流群、跟踪服务卡片及示范基地，为学员技术交流建立了平台，促进发展现代农业，提升农民经营理念，努力培养一批懂技术、会经营的高素质农民队伍。经常利用各种交流群，解答学员疑问与技术难题，提供各类农资和农产品供需信息，以促进学员减投增效、产业发展。

2018年，小茯苓村一位高素质农民学员从东北地区引进了一种特种经济作物黄姑娘，苗期生长不错，但后来叶片出现穿孔，使用多种药剂防治多次无效果，危害越来越严重并不断扩展。由于正值开花结果时期，如果不能控制住病害发展，将对产量产生很大影响甚至绝收。5月14日中午，这位农户通过微信交流群联系他，咨询如何防治。鉴于事情紧急，于12点43分通过电话联系，冒着高温酷暑牺牲午休时间直接到地里进行查看诊断，确定防治方案。农户根据提供的防治方案，经过防治，病害终于控制住了。而且亩产超过1 000千克，甚至达到1 500千克，丹江口超市价格为39.6元/千克，田间地头价格最低为16元/千克，亩产值达到1.6万～2.4万元。

四是借助湖北农业信息服务12316益农信息社标准社落地于习家店镇农技中心之机，利用信息社网站为农户提供各项服务，而且乐于为习家店镇广大农民朋友发家致富提供产供销信息。在微信、QQ学习交流群发布、转载各类技术文章、解答100多条，得到大家的广泛应用与好评。

五是利用互联网多媒体社交软件为广大农民朋友服务，及时解答生产环节中出现的疑难问题。同时，积极借助社交媒体，引进新型农业发展模式。

2002年，全镇大力推广小麦上山油菜下田，借助此机遇，积极推广双低杂交油菜育苗移栽技术。其中，仇秀峰负责在左绞村3组举办100亩油菜地膜覆盖高产栽培示范，当时交通条件艰苦，为了不误农时，确保栽培示范成功，与村支部朱书记在该组同吃同住20余天，指导农户开展育苗保苗、整地施肥、开沟做厢、覆膜开穴、定植封窝、病虫防治等关键技术，推广示范获得极大成功。传闻有老百姓向油菜田扔鸡蛋竟然掉不到地上，过硬技术赢得农户的交口称赞和信任。直到现在，只要他一踏

入这片热土，就会受到淳朴村民的热情欢迎。当年，全镇发展双低杂交油菜华杂四号1万余亩，地膜覆盖栽培亩产最高为350余千克。习家店镇油菜高产消息经过媒体报道，成功引起谷城一位企业家的注意，他便是长期与华中农业大学杂交油菜制种博士生导师杨光圣合作繁育杂交油菜种的刘总。刘总通过多种渠道与习家店镇农技中心取得联系，并成功在杏花村、青塘村、板桥村、朱家院村、五龙池村5个村，发展杂交制种油菜面积800余亩。从此，习家店镇油菜产业发展发生质的飞跃，杂交油菜制种产业就深深地扎根于该镇，极大地提高了农户油菜种植水平和管理技术，增加农户收入，深受农户欢迎。

翌年，农技中心从湖北圣光公司引进制种油菜，引领了习家店镇第一个"公司＋基地＋农户"经营模式。为了保证制种的质量和产量，从宣传培训制种技术开始，包括中途发放亲本、育苗、整地、施肥、移栽、田内外去杂、病虫害防治，都多次深入田间地头现场指导、严格把关。特别是在生产的关键环节，如播种保苗保纯、移栽比例规格以及防止人为机械混杂、亲本打顶技术、大田内外去杂、成熟收打晾晒等，更是整天进村入户，坚持深入农户劳作的地块查看把关、及时纠正错误，严防不按技术要求进行生产，让杂交油菜制种达到高产、优质、增收的目的。经过不懈努力，农户的油菜制种产量逐年提高，由最初平均亩产70千克增产到115千克，高产田块达176.8千克，比常规油菜亩均增收600～1 200元，使油菜杂交制种在2016年前成为习家店镇左绞村、马家院村、陈家湾村、青塘村、板桥村、五龙池村、朱家院村农民脱贫增收的支柱产业之一。2004—2016年，杂交制种油菜已辐射发展普及到嵩坪镇、三官殿办事处、白杨坪林业开发管理区、郧阳区鲍峡镇，面积达到5 000多亩，年产值1 000余万元，社会效益不可估量。

在紧抓杂交油菜制种为农增收的同时，借助油菜制种和国家AAA级旅游景区农博园举办"三花节""情定农博园""海誓山盟""千对情人桃缘浪漫周"等活动，打造油菜观光带2 000亩，辐射带动全镇发展种植油菜1.2万余亩；充分利用当当网、秦楚网、水都论坛、东风论坛等优势媒体大力宣传，推动"三花节"乡村旅游产业发展，每年邀游客来杏花村赏3 000亩杏花和习家店镇万亩油菜花。

不忘初心　与时俱进

让工作在农业基层一线25年的仇秀峰引以为傲的是：不忘初心、牢记使命，以过硬的专业技术，无私服务全镇5万亩土地，从来没有伸手向老百姓额外索取过一分报酬。

进入新时代，仇秀峰将继续坚持用马克思列宁主义、毛泽东思想、邓小平理论、"三个代表"重要思想、科学发展观、习近平新时代中国特色社会主义思想武装头脑，牢固树立为农服务、奉献"三农"，做到知行合一、言行一致、与时俱进、开拓创新，深深地扎根于全镇5万亩的沃土里，用自己的实际行动促进农业增效、农民增收、农村发展，积极响应习近平总书记的号召，为实现中华民族伟大复兴的"中国梦"添砖加瓦、奉献终生。

工作成效

一、精华问答

1. 小麦缺磷表现植株矮小、生长点及茎尖枯死，有时植株心叶簇生幼叶不能展开，叶片发黄。

答：一般来说，都是伴生缺素症发生，单一的症状比较少见吧！就像糖尿病一样，严重的话会出现很多并发症。

问答管理

薛振杰 | 河南省省直辖县汝州市 | 2019-02-18 08:04

小麦缺磷表现植株矮小、生长点及茎尖枯死，有时植株心叶簇生幼叶不能展开，叶片发黄。

全部答案(25508378)

蔡承志 [农技人员] 小麦缺磷表现植株矮小，生长点及茎尖枯死... ♡ 0 | 💬 0 2019-02-18 08:27 🗑 删除

仇秀峰 [农技人员] 一般来说，都是伴生缺素症发生，单一的症状... ♡ 0 | 💬 0 2019-02-18 08:30 🗑 删除

一般来说，都是伴生缺素症发生，单一的症状比较少见吧！就像糖尿病一样，严重的话会出现很多并发症。

2. 大神们看看这是个啥情况？

答：看这些症状，有点像纹枯病。如果有虫孔、虫粪，那就是玉米螟。

问答管理

过眼云烟 | 宁夏回族自治区吴忠市盐池县 | 2018-08-02 21:03

大神们看看这是个啥情况？

全部答案(18264553)

胡良东 [农技人员] 发生玉米叶斑病了吧，赶紧防治。 ♡ 8 | 💬 0 2018-08-02 21:57 🗑 删除

仇秀峰 [农技人员] 看这些症状，有点像纹枯病，如果有虫孔、虫... ♡ 0 | 💬 0 2018-08-02 21:57 🗑 删除

李钦存 [农技人员] 玉米炭疽 看这些症状，有点像纹枯病。如果有虫孔、虫粪，那就是玉米螟。 ♡ 0 | 💬 0 2018-08-02 21:59 🗑 删除

李勤 [农技人员] 看这玉米是生病了，得赶快防治。 ♡ 0 | 💬 0 2018-08-02 22:09 🗑 删除

3. 图片上的小麦怎么了，有什么措施?

答：这种小麦主要是因为土壤黏重，有机质含量低，整地质量差，播种过晚，分蘗少而弱。可以对症加强管理，促发分蘗，降低减产幅度。

二、精华日志

1. 服务时间：2019年3月8日　服务类型：技术培训

2019年3月8日，星期五，多云天气。上午，农技中心计划安排胡主任、范主任到老君殿村进行柑橘春季管理技术培训；我同肖主任到五龙池村育苗大棚进行西瓜育苗技术培训。之后，我同肖主任陪同镇人大、产业办肖主任先到张家湾，再到葡萄观光园，第三站来到五龙池村育苗大棚，现场进行西瓜育苗技术培训，发放西瓜育苗技术资料20余份。

2. 服务时间：2019年3月14日　服务类型：业务包村

2019年3月14日，星期四，多云转晴天。上午，同赵主任、李主任先到丁家院村宋家庄和甘沟小学进行疑似大棚房设施核查拍照，之后再到老君殿村灵习路沿路进行。中午，返回。下午，按计划继续到灵习路沿路核查拍照。

三、精华农情

上报时间：2018年10月15日　上报类型：病虫草害

2018年10月15日，星期一，上午阴天，下午转多云天气。上午，同肖主任来到白菜育种基地育苗地，查看白菜育苗出苗及病虫害发生情况。整体出苗比较好，但是，两块地中一块地叶甲危害猖獗，已经通知并指导农户抓紧时间进行防治。

农民致富的引路人
健康养殖的守护神

——湖北省沙洋县曾集镇水产技术推广服务中心　钱光红

　　他不是在养殖池塘检测水质，就是在查看死鱼病虾，了解鱼病发生的情况；他不是在接听养殖户打来的技术咨询服务电话，就是在创办的微信养殖平台上发布水产养殖信息，推广水产新品种、新模式、新技术；他不是在办公室撰写培训教材讲稿，就是在镇、村、合作社会议室为水产养殖户进行水产养殖技术培训；他不是在水产养殖基地调研了解养殖情况，就是在水产交易市场了解水产品供求信息，及时向养殖户反馈掌握的第一手资料。这就是他忙忙碌碌工作一天的见闻。

　　在他的努力下，曾集镇已组建各类水产养殖专业合作社18家、各类百亩以上养殖基地16个，创建国家级健康示范养殖基地2个、省级无公害养殖基地2个、市级重点名优水产养殖基地3个、县级重点名优养殖基地5个。全镇水产养殖面积、水产养殖产量、水产基地建设规模3项主要指标都跃居沙洋县前三强之列。每当提起这些，人们都会异口同声地谈到一个人，他就是曾集镇水产技术推广服务中心主任、水产动物高级病虫防疫员钱光红。在从事农技推广工作中，他不辞辛苦，热心水产事业，乐于奉献，服务水产养殖户，被当地干部群众称为农民致富的引路人、健康养殖的守护神。

钻研业务勤学习　努力掌握新知识

　　钱光红于1994年出任镇水产技术推广站站长。在工作中，他虚心拜师学艺，不懂就问。1996年，他报名参加了华中农业大学水产学院淡水养殖专业为期半年的培训学习。他还自费订阅了《中国渔业报》《渔业致富指南》《科技养鱼》《鱼病防治手册》等水产科技杂志进行自学。他经常到渔场、养殖基地实地了解水产养殖鱼、虾病虫防治情况，凡是省、市、县组织的乡镇水产技术人员培训会，他都是逢会必到。有时为了检测一瓶水、检验一条鱼，他还利用休息时间到华中农业大学、长江大学、长江水生动物研究所等教学和科研单位向权威专家请教，很快就掌握了水质检测、鱼病诊断、显微镜操作等专业知识。他还利用"互联网+农技推广"服务平台收集养殖户信息，学习先进水产养殖技术，并学以致用，利用平台所学知识及时指导全镇水产养殖户。2007年12月，经过各项综合考核，他取得了农业部、劳动和社会保障部联合颁发的"高级水生生物病害防治员"职业资格证书，是沙洋县乡镇水产服务中心唯一获取这一职业资格的水产科技指导员。

推广农技勤用网　探索服务新途径

　　自从开办了全国农业科技云平台，推出中国农技推广APP以来，钱光红总是带头参加网上学习，收集水产养殖意见和建议，并在平台上发表。对养殖户存在的技术问题，他认真加以整理，提出来让

专家解答。在下乡和工作期间，他把所见所闻写成工作日志，在中国农技推广APP上发表，遇到重大灾害和农事也逐一上报。他建立了曾集镇水产技术咨询服务微信群，将全镇水产养殖大户306人统一建群，利用微信及时传播水产养殖信息。他还及时宣传国家农业政策法规，及时解答养殖户遇到的技术难题。他每年下乡200天以上，上门为养殖户诊治鱼病达200多人次，解答养殖户提出的各类问题8 800多个，在中国农技推广APP获得好评近千条，报送工作日志1 600多条，发布农情164条，中国农技推广APP上积分达56 824分。目前，他在湖北省高居第12名，在荆门市名列第1名、沙洋县名列第1名。通过上网学习，钱光红探索了一条学以致用的新途径。

推广科技勤培训　奋力再创新局面

乡镇水产技术推广服务中心，服务对象主要是水产养殖户、各类水产养殖基地和水产养殖专业合作社，涉及点多面广。为了满足水产养殖户对养殖技术的需求，他改变以前水产技术培训在会议室照本宣科的做法，推行查水诊病到现场、技术培训到池塘的措施，每年主办各类水产技术培训都在10期以上，培训养殖户上千人次。2017年5月，虾病暴发。为了减少养殖户损失，他除了自己上门帮助养殖户诊治外，还专程到市水产局请来水产专家蒋金山到万里、金鸡2个养殖大村以及5个养殖基地，实地检测水质，诊治虾病，提出了降低养殖密度、合理捕大留小、药物拌饵投食、生物改水调水等治疗措施，连续一周进行了跟踪观察，并亲自帮助养殖户拌药饵、泼虾药，使虾病很快得到了控制，为养殖基地减少了近百万元经济损失。在农技推广工作中，不论刮风下雨，只要养殖户有要求，他都会及时赶到现场，义务帮助养殖户检测水质1 360多次，下乡到池塘边诊治鱼、虾病2 200多次，为水产养殖业健康发展、农民增收致富发挥了水产技术指导员的重要作用。

招商引资勤服务　着力打造新基地

曾集镇是个典型的丘陵地区，库多港多河流多，低洼地多，有着发展水产养殖得天独厚的条件。受粮价下跌、虾价上涨市场因素的影响，部分农民不愿种田而外出务工，导致大面积田无人耕种。针对这种情况，他利用各种渠道和信息平台，发布水产招商信息，近几年他先后数十次上荆门、下荆州、去沙洋、到后港，拜访水产养殖大户、养殖基地负责人和有意从事水产业的成功人士，介绍到曾集发展水产养殖的有利条件，请他们到曾集实地考察。不少客商为情所动，军飞养殖有限公司、三源稻虾养殖专业合作社、未来之家生态养殖基地、晨光稻鱼虾养殖基地、楚玉集团万里稻虾基地、危氏名优水产养殖基地、雷都生态养殖基地、万里生态园、沙洋县和美园特种水产养殖基地、民主青蛙养殖基地、金鸡基围虾养殖基地等16家水产基地相继落户曾集，流转土地16 820亩，从事12种名优水产养殖。在土地流转、水电路配套、纠纷调处、技术服务等各个方面，他都全心投入、尽力服务，赢得了客商一致好评。湖北楚玉公司在曾集镇万里、曾巷2个村流转土地3 000亩，在基地开发中，他同施工人员一道吃住在工地，连续半个月不回家，现场解决了许多棘手的问题，确保了工程建设质量和基地高标准按期建成并投入生产。

助力扶贫勤上门　全力打造新产业

在脱贫攻坚工作方面，他发挥水产技术优势，积极为镇党委、政府当好参谋，提出了依托资源抓调整，发展龙虾富全镇的产业脱贫方案，动员贫困户在沿库沿港沿渠沿路地带，大力发展稻虾综合种养，同镇村干部现场规划、实地指导，解决农民开发中的一些技术问题。孙店、万里、金鸡、曾巷、太山、龚庙、雷都等12个村稻虾连作面积都达到了2 000亩以上。他带头包联范店村贫困户官文高，免费为他提供消毒药物，帮助联系水草及虾种，帮助他成立了文高小龙虾养殖专业合作社，帮助解决贴息贷款5万元，上门指导养殖技术，联络销售渠道。官文高经过两年努力发展稻虾12亩，年增收4万多元，现已脱贫致富，成了村里产业致富带头人。范店村陈中浩身患重病，家里遭遇车祸丧子。

2017年11月，钱光红多次上门指导，帮助开挖虾池10亩，并无偿支助500元帮助购买虾苗，为他无偿提供饲料药品近千元，使小龙虾养殖成了家庭主要收入。对贫困户从事小龙虾养殖的，钱光红厚爱一层，积极为他们申报产业奖补资金，帮助解决一些养殖户的具体困难。近年来，全镇先后有164人发展小龙虾养殖，走上了脱贫致富的道路，全镇发展小龙虾养殖48 620亩，仅此一项，养殖户平均年增收就达4 260元。

阳光总在风雨后，荣誉全靠拼搏来，钱光红工作尽职尽责，成绩显著。因擒获特大抢劫杀人重要疑犯，先后被省、市、县授予"见义勇为积极分子"光荣称号；被沙洋县人民政府授予"乡土拔尖技术人才"；2017年曾集水产技术推广服务中心被荆门市水产局授予"先进单位"，本人也被曾集镇党委授予"十佳党支部书记""优秀工作者"等荣誉称号；多次被县、镇评为"劳动模范"；2018年10月被授予"荆门市最美农业人"光荣称号。他所带领的曾集镇水产技术推广服务中心被县、镇数十次评为"先进单位"称号。胸怀为民情怀、乐于拼搏进取的他，在服务"三农"和开展农技推广服务工作中，正在朝着更高、更远的目标迈进。

工作成效

一、精华问答

1. 请问图片上的水稻叶片得了什么病，怎么防治？

答：从图片上看，这水稻得了稻瘟病。选择稻瘟净兑水喷雾即可得到有效控制。

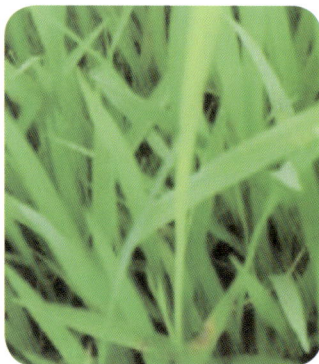

问答管理

| 陈翥 | 湖北省荆门市沙洋县 | 2019-04-27 11:18 |

请问图片上的水稻叶片得了什么病，怎么防治？

全部答案(28955513)

马永利 [农技人员] 这是叶稻瘟病可以用三环唑。	♡ 0	💬 0	2019-04-27 11:31	🗑 删除
钱光红 [农技人员] 从图片上看，这水稻得了稻瘟病。选择稻瘟…	♡ 0	💬 0	2019-04-27 11:52	🗑 删除
许荣桥 [农技人员] 水稻得了稻瘟病，用稻瘟灵兑水喷雾。	♡ 0	💬 0	2019-04-27 12:43	🗑 删除

从图片上看，这水稻得了稻瘟病。选择稻瘟净兑水喷雾即可得到有效控制。

2. 甘薯育苗排种时，都是阳面朝上、头部朝上，有什么道理？

答：甘薯育苗时阳面朝上、头部朝上是有科学道理的。这样是便于好发芽、早出芽，生出的芽不会被折断。

二、精华日志

1. 服务时间：2017年11月15日　服务类型：进村入户

同喻镇长、县扶贫工作队一道在张池村检查扶贫工作，研究水产品产业扶贫措施。

2. 服务时间：2017年11月29日　服务类型：技术培训

聘请省、市、县渔病防治专家来镇主办了一期渔业规范用药知识培训。全镇106名水产养殖大户、水产基地负责人、水产专业合作社理事长、专业渔场场长参加了培训学习。

三、精华农情

上报时间：2018年10月29日　上报类型：墒情

协同湖北省沙洋县曾集镇农技推广服务中心农技员，到张池村田间地头检查墒情，指导督办秋播生产，确保种满种足，实现优质高效增收。

竹杖芒鞋走田间

——湖北省当阳市淯溪镇农业服务中心　周林

在当阳市乡村的田野中，人们经常可以看到一个脸面黝黑、身材单瘦的中年人，他拄着一根竹棍，有时站在稻苗间检查病虫，有时蹲在油菜苗旁查看茎叶，有时在农民中间指导农作物的防病治虫。他就是当阳市淯溪镇农业服务中心的高级农艺师周林。

今年48岁的周林在当阳从事农技推广工作25个春秋，主持参加各种农业项目20余项，出版专业书籍1本，发表论文15篇，2次获市科技进步奖一等奖，3次获市科技进步奖三等奖，4项成果获省科技厅成果登记，被《农资导报》授予金草帽全国基层农技专家……如今的他诸多殊荣集于一身，却依然竹杖芒鞋于广袤的田野上，从未停歇。

换装不换心，更名不变色　大力推广运用"互联网＋"

2005年在湖北大地上，基层农技员全面实行"三变、两贡、一保留"的改革。基层一线农技员一夜间变成了民办非企业的社会人，很多人离开了单位，另谋职业。但周林换装不换心，更名不变色，更加积极地投入农技推广工作中。改革的第一年，即2006年，他与单位同事一起组建了一台车、一台电脑、农业110信息服务台（0717—3360110）和《淯溪农业信息》每月1期，用于指导农业生产经营，推广"三新"技术，传递农产品信息，宣传农村政策。传统的培训手段被现代科技的多媒体取代，热线电话、电脑、信息技术资料、多媒体和服务车相配套，图、文、声、像相结合，"农业科技大篷车"已成为淯溪农民朋友的流动大课堂、解惑答疑的应急专车、科技入户的移动大讲台。现在，周林将中国农技推广APP、云上智农APP、益农信息社以及微信、QQ等与"农业科技大篷车"融合运用，为农民提供了更适时、适地以及有针对性的产前、产中、产后的系列化服务。一般年发行《淯溪农业信息》12期、20万份，接待来电来访6 212人次，及时解答了种、养、加、销等方面的疑难问题并且提供信息460余条，上门服务300多次，下乡开展实用技术讲座和播放农业科教片100余场，培训3 500余人次，引导农民进行结构调整6.2万多亩，上网发布农产品供求信息2 750条，助销农产品8万余吨，为淯溪镇农民增收4万元，使得科学技术在全镇农业增长中的贡献率达到了80%。"农业科技大篷车与'互联网＋'的融合运用"用农民的话说：学到的东西更实在，更容易掌握，不是原来那种空洞的理论说教，这种方式我们喜欢；用领导的话说：达到了4种效果，一是体现了服务宗旨，二是实现了农民增收，三是显现了技术价值，四是展现了双赢效益。

科技入户　带领百姓致富

他在科技入户项目活动中，采取了"123"的工作方法，取得了很好的成绩。"123"就是明确一个任务、重抓两个落实、突出三大创新。一个任务就是了解"三农"实际，上接专家教授，下联农民兄弟，普及农业技术，传递科技信息，打通农技推广"最后一公里"，带领百姓致富。两个落实就是示范户的综合素质培训和关键技术入户要落实。在抓示范户的综合素质培训中，他说："火车跑得快，全靠车头带。"农民知识水平普遍较低，接受新知识能力差，集中培训、以会代训很难推广"三新"技术。农民与科技常常就差"最后一公里"，在这种情况下，他就重抓示范户这个火车头的培训，让示范户先学、先运用，然后带动周边辐射户，让农民与科技真正"零距离"接触。

在抓关键技术的过程中，他做到了"五到位"：一是入户指导到位，全年共计100余天，技术入户和到位率100%；二是技术培训到位，他以田间为课堂、实践为手段，内容以懂（懂生理基础及栽培原理）、用（正确运用高产栽培方法）、带（能带动辐射户及其他农户）为重点。年培训示范户10户，辐射户200余户，发放技术资料300余份；三是主推技术、品种入户到位，如病虫综防技术、旱育秧技术等；四是物化补贴到位，物质、资料、示范牌他都按时发放到农户手中；五是辐射到位，他指导的示范户均完成了自己的带动任务，每人年带动辐射户20户。

在三大创新中，他的第一大创新是认真实行"五子服务"，即对示范户挂牌子、填本子、写卡子、指导员开方子、填册子。通过这"五子"，示范户、辐射户能明白近阶段该做的工作。第二大创新是运用了微信、中国农技推广APP这两个平台。他年发微信200余条，通过中国农技推广APP解答技术问题7 083条，获好评2 291个，写日志213篇，发农情13篇。第三大创新就是农家把脉诊、地头问农情。他在工作中，始终是先入户调查，后制订培训方案。示范户说："他这种方式很好，我们能接受。"

"随风潜入夜，润物细无声。"他的入户工作，得到了示范户、辐射户及其他农户的认可，纷纷自觉运用他推广的新品种、新技术、新肥料、新农药，还自编顺口溜"过去种田不用学，人家咋做我咋做；现在是村看村、户看户、群众都看示范户"。

稻花飘香　农户笑

通过科技入户的调查，农民都说："种水稻不要说赚钱，保本就不错。谷价一路跌，人工也在涨。天老爷呢，也作怪。不是旱就是涝，还有低温高温凑热闹，不如不种哒！"针对这一现象，周林为农户推广了"稻＋"模式，也就是稻蛙、中稻再生稻等。

为了推广这两项技术，他查阅了大量的资料，并对农户做了技术培训，但农民不敢搞。于是，他自掏腰包与示范户一起搞试验。通过两年的努力，宋代词人辛弃疾描绘的画面"稻花香里说丰年，听取蛙声一片"，在淯溪镇上演了。青蛙为水稻提供养分、捉害虫，为水稻的健壮生长保驾护航；水稻的健壮生长又给青蛙打伞遮阳，给青蛙提供了良好的生活乐园。秋收后，亩收稻谷500余千克、青蛙500余千克，亩均纯收入3 500元，是常规水稻种植的7倍。周边农户看到周林与示范户成功后便自发地说："这个技术好，我们也要跟着搞！"

一分耕耘，一分收获。周林用他执着敬业、忘我奉献的精神在当阳大地上，塑造了一位优秀农技人员的光辉形象。他说："我是一个平凡的人，只愿做一块默默无闻的垫脚石，希望可以让承载绿色梦想的农民通向致富之路。"

工作成效

一、精华问答

1. 如何对工作中的照片加以分类？以便查找方便。

答：可按与各项工作相关的内容去分类，如农安、农作、水产、植保、农机，也可单纯按时间分。

问答管理

宋资兰 ⊙ 湖北省宜昌市当阳市 ｜ 2019-01-19 16:54

如何对工作中的照片加以分类？以便查找方便。

全部答案(24042072)

郑丽萍 [农技人员] 工作中的照片可按类型、项目等方法分。　　　　🗑 删除

胡军 [农技人员] 学习建立文件夹进行分类。供参考！　　　　♡1 ｜ 💬0　2019-01-19 17:01　🗑 删除

李晓荣 [农技人员] 简单一点的话，可以按时间分类。　　　　♡1 ｜ 💬0　2019-01-19 17:01　🗑 删除

周林 [农技人员] 可按与各项工作相关的内容去分类，如农安...　　　　♡1 ｜ 💬0　2019-01-19 17:46　🗑 删除

♡1 ｜ 💬0　2019-01-19 19:28

2. 秭归长红脐橙你品尝过吗？

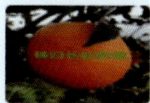

答：秭归红橙吃过，味道真不错。

问答管理

李辉 ⊙ 湖北省宜昌市长阳土家族自治县 ｜ 2019-01-17 20:23

秭归长红脐橙你品尝过吗？

全部答案(28071168)

周林 [农技人员] 秭归红橙吃过，味道真不错。　　　　♡0 ｜ 💬0　2019-01-17 20:23　🗑 删除

黄文化 [农技人员] 秭归红橙品尝过，很好吃。　　　　♡0 ｜ 💬0　2019-01-18 06:38　🗑 删除

曾厚珍 [农技人员] 秭归脐橙我经常吃，很好吃的。　　　　♡0 ｜ 💬0　2019-04-06 03:43　🗑 删除

3．请行家帮助分析图片，这油菜可能产生的原因？

答：王老师，这个图片中的情况有可能是秸秆还田过量造成的。

问答管理

王良军　湖北省宜昌市当阳市 ｜ 2018-12-27 12:12

请行家帮助分析图片，这油菜可能产生的原因？

全部答案(25484985)

周林 [农技人员] 王老师,这个图片中的情况有可能是秸秆还田...　　删除
♡0 ｜💬0　2018-12-30 22:10

王良军 [农技人员] 周林老师很厉害，真不愧为农业专家，为你...　　删除
♡0 ｜💬0　2019-02-17 18:40

二、精华日志

1．服务时间：2019年4月19日　服务类型：进村入户

2019年4月19日，农户投诉油菜结实率低，怀疑是种子质量问题。通过我的诊断，是鸟雀啄食所致，成功化解了一起纠纷。

2．服务时间：2019年4月20日　服务类型：技术培训

2019年4月20日，我与单位同事一起到荆州参加华中农业大学杨圣光教授的油菜新品种观摩大会。

三、精华农情

上报时间：2019年2月25日　上报类型：苗情

2019年2月25日，我到村里调查夏粮夏油的长势，发现今年长势都不错！

农民朋友的"贴心人"

——湖南省益阳市桃江县桃花江镇农业综合服务站　崔志斌

在桃花江镇20多个村的田间地头、科技示范主体的工作场地，经常可以见到一个忙碌的身影。

他，头有点秃，手里经常拿着手机在为农民解决实际技术难题。他，黑里透红，比同龄人略显苍老，但精神矍铄，双目炯炯有神，虽不怎么起眼，但当地农民绝大多数人都能从一大堆人中一眼认出他。他白天在忙工作、忙下乡指导，夜晚还在忙答题，近两年在中国农技推广平台上解答了37 000多个问题。

他就是一名扎根乡镇农技站30年的基层农技人员崔志斌。他懂农业、爱农村、爱农民，全部职业生涯只为农技推广、农村发展、农民增收。特别是近两年来在中国农技推广APP平台认真学习，学以致用，积极发日志，解答技术难题。近一年半以来，总积分一直稳居全国第一。

"现代农业的发展要与'互联网+'紧密结合。互联网平台丰富了我的业务知识，开阔了视野，提升了业务能力，要把科学种田的本事传授给农民，才能更好地为农民服务"是崔志斌的肺腑之言。在崔志斌的带动下，当地农业系统掀起了利用中国农技推广APP平台、为农户排忧解难的"比学赶帮超"的优良风气。

牢记宗旨　服务农民群众"吃得苦、霸得蛮"

崔志斌于1989年6月分配到湖南省桃江县黄泥田乡农技站工作，先后在桃谷山乡农技站、桃花江镇农技站及桃花江镇农业综合服务站工作。30年来一直扎根于最基层，从事乡镇基层农技站的农业技术推广工作。他一直以一名合格共产党员的标准来严格要求自己。他时刻服从组织安排，工作责任心强。1995年，他在桃谷山乡农技站工作时，恰逢桃江县百年一遇的大洪灾，桃谷山乡打石湾村近千亩水稻被水淹（没顶近5天）。退水后，崔志斌下村入户积极指导农民开展生产自救：一是组织农户撒播金优402杂交稻，二是组织农民将晚稻秧田秧苗扶正水洗。他起早摸黑下到田间地头，脸上、肩膀上的皮肤晒脱了几层，年幼的女儿近20天没有见到最爱她的爸爸。在他的指导下，村民的晚稻全部完成赶种赶播，当年晚稻亩均产量900多斤，全村比往年增产稻谷12万斤、增收15万元。村民们欢喜地收谷入仓，人人夸他"服务群众吃得苦、霸得蛮"。崔志斌至今仍在打石湾村业务驻村，该村95%的村民认识他，具有很好的群众基础。

实验示范　实心实意为农民增产增收

崔志斌是一名地道的农家子弟，从小看着父辈"面朝黄土背朝天"，与农村、农民感情极深，深

刻理解农民对粮食的珍爱、对丰产丰收的渴求。他能积极主动地为农民解决农业生产中的技术问题和难题，长期坚持下村入户、技术指导和科研示范，能坚持理论联系实际，对业务知识肯学肯钻研，坚持办好技术示范样板，搞好农作物新品种、新技术的推广，为当地农业生产发展作出了很大贡献。

在近5年的农技推广工作中，他积极参与引进推广农作物优良新品种共达30多个，累计推广面积达3万多亩，促进农户增产增收300多万元。参与桃花江镇专业化统防统治技术，推广无人机打药，5年内共发放《病虫防治通知单》50多万份，推广面积达50多万亩，为全镇农民减支增收1000万元以上。他参与测土配方施肥技术推广，根据桃花江镇26个村110个土样的检测结果提出了8个不同的施肥配方，全镇每年应用配方施肥面积达到4万亩，每年此项节支增收近百万元。他参与实施高产创建项目，配合县农业农村局实施农业农村部高产创建示范项目，在桃花江镇开展水稻、玉米、油菜千亩高产创建示范。他参与实施杂交稻"种三产四"丰产工程项目，通过连续5年的示范推广，应用面积达到2万亩，增加农民收入约150万元。他还参与实施集中育秧项目，5年内早中晚稻推广面积达4万多亩，增产增收效果显著。

学以致用　"互联网＋"农技推广成典范

崔志斌业务能力极强，已任高级农艺师12年。他爱学习、勤学习，学习与时俱进，特别是通过在中国农技推广APP上、知农云平台、农科湘教云APP等平台学习，使知识常学常新，进一步提升了他的技术水平和专业知识。他参与实施基层农技推广补助项目，5年内共担任42户科技示范户（主体）的技术指导员，全年每户入户的时间都在20天以上。他将全体科技示范主体全部加进中国农技推广APP平台学习，教他们上互联网平台学知识，更教他们学到了扎实的科学种田的本事，很多科技示范主体每人又带头示范了近20户农户。现在，桃花江镇人人学中国农技推广平台、学知农云平台、学网络科技书屋等，上至干部职工，下至科技示范主体、农村种粮大户、农村党员均踊跃参与其中。他活学活用中国农技推广平台，平时有问题上平台提，看到好的解答截屏保存下来，有什么工作成绩与感想上传日志。现在年底写总结，他翻看一下日志，一年365天做了什么事，下了多少村，入了哪些户，他能如放电影，几个字能使他想起前后几天的事，能写上几大页。2017年底，他在农技推广平台上发出预警，预计2018年初猪价不景气。2017年12月，有一农户根据他的预警出售了50头近200斤一头的肉猪，减损增收在20万元以上。那位农户至今常称赞老崔是活学活用中国农技推广APP的典范，对老崔是深深感激。

中国农技推广APP上，依旧活跃着崔志斌的名字；田间地头，依旧忙碌着崔志斌的身影；时光穿梭，他正绘就一幅服务"三农"的美丽画卷。

工作成效

一、精华问答

1. 水稻抛秧好还是拉线条栽好？
答：抛秧带土栽培，小苗移栽，更省人工且高产增收节支。

我的解答

水稻抛秧好还是拉线条栽好？

胡天科 | ♀ 云南省丽江市宁蒗彝族自治县 | 2019-04-28 17:33:40 | 7 回答 | 1 点赞

我要回答

🏅 全部答案

水稻抛秧，带土抛栽，易活转青快，更省人工且增产增收。

袁立华 ♀ 湖南省益阳市桃江县 | 2019-04-28 17:35:38　　　　　♡ 0 点赞 | 💬 0 评论

水稻抛秧比定向栽植好。

姚文家 ♀ 四川省巴中市通江县 | 2019-04-28 17:38:49　　　　　♡ 0 点赞 | 💬 0 评论

抛秧带土栽培，小苗移栽，更省人工且高产增收节支。

崔志斌 ♀ 湖南省益阳市桃江县 | 2019-04-28 17:39:39　　　　　♡ 0 点赞 | 💬 0 评论

2．葡萄斑衣蜡蝉的若虫，可以用联苯菊酯加啶虫脒、高效氯氟氰菊酯加哒螨灵、氯氰菊酯加吡虫啉加哒螨灵防治吗？

答：葡萄斑衣蜡蝉的若虫防治，用高效氯氰菊酯加吡虫啉加哒螨灵防治好。

葡萄斑衣蜡蝉的若虫，可以用联苯菊酯加啶虫脒、高效氯氟氰菊酯加哒螨灵、氯氰菊酯加吡虫啉加哒螨灵防治吗？

郭欣华 | ♀ 山东省聊城市冠县 | 2019-04-28 15:44:39 | 6 回答 | 0 点赞 | 25浏览

我要回答

🏅 全部答案

郭老师技术指导很详细，葡萄管理受益。

常守瑞 ♀ 山东省临沂市费县 | 2019-04-28 15:46:09　　　　　♡ 0 点赞 | 💬 0 评论

葡萄斑衣蜡蝉的防治方法已知。

王向阳 ♀ 河南省南阳市内乡县 | 2019-04-28 15:47:01　　　　　♡ 0 点赞 | 💬 0 评论

葡萄斑衣蜡蝉的若虫防治，用高效氯氰菊酯加吡虫啉加哒螨灵防治好。

崔志斌 ♀ 湖南省益阳市桃江县 | 2019-04-28 15:48:34　　　　　♡ 0 点赞 | 💬 0 评论

3．植保无人机飞防的前景如何？

答：植保无人机飞防的前景很好。

我的解答

? 植保无人机飞防的前景如何？

亢祖志 ｜ ⊙ 湖北省襄阳市枣阳市 ｜ 2019-04-28 14:37:55 ｜ 6 回答 ｜ 3 点赞 ｜ 33浏览　　　　　**我要回答**

全部答案

岳建功 ⊙ 山西省运城市盐湖区 ｜ 2019-04-28 14:50:18　　　　　♡1 点赞 ｜ 💬0 评论

植保无人机飞防的前景很好。

崔志斌 ⊙ 湖南省益阳市桃江县 ｜ 2019-04-28 14:54:06　　　　　♡1 点赞 ｜ 💬0 评论

二、精华日志

1．服务时间：2019年4月3日　服务类型：进村入户

2019年4月3日，在湖南省益阳市桃江县谷山中路11号靠近中国农业银行（迎宾储蓄所），桃花江镇桃高线路边栗树咀村，雨天都在用施耕机翻耕大田，及早开展农业防治钻心虫。中午不休息。

2．服务时间：2019年4月5日　服务类型：进村入户

今天下村指导科技示范主体早稻抛秧管理，崔伟胜、贾士奇的抛秧长得太好了，过几天气候好的话可以抛栽了。

三、精华农情

上报时间：2019年4月28日　上报类型：苗情

桃花江镇是桃江县抛栽早稻抛秧最多的乡镇之一，现在已大面积抛栽完毕，而且大多已禾苗转青，禾苗生长茂盛。

基层农技推广的"践行者"

——湖南省常宁市荫田镇农业技术推广站　邓小龙

今年46岁的邓小龙皮肤黝黑，看起来显得有点苍老。这是因为他26年来扎根基层、扎根农村，一年四季奔走在田间地头、服务"三农"的缘故。26年来，他在4个乡镇农技站工作过，大部分时间都在为广大农民朋友传授农作物种植新技术、推广农作物新品种、讲解农作物病虫害防治新技术，他把自己最美好的青春奉献给了农业。一分耕耘，一分收获，他多次被上级部门评为先进工作者、先进个人。虽然获得了较多的荣誉，但他依然勤奋好学，扎实工作，服务农民、献身农业的初衷没有丝毫改变，甘做基层农技推广的"践行者"。

扎根基层　甘做基层农技推广的"践行者"

1992年7月，邓小龙毕业于衡阳市农业学校，主修植物保护专业。当年9月，被分配在常宁市水口山区农技站工作，担任技术员，负责农作物病虫害预测预报及农技推广工作。怀着对农技推广工作的激情，急于把自己所学到的农业知识应用到实践当中，他一有时间就到田间地头观察农作物的生长情况，了解农民的种植方法，与广大农民朋友探讨相关农业知识，不断积累农业实践方面的知识。

1993年冬季，水口山区委、区政府根据常宁县委、县政府的安排，大力发展油菜种植，在亲仁乡创办一个2 000亩的油菜高产示范片。邓小龙主动向站长请求担任这个油菜高产示范片的技术指导员，并得到了批准。他向亲仁乡的领导提出对油菜进行集中育苗、培育壮苗，这个建议得到了采纳。为了育好苗，他同广大农民朋友一起参加整地、开沟、土壤消毒、平整厢面、施底肥等工作，与农民朋友同吃同住一个多月。从油菜栽种到收获，邓小龙对农民进行了栽培管理、病虫害防治、肥水施用等农业技术的培训。当年这片油菜获得了丰收，亩均增产15%以上，为农民增收18万元以上。

1995年，上级部门安排邓小龙到弥泉乡农技站工作，担任站长职务。弥泉乡是由两个林场合并而成，海拔高，交通不便，全乡人口只有1 000多人，水田面积只有200多亩，当地的农民文化程度低，缺乏农业种植技术。面对这样的环境，他没有丝毫退缩，积极进行农业技术推广。这里的农民当时种植的水稻品种是汕优63，这个品种当时已种植多年，品种特性严重退化，米质差，产量低。为了让这些农民种上米质优、产量高、抗性好的冈优22，邓小龙连续几天逐户上门宣传讲解这个品种的优势、栽培技术、病虫害防治技术。当年弥泉乡的200多亩水田全部种上了冈优22，结果比汕优63亩均增产100斤，为当地农民增加收入1.5万元。

1999年，上级安排邓小龙到常宁市罗桥镇农技站工作。罗桥镇是一个农业镇，农技推广的价值更容易得到体现。2000—2008年，他在罗桥镇推广水稻优质品种天龙一号、湘晚籼13号、宜香3003、两优7954、金优402等种植面积3万亩，并向广大农民提供栽培管理、病虫害防治技术，为农民增收

300万元以上。

2009—2013年期间，邓小龙协助常宁市土肥站在罗桥镇上湾村进行测土配方施肥试验示范，在全镇累计推广测土配方施肥技术1.8万亩，亩均增产稻谷20千克以上，节约肥料成本30元，为农民增加收入108万元以上。

2014年，上级部门安排邓小龙到常宁市荫田镇农技站工作，2017年担任副站长一职。荫田镇早稻种植面积较多，以前大部分农户都是采用温水浸种催芽，稍有不慎就会造成催芽失败。邓小龙了解到这一情况后，积极向广大农民朋友讲解旱育保姆拌种的好处和技术要点，引导他们应用旱育保姆拌早稻种子进行播种，后来大部分农户都接受了这项农业新技术。2015年，他在荫田镇张力村、松塘村创办1 500亩油菜高产示范片，并全程提供技术指导，亩均增收80元，为农民增加收入12万元以上。2016—2018年，他在全镇推广优质水稻品种桃优香占等1.2万亩，为农民增加收入120万元以上。

邓小龙对农技推广工作的热爱和执着永无止境，他做的大部分都是基层农技工作者所做的事情。他在基层实践的基础上不断总结经验，同时把总结的经验应用于实践，积极探索农业技术推广的新路子。

创新机制　勇做农技推广信息化的"推进者"

常宁市荫田镇现有水田面积2.8万亩，以水稻、油菜种植为主。如何破解传统农业靠天吃饭、增产缓慢的"瓶颈"，是摆在广大农业工作者面前的一道难题。

邓小龙清醒地认识到，要实现农业增产、农民增收，就必须要大力推广应用农业新技术。而当下农村中从事农业生产的人员文化程度参差不齐，必须针对不同的人群采用不同的农业技术推广模式。首先是创办农作物高产栽培示范片，全镇在松塘村、小泉村创办了两个千亩油菜高产示范片，在斛林村、新华村创办了两个千亩优质稻高产示范片，辐射周边一大片，带动周边农户有样学样。其次是培育和发展科技示范户，在全镇每个村培育和发展2～3户科技示范户，向他们推广农业新技术，指导他们把农业新技术应用到农业生产中，带动了本村农民应用农业新技术的积极性。

现代社会已经进入了网络时代，如何利用网络推广农业新技术，邓小龙探索了一条适合乡镇利用网络进行农技推广的新路子。他利用农技站的技术力量建立了一个微信群，把上级的技术专家、农技站全体人员、全镇村"两委"干部、全镇的种粮大户、科技示范户全部加入这个微信群，根据农业生产各个阶段的特点，及时快捷地发布田间栽培管理，病虫害防治，农作物新品种、新肥料、新农药推广等相关内容，让广大农民朋友轻松学到农业相关知识。

与时俱进　政治和业务学习两手抓

现代社会，农业新技术层出不穷，如果不加强学习就会落后。为了提高自己的业务知识水平，邓小龙订阅了《湖南农业》《中国农技推广》等杂志，在手机上下载了中国农技推广APP、湘农科教云APP，一有空闲就不断学习农业新技术、新知识。积极参加各级组织的农业新技术培训，不断提高业务知识水平。在学习业务知识的同时，邓小龙也不断加强政治学习，认真学习党的十九大相关指示精神，学习习近平总书记的系列讲话，不断提高自己的理论知识和思想政治觉悟。

团结同事　辛勤工作结硕果

邓小龙在荫田镇农技站担任副站长以来，协助站长尽心尽力做好站里的相关工作。他关心同事的困难，给予力所能及的帮助，全站人员按照站内分工各司其职、团结一致、齐心协力，在农业生产、农产品质量安全监管、农技推广工作中成绩突出，2017年荫田镇农技站被湖南省农业厅评为五星农技站。

46岁的邓小龙已经在乡镇基层农技站整整奋斗了二十六个春秋。为了农业、为了农技推广，农

带渐宽终不悔，甘在基层洒汗水。他相信，正是有了千千万万个像他一样的农业工作者的默默无私奉献，我国的农业一定会振兴，我国的乡村一定会振兴。

工作成效

一、精华问答

1. 水产养殖上的增氧粉和增氧片在使用上有哪些区别？

答：增氧粉效果快一些，增氧片慢一些。

2. 小龙虾苗入塘前应该要做好哪些处理工作？

答：要做好池塘消毒、水草培植、水质调节等。

二、精华日志

1．服务时间：2018年9月13日　服务类型：业务包村

今天在新华村查看水稻生长情况，目前已进入黄熟期，穗大粒多，长势不错，产量应该很高。

2．服务时间：2019年2月3日　服务类型：政策宣传

今天上午10点，荫田镇召开春节期间重要事项安排部署会议，全体机关工作人员及村支部书记参加会议。要让广大人民群众过一个平安、幸福、祥和的春节。

三、精华农情

1．上报时间：2018年8月30日　上报类型：苗情

这田块中是双季晚稻，叶色青绿，茎秆粗壮，长势不错，目前已进入孕穗抽穗阶段。

2．上报时间：2018年9月2日　上报类型：病虫草害

今天下午抽时间到水稻种植田间去查看了病虫害发生情况，部分田块有枯心苗出现，要及时防治二化螟危害。

现代都市农业"先锋"

——广东省广州市农业技术推广中心 张敏强

张敏强，一个看似平凡的农技推广人员，却有着不平凡的人生履历。在农业科学研究和技术推广领域工作26年多，他一直工作在农业生产一线，田间地头洒下了他无尽的汗水。他先后获得广东省农业技术推广奖二等奖1项、广州市科技进步奖一等奖1项，通过广东省农作物品种审定新品种1个、科技成果鉴定或验收3项，以及广州市基层优秀科普带头人、广州市农业局优秀共产党员、广州市劳动模范等荣誉称号。作为一名现代都市农业先锋，他见证和参与了广州农业近30年的发展。

坚定理想信念 加强自身修养

身为中共党员，他始终坚定理想，高标准严格要求自己，认真学习政治理论，深入学习党的十八大、十九大精神和习近平新时代中国特色社会主义思想，深刻领会中央实施乡村振兴战略的重大意义、科学体系、丰富内涵、精神实质、实践要求，切实增强"四个意识"，坚定"四个自信"，坚决做到"两个维护"。严格遵守政治纪律和政治规矩，弘扬正气、抵制歪风邪气。坚定理想信念，坚持全心全意为人民服务的根本宗旨，勤奋工作，廉洁奉公，保持拒腐蚀、永不沾的政治本色。以满腔热情做懂农业、爱农村、爱农民的新时代农技员。

推广应用良种良法 助农增产增收

农技推广是实施科教兴农战略的重要载体，是推进农业科技创新、加快科技成果转化的重要途径，是实现农业增效、农民增收的重要保障，是推进广州都市型现代农业建设的重要抓手。时间回到2009—2014年，他在主持广州市农技推广公共技术示范业务及田间维护项目期间，共引进试验示范推广农业主导品种和新优品种3 318个（次）、科技成果及先进实用技术68项。黄广油占水稻、广薯87甘薯、粤油7号花生、丰产6号豆角、雅绿系列丝瓜、紫荣系列茄子、正甜系列玉米等品种，水稻"三控"施肥技术、水肥一体化技术、农作物病虫害绿色防控技术、农作物生产技术规程等技术，多个（项）农业先进适用新品种新技术通过试验示范得以大面积推广应用。

深入田间地头 突破"最后一公里"

2015年，张敏强任广州市农业技术推广中心技术部部长，开始主持广州市农业科技入户专项，深入农村设立科技示范户，组织单位20多名中高级技术人员进行挂户帮扶，示范推广主导

品种和主推技术，并进行入户指导、入户培训等全方位的服务，实现科技人员直接到户、良种良法直接到田、技术要领直接到人，突破农技推广"最后一公里"的瓶颈，有力地促进农业科技进村入户。2015年至今，他的足迹遍布广州市各个农业主产区，累计在全市设立了198个科技示范户，推广应用新产品147个、新技术和实用技术51项，示范面积6.15万亩，辐射带动面积35.51万亩。通过单位的物资帮扶以及技术人员的全方位技术指导，指导、引导科技示范户做大做强，按标准化、规模化、产业化、优质化生产经营，引导示范户向一二三产业融合发展，推动农业由增产导向转向提质导向，把原来规模小、效益低的个体示范户培育成适度规模、经济效益高、辐射面积广、带动能力强的农民专业合作社、家庭农场、农业龙头企业等新型农业经营主体。目前，科技示范户中有2家企业被评为省市级农业龙头企业，2家农民专业合作社获得国家级、5家获得省级、10家获得市级示范社称号，10家企业评定为市级示范家庭农场，2家企业评为市级观光休闲农业示范园，3家企业评为市级农业公园，6家企业的7个产品被评为广东省名牌产品。

强化农技公共服务　助民排忧解难

近年来，张敏强每年录制农技生产培训视频及拍摄制作农业科普视频，方便农业从业人员通过互联网平台进行学习。累计组织举办入村式培训班和基层农技推广人员培训班等64期，培训农民技术骨干、基层农技推广人员4 266人次。举办农业专业技术人员高级研修班14期，培训916人次。举办农业专业技术人员知识更新讲座23期，培训农业专业技术人员2 159人次。每期培训班都科学设置课程，聘请知名专家教授授课，学员反馈满意度达到100%。通过现场及互联网远程教学，有效提高广州市农业从业人员的职业素质和技能水平，提高农业的综合生产力水平，有力促进了广州市都市农业、生态农业的可持续发展，为广州市乡村振兴发展奠定了良好人力基础。2015年至今，共举办大型农业科技下乡咨询活动8场，直接服务农民6 000多人次。开展农业技术公共服务，协助广州市农业局印发农业生产技术指导意见14期。广州地处南方沿海，每年都有强台风影响。他时刻心系农民、农村，深入受灾点开展农技快速服务158次，将突发事件造成的经济损失和负面影响降到最低限度，保障农业生产的持续健康发展，维护社会稳定。他积极参与农技推广宣传，组织编制和拍摄广州农业科技专题视频10个，编印科普小册子3.32万册。

大力应用"互联网＋"　创新农技推广手段

信息化是农业现代化的助推器，将农业技术推广与现代信息技术融合起来，可以更好地武装农民、建设农村、服务农业，促进农技推广信息服务惠及农村农民，有效缩小城乡"数字鸿沟"。

2006年，广州市启动"农业通"手机短信平台，根据农时季节、农情等实际情况免费向农户传递实时实用的农技信息。在他的努力下，广州"农业通"手机短信服务平台逐渐发展成熟，平台用户数量常年保持在1.2万户以上，2015年至今已发送农技服务手机短信451万条。

2012年，农博士综合服务平台上线试营，现已发展成通过微信公众号、手机APP为农民提供远程问诊、种养技术、市场行情、灾害预警等综合性服务平台。2016—2018年，他参加广州农博士综合服务平台（APP版及微信版）建设及应用推广项目，负责组建广州市农博士服务团队与专家队伍，目前农博士服务团队与专家队伍已扩大到570人。使得用户问诊工单做到100%有问必答。

他出生于农村，成长在农村，耕耘在农村。回望这40多年，他务实的作风没有变，踏实的性格没有变，唯一变化的是对农业农村农民的感情更加深厚，对助力广州推进现代都市农业发展的信念更加坚定。

工作成效

一、精华问答

1．环剥时间不当。适当的环剥时期应该是5月下旬至6月上旬，即果树花芽生理分化期开始之时。环剥过早，影响新梢正常生长；环剥过晚（7月以后），当年伤口难以愈合，枝容易死，且环剥过早、过晚，促花效果不佳。

答：果树环剥的效果因技术水平、时间、树势而有明显不同。

我的解答

环剥时间不当。适当的环剥时期应该是5月下旬至6月上旬，即果树花芽生理分化期开始之时。环剥过早，影响新梢正常生长；环剥过晚（7月以后），当年伤口难以愈合，枝容易死，且环剥过早、过晚，促花效果不佳。

李树松 ┃ ⊙ 江苏省连云港市灌云县 ┃ 2019-04-27 15:53:01 ┃ 2 回答 ┃ 0 点赞 ┃ 22浏览

我要回答

全部答案

果树环剥的效果因技术水平、时间、树势而有明显不同。

👤 张敏强 ⊙ 广东省广州市越秀区 ┃ 2019-04-27 15:57:13　　　♡0 点赞 ┃ 💬0 评论

2．甘薯的栽植密度一般为多少？

答：建议甘薯的栽植密度以每亩4 000株为宜。

我的解答

甘薯的栽植密度一般为多少？

坦檀 ┃ ⊙ 河北省保定市 ┃ 2019-04-27 15:45:46 ┃ 10 回答 ┃ 9 点赞 ┃ 89浏览

我要回答

全部答案

建议甘薯的栽植密度以每亩4000株为宜。

👤 张敏强 ⊙ 广东省广州市越秀区 ┃ 2019-04-27 15:48:18　　　♡0 点赞 ┃ 💬0 评论

3．甜瓜炭疽应该如何防治？

答：（1）根据当地实际选用适应的品种。

（2）加强管理，采用配方施肥。

（3）土壤消毒：定植时，用50％炭疽福美可湿性粉剂，或50％敌菌灵可湿性粉剂按每667平方米3～5千克的量，与40千克细干土拌匀，沟施或穴施，进行土壤灭甜瓜炭疽病菌。

（4）采用地膜覆盖和滴灌、管灌或膜下暗灌等节水灌溉技术，瓜苗定植前用药剂普防一次，以减少移栽后的菌源。发病期间随时清除病瓜，避免田间积水，保护地应加强通风，尽量降低空气湿度，控制病害。

我的解答

? 甜瓜炭疽应该如何防治？

殷忠臣 | 吉林省长春市农安县 | 2019-04-24 18:42:18 | 8 回答 | 7 点赞 | 78浏览 　　　**我要回答**

全部答案

张敏强 广东省广州市天河区 | 2019-04-24 18:43:51 　　　♡ 1 点赞 | 💬 0 评论

（1）根据当地实际选用适应的品种。

（2）加强管理，采用配方施肥。

（3）土壤消毒：定植时，用50％炭疽福美可湿性粉剂，或50％敌菌灵可湿性粉剂按每667平方米3～5千克的量，与40千克细干土拌匀，沟施或穴施，进行土壤灭甜瓜炭疽病菌。

（4）采用地膜覆盖和滴灌、管灌或膜下暗灌等节水灌溉技术，瓜苗定植前用药剂普防一次，以减少移栽后的菌源。发病期间随时清除病瓜，避免田间积水，保护地应加强通风，尽量降低空气湿度，控制病害。

二、精华日志

1．服务时间：2019年4月23日　服务类型：技术咨询

前往从化区温泉镇参加广州市农业农村局主办的2019年广州市农资打假暨放心农资下乡进村活动。

2．服务时间：2019年4月26日　服务类型：技术咨询

农户发过来的照片，咨询西红柿植株发生了什么病虫害以及采用什么技术措施防控。

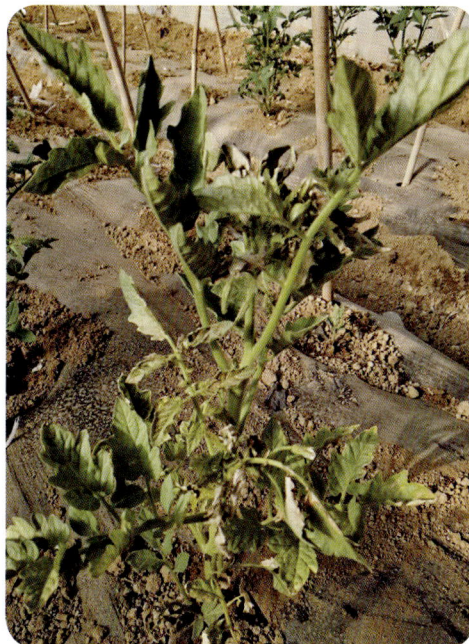

三、精华农情

上报时间：2019年4月28日　上报类型：病虫草害

据专家分析，广东省是草地贪夜蛾的适生区和周年繁殖区。各级植保部门要充分认识草地贪夜蛾侵入危害风险，尽快组织技术人员深入玉米、甘蔗等嗜好作物集中种植区域开展田间调查，科学设置性诱监测点，及时掌握其侵入危害动态情况。一经发现，要抓紧制订科学防控技术方案，指导农户科学用药，有效遏制其大面积扩散危害。

粤北山区最美的 "泥腿子老师"

——广东省乳源瑶族自治县乳城镇农业技术推广站　袁群城

在袁群城工作过的地方、互联网工作平台，大家喜欢把他亲切地称为"袁老师"。直面袁群城，与印象中的"老师"形象相去甚远，或许是长年累月奔走在田间地头这间"教室"，身材略显瘦小，皮肤黝黑，但给人的感觉是那么精力充沛、干练。在粤北山区从事基层农技推广工作的20多年里，他用农技之笔在他热爱的故乡故土书写了一幅又一幅平凡而又绚丽的篇章。由于工作扎实接地气，所到之处，他收获的是一个又一个当地领导和百姓的认可。而这认可则犹如一枚枚奖章，激励着袁群城不懈地前进。

勤练内功无止境

当袁群城1992年从学校毕业成为一名基层农技推广者后，满腔热忱的他通过在农村这个社会大课堂的摸爬滚打，逐步懂得了"书到用时方恨少"的内涵和"纸上得来终觉浅，绝知此事要躬行"的重要。于是，在后来的工作中，他白天天蒙蒙亮就深入田间地头做试验、收集数据和样本，晚上认真整理记录，并针对遇到的问题通过翻阅书籍、网上咨询等方式释疑解难。2016年，袁群城主持承担起韶关市水稻重大病虫害统防统治示范项目，这是一项要求高、任务艰巨的工作，示范成果的好坏将决定该项技术能否在韶关市及时推广。为了把这项示范工作抓好，袁群城根据上级的要求结合当地的实际，制订了详细的工作方案。在示范过程中，袁群城成了"机器人"，培训带头人、机防人员，在100亩的示范点和辐射带动的2 000亩示范田里，每天都会看到他的身影，每天在田间工作10多个小时，晚上还要整理示范资料。在他的艰苦努力下，示范项目最终得以圆满完成。试验形成的"水稻重大病虫害统防统治技术"在全市推广，得到市领导的高度评价。在袁群城的办公室，20多年下来，30多本工作记录本垒起了厚厚的"一堵墙"。通过孜孜不倦的学习和不断的试验，袁群城积累了越来越丰富的理论知识和实践经验。厚积薄发的他先后撰写了农业科普推广文章20多篇。其中，《韶关市2017年早造水稻新品种试验示范总结》于2017年10月刊登于《南方农业》，《菜心测土配方施肥田间肥效校正试验总结》发表于《农业与技术》，《中造抛秧栽培技术试验探讨》发表于《粤北科技》，《黄烟－玉米－大白菜两熟高产栽培技术》《烤烟主要病害的发生及防治对策》发表于《广东农业》，还有《辣椒主要病虫害的发生及防治对策》《烤烟主要病害的发生及防治对策》等科普文章。通过不断修炼和积累，袁群城有了更强的"内力"为山区的"三农"服务。

为了能多收"三五斗"

乳源是一个山多地少的偏远山区，袁群城从小亲身体会了吃不饱、穿不暖的苦日子。在成为家乡的一名农技员后，袁群城经常提醒自己，一定要对得起"农艺师""袁老师"的称号，一定要通过自己努力让山区这片土地产出更多的粮食和经济效益，让老百姓吃好过好。于是，在工作过程中，他积极向县市争取，邀请省市农业科学院专家到田间地头"把脉"，筛选适宜推广新品种的良种良法。凭借自己的"底子"和专家的建议，袁群城在乳源的石灰岩山区、高寒山区和平原区成功开展了30多项（个）新品种良种良法推广。乳源有加工番薯干特产传统，为提高番薯的产量，经过多方的考证，成功引进"龙薯9号"新品种，使番薯的产量大增，每亩番薯增值1 000多元。在乳城镇等粮食主产区，先后试验推广了航花2号、航花3号花生以及裕优锋占、五优T86、星优766、泰丰优208等水稻品种，累计新增推广面积2万多亩，实现增产900吨。在这条技术推广的路上，袁群城付出了常人难以想象的艰辛，每一项新技术（新品种）的推广普及，都像培育刚入校门启蒙到学成毕业的学生，良种良法的宣传、农民观念的转变、生产过程每一个环节的跟踪指导等，都等着袁群城一点一滴做起、一个一个环节去解决。当初家人不甚理解起早贪黑的工作，"不就领那份固定工资，有必要那么拼吗？"后来，看到农民朋友真心地称袁群城为老师，看到老百姓丰收季节的幸福笑容，家人也从抱怨逐步转为理解和支持。这让袁群城更加坚定了放开手脚在科技兴农上大干一番的信心和决心。

"我将无我、不负人民"的诠释

袁群城出身农民家庭，起点不高，但他坚持与时俱进，以现代化的标准对待农技推广工作。21世纪是互联网信息时代，袁群城敏锐地认识到，传统的农技推广工作必须引进现代互联网手段，农技推广的互联网时代已经到来。于是，他抓住农业农村部开发推广中国农技推广APP的契机，向海绵一样不断吸取现代信息技术知识，不断适应现代农技推广的需求。

在袁群城手机的中国农技推广APP、微信交流平台上，他总是尽自己所能耐心地解答各地网友提出的问题，"玉米在三叶一心时要及时下提苗肥，否则影响株壮和产量""水稻三叶'氮断奶期'要及时追氮肥""黄烟－玉米－大白菜高产栽培技术试验探讨""黄烟主要病害的发生和防治对策"等解答和建议得到了大量网友的点赞。面对网友的好评，袁群城的反应很平淡："我觉得这是我应该做的，是国家的好政策让我接受教育，是工作过程中与老百姓共同努力积累得来的知识和技术，应该让更多的老百姓去分享。"登录中国农技推广APP，个人用户清晰地记录着：回答问题8 795次，上传日志197次，上报农情89次，积分43 002分，全国排名第542，广东省排名第6。在100多人的微信工作群中，提示音响个不停，群里有40户科技示范户、20多个种养大户。"现在通信发达就是好，不用到处跑，农户有什么问题一点就马上能够解决。去年新兴村村民叶小军反映说被一种红色的蚂蚁咬了又痒又痛，根据他发的图片咨询，是新物种红火蚁，危害性很大。在上级的支持下，很快调用药物进行灭杀，及时防止了更多村民被咬。"说起这些"小事"，袁群城满是欣慰。

伤农坑农的"防火墙"

基层农技站是各种农资推向农民的把关机构，是老百姓购买放心农资的安全保障，一些推销假冒伪劣农资的不法分子便想方设法用低成本高利润打通销售渠道。每次遇到这种人，在袁群城面前结果只有一个，就是没门。"农技站是国家设立的社会服务机构，我是一名国家工作人员，这种缺德事能干么？老百姓辛苦一年就因为你一包假肥、一瓶假药而白费了，有时讲到他们都不好意思了。""袁老师"就是一个这么犟的人。

袁群城在工作日志中写道："我愿是一颗优良的种子，带给大地丰收的同时，也带给农民喜悦！"

工作成效

一、精华问答

1. 无花果幼苗期怎么管理？

答：无花果幼苗期间要加强施肥管理，同时做好病虫害防治。

问答管理

罗跃梁 ⊙ 福建省三明市清流县 | 2019-04-28 11:07

无花果幼苗期怎么管理？

全部答案(28987541)

王建新 [农技人员] 无花果幼苗适当追肥浇水，很好管理。	♡0 | 💬0	删除
颜正兵 [农技人员] 无花果很好长，适当肥水管理就可以了。	♡0 | 💬0 2019-04-28 11:07	删除
袁群城 [农技人员] 无花果幼苗期间要加强施肥管理，同时做…	♡0 | 💬0 2019-04-28 11:10	删除
孙爱军 [农技人员] 无花果树苗的栽培主要有三个步骤。第…	♡0 | 💬0 2019-04-28 11:10	删除
	♡0 | 💬0 2019-04-28 11:14	

2. 图片上的茶苗该怎么管理？

答：图片上的茶苗长势不好，需要除草、培土施肥、做好病虫害防治工作。

问答管理

方勇　安徽省黄山市祁门县 | 2019-04-28 10:59

图片上的茶苗该怎么管理？

全部答案(28986520)

李鹏 [农技人员] 图片上的茶苗及时清理残株后进行补救新品…　　　　　　　🗑 删除
　　　　　　　　　　　　　　　　　　　　　　　♡0 ｜💬0　2019-04-28 10:58

袁群城 [农技人员] 图片上的茶苗长势不好，需要除草、培土施…　　　　🗑 删除
　　　　　　　　　　　　　　　　　　　　　♡0 ｜💬0　2019-04-28 11:00

二、精华日志

1. 服务时间：2019年4月19日　服务类型：进村入户

连日来高温高湿的天气严重影响烟叶生长，部分烟田出现白粉病和花叶病。今天到烟田开展病虫害技术指导工作。

2. 服务时间：2019年4月23日　服务类型：政策宣传

图为乳源县洛阳镇采摘节宣传工作活动现场，县、乡镇领导出席并指导工作。

三、精华农情

上报时间：2019年4月20日　上报类型：苗情

目前是多雨季节，气温也较高，农作物易诱发各种病虫害。目前烟叶长势较旺，对于高温高湿的气候，要注意排水沟畅通，烟田不能积水，加强肥水，做好病虫害防治工作。

奉献青春为农业

——广西壮族自治区钦州市钦南区那丽镇农业技术推广站　黄成轩

在美丽的钦州湾畔，有一位为农业奉献青春36年的农艺师。他就是钦州市钦南区那丽镇农业技术推广站干部、共产党员黄成轩。黄成轩于1983年7月毕业于广西玉林农业学校植保专业，1996年至2018年3月任那丽镇农业技术推广站站长，2018年晋升为高级农艺师。36年来，他为农民开辟了科技致富新道路。那丽的辣椒、黄瓜产业市场已成为全国知名的南菜北运市场。

调整产业结构　助农增收

作为那丽冬种辣椒的创始人，黄成轩于1989年引种辣椒常规品种——保加利亚尖椒2号回本镇种植。从2005年开始，引进了多种杂交辣椒新品种，共引进尖椒、线椒、螺丝椒、杭椒、陇椒等系列品种，优化种植结构，实现品种更新换代。目前全镇每年种植辣椒1.6万亩，种植户数占90%，总产量4万吨，产值1.6亿元。辣椒成为那丽镇农民收入的主要来源，辐射周边乡镇种植7万亩，产量17.5万吨，产值7亿元。产品远销全国20多个省市，成为广西最大的辣椒北运基地。

2013年，全镇推广新品种地膜覆盖面积1.6万亩，覆盖率100%，辣椒提前20天上市，增产30%；提高辣椒品质，每亩增收1 600元。2013年，"农作物'三避'栽培综合技术示范推广"获钦州市科技进步奖二等奖。

创新服务　扶持特色产业

创新基层农技推广方式和服务机制，落户那丽的广西钦州市嘉园农商开发有限公司建成一个占地50亩的辣椒批发市场和4 000平方米的蔬菜冷库，使全镇辣椒延长采收时间40天，每亩增收1 500元，全镇增收2 400万元，增收23%。2015年，那丽辣椒被中国蔬菜流通协会评为"中国十大品牌生产基地"；培育农业社会化服务组织，扶持成立钦州市钦南区那丽镇电昌蔬菜专业合作社，获AAA级示范社，2015年被评为广西农民合作社示范社，2016年被评为钦州市农民专业合作社示范社，产品获广西农业厅无公害农产品产地认定；积极开展高素质农民培育；积极引进扶持特色农业开发，全镇引进种植柑橘2 500亩、火龙果500亩、百香果300亩。

实施"20万亩甘薯多用途优质品种及配套高产技术推广"项目，引进的品种平均亩产1 720千克，比对照增产340千克，增产25%。项目2004年获广西农牧渔业丰收奖三等奖。主持广西科技厅项目"桂科能0815010-3-4"钦南区那丽镇黄瓜专业技术协会服务体系建设示范课题，于2008年1月至2009年12月实施，建立协会农业信息平台，培养信息员2人，发布信息1万多条，培训农民285

人，示范面积250亩，平均亩产2 350千克，亩增产650千克、增收650元，果实优质率85%以上，提前10天上市。

组织实施全镇"全国晚稻高产创建项目"，推广超级稻和优质稻品种，良种覆盖率达100%；实施"多播一斤种，亩增百斤粮"工程；推广测土配方施肥技术、水气平衡技术、病虫害综合防治技术；加强技术培训和技术指导，实施面积10 000亩。项目通过了广西农业厅测产验收。2012年10月2日，时任自治区党委书记郭声琨、副书记危朝安以及市委、市政府领导一起，到那丽镇水稻高产示范片调研指导，得到了领导们的高度评价。

加强学习　提高服务能力

中国农技推广APP开通后，黄成轩积极参加线上学习，当遇到困难时，便通过平台提出问题，同时积极回答同行提出的疑难问题。他认真学习外地同行的先进经验和管理技术，及时了解行业动态。经常进入系统内通过"知识资源"中的网络书屋、精华文章、农科讲堂、实用技术等阅读学习和听讲，充实自身知识，利用"农技员实用工具"解决工作和生活中遇到的难题，通过"交流群"了解外省市先进的农业管理模式和经验做法，学习了解农业方面的法律法规、农业生产经营政策、病害识别、新技术和农技知识等，通过培训、下村服务等方式，及时传授给农民群众，实现了农业信息服务从产前、产中、产后的全程服务与指导，从而不断提高服务能力，为指导农民搞好农业生产打下良好的基础。

硕果累累　不骄不躁

由于工作上的突出表现，黄成轩曾多次获得各种奖项。1997—2002年、2003年被评为广西壮族自治区农业技术推广先进工作者；1998年、1999年、2001年被评为全区科普先进工作者；2003年被授予钦州市第四批优秀青年科技人才；2004—2010年被评为全市农业系统先进个人；2006—2007年被评为广西百万农民党员大培训先进个人；2006—2011年连续6年被聘为钦州市科技特派员并获得"先进个人"称号；2000年、2001年、2004年获广西农牧渔业丰收奖三等奖；2000年获广西农牧渔业丰收奖一等奖和农业部农牧渔业丰收奖二等奖；2014年黄成轩主持的农作物"三避"栽培综合技术示范推广项目获得钦州市科学技术进步奖二等奖。

几年来，广西电视台《走进农家》节目主持人李朝珍及其节目组曾先后两次到那丽，邀请黄成轩介绍那丽辣椒发展种植情况，录制《走进农家》辣椒节目并播出。钦州市电视台《社会关注》节目组也到那丽采访黄成轩及其家人，介绍他本人的工作经历和情感生活，录制播出《社会关注》节目，并分别录制辣椒、黄瓜科技讲座，同时经常录播辣椒、黄瓜等新闻节目。

36年的坚守，36年的奉献，黄成轩一心一意为农民，奉献了自己的青春，他在农民群众中也享有了很高的威望，在平凡的岗位上始终践行着一个共产党员的承诺。

工作成效

一、精华问答

1. 西红柿黑点根腐病有哪些化学防治？
答：用五氯硝基苯作土壤消毒，用甲霜噁霉灵灌根。

何佳 | 四川省巴中市南江县 | 2019-05-07 07:09

西红柿黑点根腐病有哪些化学防治？

全部答案(3)

黄成轩 [农技人员] 用五氯硝基苯作土壤消毒，用甲霜噁霉灵灌根。	♡5	💬0	2019-05-07 07:59 🗑 删除
赵云宗 [农技人员] 发病初喷洒75%百菌清可湿性粉剂500倍液，用70%甲基托布津800倍液，45%特克多悬浮剂1 000倍…	♡22	💬0	2019-05-07 08:24 🗑 删除
符铁 [农技人员] 发病初喷洒75%百菌清可湿性粉剂500倍液，用70%甲基托布津800倍液，45%特克多悬浮剂1 000倍…	♡1	💬0	2019-05-07 09:18 🗑 删除

2. 下乡发现黄瓜得了病害，是霜霉病还是角斑病？发病原因是什么？

答：霜霉病、角斑病混发，由土壤带菌、密度湿度大引起。

郭永祥 | 河南省新乡市获嘉县 | 2019-05-07 08:14

下乡发现黄瓜得了病害，是霜霉病还是角斑病？发病原因是什么？

全部答案(5)

黄成轩 [农技人员] 霜霉病、角斑病混发，由土壤带菌、密度湿度大引起。	♡0	💬0	2019-05-07 08:42 🗑 删除
张雅慧 [农技人员] 既有霜霉病，也有角斑病！可能与水分湿度大有关系！	♡0	💬0	2019-05-07 08:54 🗑 删除
权晓弟 [农技人员] 霜霉病、角斑病混发，由土壤带菌、密度湿度大引起。	♡0	💬0	2019-05-07 09:36 🗑 删除
张志雄 [农技人员] 霜霉病和角斑病混发，高温高湿引起。	♡0	💬0	2019-05-07 13:55 🗑 删除
高冬冬 [农技人员] 霜霉病、角斑病都有。这两种病是由土壤带菌、密度湿度过大引起。	♡0	💬0	2019-05-08 04:18 🗑 删除

3. 春植露地黄瓜枯萎病的防治措施？

答：实行轮作，合理密植，控制湿度，用咯菌腈灌根。

张志雄 | 广西壮族自治区钦州市钦南区 | 2019-05-04 09:17

春植露地黄瓜枯萎病的防治措施？

全部答案(2)

黄成轩 [农技人员] 实行轮作，合理密植，控制湿度，用咯菌腈灌根。	♡9	💬0	2019-05-04 09:28 🗑 删除
巩相泉 [农技人员] 采取合理轮作换茬，施用腐熟有机肥，起垄栽培，科学运用肥水，防治田间积水，选用多菌灵、乙蒜…	♡3	💬0	2019-05-04 11:20 🗑 删除

二、精华日志

1. 服务时间：2019年3月3日　服务类型：业务包村

今天值班，乡镇农户带来辣椒病害咨询，目前根腐病危害较重，应该引起重视，以预防为主。

2．服务时间：2019年4月10日　服务类型：进村入户

今天到辣椒品种种植试验基地，指导辣椒施肥管理及病虫害防治技术。

3．服务时间：2019年4月25日　服务类型：进村入户

今天上午，随同市水果局、区植保植检站技术人员到柑橘种植基地检查黄龙病发生情况、指导红蜘蛛及溃疡病防治。

三、精华农情

上报时间：2019年4月16日　上报类型：病虫草害

辣椒褐斑病发生在今年呈上升趋势，感染病菌后造成落叶，病果有黑斑无法出售，可用氟硅唑或异菌脲防治。

农民难题找"蔡哥"
网上推广路子多

——重庆市大足区智凤街道办事处农业服务中心 蔡世伦

"蔡哥"今年57岁，有人认为这是做"调研"的年龄。可他的工作却出乎人们的意料，常年在田间地头奔走，特别是农业大户，哪家有困难哪家就有他的身影。人们都亲切地称他为"蔡哥"，坊间流传"农民难题找蔡哥"。

这位"蔡哥"，就是重庆市大足区智凤街道办事处的农技推广员蔡世伦。

爱上"中国农技推广APP"没商量

2017年底，大足区农委组织开展全区中国农技推广APP应用培训，好奇的蔡世伦没有放过这一学习机会。

登录中国农技推广APP平台，"我的问题""我的文章""科技服务""农技问答""农情快报""智慧农技"等栏目，让人眼界大开。在农技推广战线工作了30多个年头的蔡世伦，方才感觉自己原来是"井底之蛙"。

"如果我们的农民朋友特别是种养专业大户都能用上，我们'三高'农业不就大大提速了吗！"蔡世伦常想。

此刻，蔡世伦意识到了作为一名农技推广员那份沉甸甸的新使命。一年多来，无论是在白天、夜晚，还是在周末，浏览、写日记、写心得、写农情、提问题成了他不可或缺的"一日三餐"。

当初，作为妻子的徐永淑感觉"老蔡"越来越不对劲，心里直犯嘀咕："这家伙一天到晚都拿起手机写写画画，是不是和哪个'妖精'好上了哟。"

"老太婆，你不懂哟。现在要学的东西多得很。你看嘛，秧苗烂秧怎么治？彩色水稻怎么搞？土豆怎么深加工？这手机上你想要什么有什么，不懂的可以提问，全国各地的专家都帮你解答，不得了。"

老伴虽然似懂非懂，但相信了老蔡。而老蔡自此成为不折不扣的"低头族"，吃饭、走路、睡觉都离不开中国农技推广APP平台这个宝贝疙瘩。

自参加培训以来，老蔡登录中国农技推广APP平台已逾500次，提出"适合大足地区种植的柑橘品种"等问题2 566条，回答全国同行提出的问题2 526条，撰写学习心得、日记及所见所闻日志1 443条，上传"冻害天气、病虫害发生与防治、苗情"等农情48条，撰写社区文章452条。目前，积分在全国排名第248位。

"热炒热卖"助力业主增收

蔡世伦所在的智凤街道办事处，尽管地处大足区城郊，但由于地理位置特殊，近年来吸引了30多家农业投资者投资特色农业。

"老蔡，我种的蓝莓怎么不长啊？"2017年冬季的一天，在登云社区投资蓝莓种植的业主唐钢给蔡世伦打来电话。

老蔡急业主所急，随即在中国农技推广APP平台发出询问，详细介绍了当地气候和土壤等情况。

原来，当地土壤的pH一般在6以上，而种植蓝莓对土壤的要求是呈微酸性，即pH 4.5 ～ 5.3最好。

"蔡哥"多方咨询、多方查找资料，与唐钢共同施策，以改良土壤为突破口，对一期50亩土地使用物理配方进行科学改良。其中，大量使用牛粪、猪粪、羊粪、锯末等，并对园地进行多次深翻熟化，深度约30厘米，确保了土壤疏松。

"每亩土地进行科学改良的投入约为2万元。"蔡世伦说。对于蓝莓种植，这是最重要的一步。因为土壤pH过高，会造成蓝莓缺铁失绿，生长不良，产量降低甚至植株死亡。土壤pH过低，也会造成蓝莓生长不良甚至死亡。

功夫不负有心人。2018年仲夏，一株株半人高的灌木丛里挂满了蓝紫色的蓝莓果实，晶莹剔透，格外诱人，吸引了大足城区无数游客前去观光采摘。果子不出基地就销售一空。

更让老蔡引以为豪的是，唐钢引种的蓝莓基地及其产品，先后获得了无公害农产品产地认定证书和绿色食品证书。

智凤八里村，20年前是大足有名的千亩藤梨基地。但时过境迁，树冠老化，管理不到位，口味欠佳，严重缺乏市场竞争力。村民不知如何是好。

"去找蔡哥想办法。"村支书冯定金说道。

老蔡根据多年的经验和查询资料，提出高接换种。自2016年以来，采用金冠青皮梨嫁接已达1万余株。同时，与村委会一道开办"田间学校"，加强树冠整枝整形和肥水等管理培训。2018年藤梨总产量达8万千克，在改良背景下，仍获得了30多万元的收入。

"要不是老蔡的帮助，恐怕3万元都没有。"老农李光季评价说，"老蔡讲的知识实在、好懂，我们用得上。"

互联网助黄花菜当天进入北京城

北京市民当天能吃上智凤产的鲜黄花菜，你信吗？这是千真万确的事。

2013年，智凤高笋村村民梁贞德从外地回到老家流转土地近600亩，规模种植金针黄花菜。3年后进入盛产期，亩产达到2 500千克，总产量达到150吨左右。大足及重庆市场吃不了，怎么办？年过半百的梁贞德急得团团转。

"梁总，现在的互联网这么发达，为什么不去开展网络销售。"2017年黄花采收时节，蔡世伦获悉梁贞德的情况后，立即帮助在网上寻找买家。

"喂，梁总吗？我是北京新发地蔬菜批发市场，我们可以合作。"就这样，双方谈好价格后，利用重庆江北机场物流优势，当年6月15日上午，就将首批300千克鲜黄花菜空运北京，首都市民当天晚上食用上了智凤鲜菜，当年仅此销售达到10余吨。

自此一发不可收。在梁贞德及他的富足蔬菜种植股份合作社带领下，2018年仅梁贞德鲜销达130多吨，其中北京市场就达30吨。

2017年11月，蔡世伦随区农委工作人员到登云村"大足区一律红生态专业合作社"检查示范户种植情况时，示范户周祖彪反映其种植的草莓大量上市的时候存在销售难题。他立即帮助周祖彪利用互联网建立销售门面，通过线上线下结合，打开了销售渠道，解决产品集中上市滞销的难题。

2018年，"一律红"草莓基地产果达20 000余千克，网上销售近50％。业主周祖彪高兴地说："我能在这么短时间走出困境，全靠'蔡哥'点拨哟。"

……………

"蔡世伦的工作是平凡的，但他充分利用'互联网＋农技推广'服务'三农'，让农民和业主实实在在地增加了更多的获得感，值得每一个农技推广员学习。"大足区农委主任黄克诚评价说。

工作成效

一、精华问答

1. 同仁们，这图片上就是传统的插秧方式，你们处也还有这样的栽秧模式吗？

答：这是丘陵和山区的农耕特色，也是原始的农耕文化，我觉得应该传承下去。

问答管理

黄萍　重庆市市辖区大足区　2019-04-28 22:36

同仁们，这图片上就是传统的插秧方式，你们处也还有这样的栽秧模式吗？

全部答案(29005936)

陈刚权 [农技人员] 现在一家一户的种田，小规模的还有传统的栽… ♡0 ｜💬0 2019-04-28 22:16 删除

梁志仁 [农技人员] 我们山区大都是这种插秧的，只有大面积的平… ♡0 ｜💬0 2019-04-28 22:17 删除

刘茂琼 [农技人员] 有这种插秧模式，但大部分采用机插秧了！ ♡0 ｜💬0 2019-04-28 22:17 删除

张明贵 [农技人员] 很少了，个别地方老人在家种田的基本采取老… ♡0 ｜💬0 2019-04-28 22:17 删除

蔡世伦 [农技人员] 这是丘陵和山区的农耕特色，也是原始的农耕… ♡0 删除

2．图片上的水稻苗为什么叶尖发黄，什么原因造成的，应该如何防治？

答：水稻秧苗叶尖发黄原因很多，因肥、水、风、药、日晒都有可能引起发黄。应对症施治、精细管理、合理施肥用药。

问答管理

华淑英 ⊙ 黑龙江省佳木斯市抚远县 │ 2019-04-28 22:15

图片上的水稻苗为什么叶尖发黄，什么原因造成的，应该如何防治？

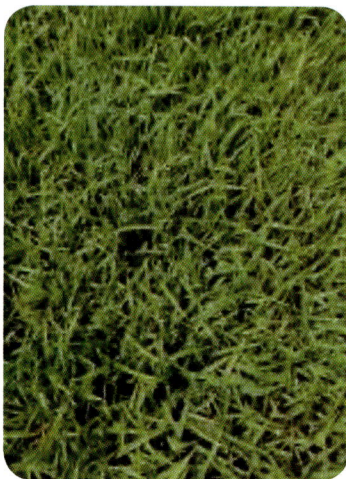

全部答案(29024476)

| 蔡世伦 [农技人员] 水稻秧苗叶尖发黄原因很多，因肥、水、风… | | ♡ 0 │ 💬 0 │ 2019-04-28 22:09 | 🗑 删除 |
| 郭宝海 [农技人员] 普遍现象是棚内温度过高，营养供应不足。 | | ♡ 2 │ 💬 0 │ 2019-04-28 22:12 | 🗑 删除 |

3．菠菜种植时茎枯病及危害有哪些？

答：该病主要危害幼苗的嫩茎。幼苗茎基部呈浅褐色水浸状，很快湿腐、缢缩，幼苗尚未凋萎已猝倒，不久整个幼苗枯萎死亡。

问答管理

一般用户 ⊙ 辽宁省鞍山市海城市 │ 2019-04-28 21:29

菠菜种植时茎枯病及危害有哪些？

全部答案(29005433)

| 刘伟 [农技人员] 菠菜茎枯病主要危害种株，初在茎上形成大小… | ♡ 0 │ 💬 0 │ 2019-04-28 22:02 | 🗑 删除 |
| 蔡世伦 [农技人员] 该病主要危害幼苗的嫩茎。幼苗茎基部呈浅褐… | ♡ 0 │ 💬 0 │ 2019-04-28 22:03 | 🗑 删除 |

二、精华日志

1．服务时间：2019年4月28日　服务类型：学习观摩

菠菜茎枯病主要危害幼苗的嫩茎。幼苗茎基部呈浅褐色水浸状，很快湿腐、缢缩，幼苗尚未凋萎已猝倒，不久整个幼苗枯萎死亡。

2．服务时间：2019年4月28日　服务类型：学习观摩

小叶榕在日常养护中，肥水管理很关键。若施肥过多，它的叶子太嫩，很容易受日光或冷空气伤害，因此应尽量施薄肥。

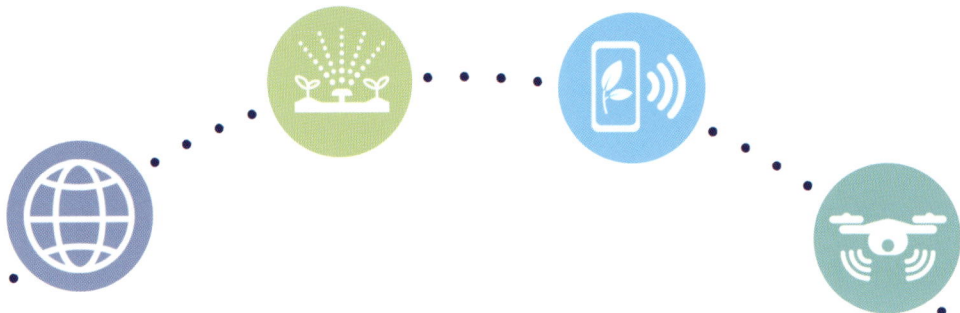

扎根山区的农技推广"战士"

—— 四川省江安县仁和乡农村经济技术服务中心　莫章秋

生于1971年的莫章秋依然形容自己为年轻人，他个头矮小，皮肤黝黑，但脸上时常挂着明朗的笑。挽着裤腿，一双胶鞋，一个布包，他用自己的方式丈量着仁和乡的土地。他说："虽然挡不住光阴流逝，但服务农业农村的心永不老。"

执着为山区　无悔青春梦

1995年，莫章秋从宜宾农业学校毕业，毅然选择到江安县最偏远的山区乡镇仁和乡工作。别人不理解，他却坚定地说："我是一个农家娃，生于仁和长于仁和，那里的情况我最了解，如今我要用自己所学报答养育我的那片土地。"怀有如此抱负，尽管有多次摆脱艰苦环境的机会，他却二十四年如一日地行走在仁和的田间地头，从技术员到现在的仁和乡农村经济技术服务中心主任、农艺师，变的是职务，不变的是对农村事业的执着。都说"铁打的营盘流水的兵"，他却说"我偏要做'铁打的兵'。在这儿，还有很多事儿要干"。当年帅气的小伙如今也头发渐白，他的眼神里依然迸发着青春的激情。

一心做推广　实干解民忧

"脱贫攻坚工作贡献奖"、"新农通"优秀信息员、"先进个人"……如今的他诸多荣誉集于一身，却从未停歇前行的脚步。"荣誉仅仅是对工作的一种认可，技术推广才是我的职责"，这是莫章秋的口头禅，也是他的工作写照。

仁和乡是稻瘟病常发区，为降低病发率，保障农户生产效益，莫章秋和同事们准备好干"持久战"。经过广泛召开院坝会、发放技术资料、利用"村村通"广播、办专栏等方式向群众宣传稻瘟病防治技术，对发生频率比较高的鹿鸣村、石仓村、同太村、保证村，从水稻播种到收割（每年2～8月）坚持每星期不少于一次深入田间进行实地查看，了解病害趋势。经过长期奋战，终见成果，近年仁和乡未见大面积稻瘟病发生。

为百姓增效益，莫章秋不遗余力。2014—2018年，在仁和乡石仓、义合、佛耳、同太、鹿鸣、保证、来龙、伏龙、青年等村实施科技示范户项目，共遴选出约180户示范户进行项目推广。新发展了水果种植1 250亩，规模生猪养殖8户，规模水产养殖21户，规模土鸡养殖75户，发展经济林（红豆杉、山桐子）3 000余亩。2015—2017年，在县农业局指导下，在同太村实施秸秆还田项目，每年实施100亩，累计在仁和乡实施了300亩秸秆还田，减少化肥使用量近15吨，有效节约行政村成本。

2014—2018年，配合县农业局开展测土配方施肥项目，仁和乡116个村民小组分别进行土壤取样，并按实际对全乡13 800亩田土开展配方施肥，土壤结构得到有效改善，取得显著成效。

这一串串数字，是莫章秋的成果展，也是仁和乡的农业发展记。

运用新平台　科学增效益

仁和乡地处偏远，道路难行，还有部分村组未通公路，常常为一次技术指导，莫章秋得走上好几个小时山路。近年来，国家大力提倡科技助农，这可为他省了不少力。莫章秋灵活运用互联网工具，创新开展农技推广工作，不仅为农户解决技术难题，还为业主解决销路问题。

截至2019年3月，莫章秋使用中国农技推广APP在线解答技术问题16 075次，获得好评1 147次，上传日志2 901篇，上传农情403篇，中国农技推广APP积分排行名列四川省前十。同时，他使用E农通、农业科技网络书屋等在线学习交流，不断充实自己，提高农技服务水平和能力。

2017年8月，仁和乡鹿鸣村村民吴国文反映，家中水稻长势参差不齐。莫章秋到达现场查看后，一时不能准确判断病因，便立即打开中国农技推广APP，上传图片，请教同行。不一会儿，就收到了回复，成功解决了技术难题。

2018年5月，了解到同太村张森林承包了大片苦竹，找不到合适的竹笋销售渠道。莫章秋通过中国农技推广APP发布销售信息，短时间内，张森林家及周边的苦竹笋均被经销商收购，并建立了长期合作的意向。中国农技推广APP为农产品销售提供了捷径。

莫章秋运用中国农技推广APP让更多人了解江安、认识仁和。不管在工作中还是生活中，他坚持将信息、动态上传到APP，引起了越来越多的人对江安农业的关注。

为扶贫远赴凉山　以真诚奉献土地

2018年6月，莫章秋响应号召，到凉山彝族自治州援彝开展精准脱贫攻坚工作。作为驻村干部，及时了解工作职责，在第一书记带领下深入走访农户，了解农户实际情况。

莫章秋所在的阿候瓦觉村，海拔2 000米以上，村集体经济为零。为改变贫困现状，驻村工作队引导村集体通过土地流转采取公司负责回收产品的形式，试种辣椒60亩，由公司统一供种，工作队负责技术指导，亩产达1 500千克以上，除去股东分红等，村集体获得了2 896元收益。来年种植规模将扩大到1 000 ～ 1 500亩。

2018年8月，村民阿尤打几反映：他引种的100亩樱红李叶片异常，希望给予帮助。莫章秋马上组织技术人员赶赴果园进行实地察看。经过会诊，查找出病因，并指导科学用药及管理，李子树也很快恢复正常。至此，村民更加信任援彝干部。莫章秋用自己的真诚付出，赢得了当地群众对援彝干部的认可。

莫章秋所在的仁和乡属于四川省江安县最偏远的山区乡镇，而援彝所在地阿候瓦觉村条件也相当艰苦。他说自己在农村长大，深知像仁和山区一样的地方，村民对农业生产抱有很大的期望甚至是唯一的指望。无论条件多艰苦，他都愿意为改善农业农村现状贡献自己的一份力量。

一个农家娃，一份农业情。莫章秋奋斗在基层农技推广战线20多年，为农业兢兢业业、任劳任怨、甘于奉献、敢于创新，用过硬的专业知识和创新的互联网推广方式为农民朋友带来了效益，也为基层农技人员树立了新时代农技推广榜样。

工作成效

一、精华问答

1. 哪种竹子的竹笋食用价值最高？
答：我们当地认为慈竹笋味道不错。

问答管理

> 曾依剑 ⑨ 四川省宜宾市江安县 ｜ 2019-04-27 11:49
>
> 哪种竹子的竹笋食用价值最高？

全部答案(28954520)

滕玉明 [农技人员] 当然是元竹的竹笋食用价值高。	♡ 0 ｜ 💬 0	2019-04-27 11:54 🗑 删除
莫章秋 [农技人员] 我们当地认为慈竹笋味道不错。	🗑 删除	
	♡ 0 ｜ 💬 0 2019-04-27 12:21	

2. 猪场消毒一般使用什么药剂？
答：猪场消毒可以使用的药品多，应该因地制宜对症下药。

问答管理

> 曾依剑 ⑨ 四川省宜宾市江安县 ｜ 2019-04-27 11:10
>
> 猪场消毒一般使用什么药剂？

全部答案(28956017)

刀泰清 [农技人员] 猪场消毒一般使用石灰药剂？	♡ 1 ｜ 💬 0	2019-04-27 11:47 🗑 删除
宁静致远 [农技人员] 碘酊、来苏儿、火碱、过氧化氢、龙胆紫等。	♡ 1 ｜ 💬 0	2019-04-27 11:50 🗑 删除
莫章秋 [农技人员] 猪场消毒可以使用的药品多，应该因地制宜对…	🗑 删除	
	♡ 1 ｜ 💬 0 2019-04-27 11:59	
赵登峰 [农技人员] 猪场一般消毒用复合酚、消毒威、消毒灵等消…	♡ 1 ｜ 💬 0	2019-04-27 13:17 🗑 删除

3. 图片中那个是桃树流胶吗，如何才能治疗？

答：桃树流胶是一种病，应该因地制宜使用硫酸铜或硅肥。

问答管理

徐洲 ♀ 四川省宜宾市江安县 | 2019-04-27 09:06

图片中那个是桃树流胶吗，如何才能治疗？

全部答案(28967979)

马永利 [农技人员]	使用硅肥、硫酸铜涂刷树干可以防治桃树流胶病。	♡ 0 | 💬 0	2019-04-27 09:45 🗑 删除
莫章秋 [农技人员]	桃树流胶是一种病，应该因地制宜使用硫酸铜…	🗑 删除
		♡ 0 | 💬 0	2019-04-27 10:02
尹相前 [农技人员]	桃树流胶是居流胶病，可用人工刮去病部，用…	♡ 0 | 💬 0	2019-04-27 20:51 🗑 删除

二、精华日志

1. 服务时间：2019年4月27日　服务类型：业务包村

牛牛坝乡腾地阿莫村工作队联系社会爱心企业为村小学捐赠400余套校服及若干箱文具。

2．服务时间：2019年4月28日　服务类型：业务包村

屏山县龙华镇结合实际，积极引导贫困户发展主导产业、特色产业。今年，全镇计划新建生猪代养场2个、招商引资新建茶叶加工厂3个、新发展羊肚菌150亩、食用笋1 000亩。

3．服务时间：2019年4月28日　服务类型：业务包村

高县农业农村局采取分片巡回培训方式，强化基层畜牧兽医站干部、从业人员、管理人员、防疫人员的重大动物疫病防控意识。

植保战线上的"服务之星"

——四川省资中县植保植检站 吴国斌

扎根基层30余载，他与"植保"结下了深厚情谊。

在外人眼里，他是声名远播、成绩骄人的农技推广专家。

在他本人眼里，自己不过是个天天跟植物病虫害打交道的农民。

这位看上去身材墩胖、头发泛白、皮肤黝黑的"庄稼保护神"，就是四川省资中县植保植检站副站长、推广研究员吴国斌。

———

1987年7月，吴国斌从西南农业大学毕业，品学兼优的他选择回到家乡——资中县农业局植保植检站工作。从报到那一天起，他就立志把做好病虫测报、病虫防治工作作为人生追求的目标，一干就是32年。

资中县，100万人口的传统农业大县。一直以来，农业是农民收入的主要来源之一。血橙柑橘、水稻、玉米、油菜、花生是资中县的五大特色农业产业。吴国斌深知，做好农业特色产业病虫测报、防治工作，是确保全县农业增产增收的关键。

"病虫测报是农作物病虫防治工作的基础，是各级行政领导决策作物病虫防治、指导广大农户防治病虫害的科学依据。"吴国斌说，任何时候都马虎不得。

根据省、市、县农林局等部门部署，吴国斌组织带领植保植检站测报人员，不畏烈日露晒、不怕露水湿衣、不惧寒风刺骨、不惜泥土裹衣裤，足迹遍布全县300多个村的田间地头。

"作为农民的儿子，我要为广大农民服务一生、奉献一生。"吴国斌如是说。

早上，趁着田间露水未干赶数蛾子；中午，顶着烈日查找虫卵；晚上，打着手电筒开灯诱蛾。蚊虫叮咬手腿，稻叶、玉米叶、甘蔗叶划破手臂和脸部，田中砖头瓦块扎伤脚丫，都是常有的事。吴国斌并不言苦言累。每当第一手数据收集到手，他脸上都会露出会心的微笑。

"数据没有通过现代传输工具及时传输，我们的病虫测报工作都只能算完成了一半。"吴国斌说，我们必须采用"互联网＋农技推广"现代信息服务手段，打通病虫测报工作"最后一公里"。

于是，吴国斌带领团队通过网络邮箱、手机短信、中国农技推广APP和有线电视等现代技术手段将病虫信息及时准确地发送到乡镇及广大农户，指导全县各作物病虫的防治工作；将病虫发生情况适时发布和上报农业农村部和省、市上级业务主管部门，为更大区域病虫的防治提供决策依据；通过网络和中国农技推广APP分享，使更多的人能及时准确地了解和掌握当地病虫发生区域、发生程度、发生时间等基本信息，为农作物病虫的防控提供指南。

二

病虫测报是病虫防治的基础，病虫防治是农业增产增收的关键。

吴国斌在示范推广植保新农药、新技术和新药械上狠下功夫。

通过网络和中国农技推广APP分享查阅相关农药、药械和施用技术信息，以减少农药用量和保障农产品生产安全。

在实践中，吴国斌先后参与推广了色、光、性"三诱"技术和稻鸭共作技术，安装频振灯、挂黄板和采用性诱剂诱杀害虫，实施面积20余万亩次。建立水稻绿色防控示范区3个，面积3.3万亩；建立柑橘绿色防控示范区2个，面积2.33万亩；在绿色防控示范区设立了四川省植保站统一制定的标牌，并采用多种绿色防控技术集成，起到了很好的示范和带动作用。

同时，吴国斌把目光投向农药防治试验示范上，积极组织参与。

通过多年的工作，带领团队试验筛选出了适合资中县农作物病虫防治的BT乳剂、吡蚜酮、爱苗、世高、四霉素、百泰、绿颖矿物油等近30种新的杀虫剂、杀菌剂，每年数十次上"讲台"给数万农民普及病虫防治知识，每年为农户开出近1 000份"药方"，精准治疗农作物的"疑难杂症"，为广大农户带来"福音"。

不仅如此，吴国斌还积极推广烟雾机、担架式喷雾机、WS-16手动喷雾器和植保无人机等先进施药工具的防治示范以及全县病虫害的统防统治工作。其中，引进推广无人机专业化防治水稻螟虫5.5万亩次，防治成本降低约30％，防效92.4％，高于其他药械防治效果5 ～ 10个百分点，为资中县农业增产增收发挥了重要作用。

三

"信息技术贯穿于现代农业发展过程中，对建立现代化农技推广体系具有重要作用。"吴国斌深谙其理。

为此，他积极参与中国农技推广APP提问、解题、上传日志等活动，利用平台解决工作中的具体问题，并取得实际成效。

截至2019年4月上旬，在参与中国农技推广APP活动中，已提问500余次，解题15 840余次，其中受好评2 076余次，上传日志250篇，上报农情34次。

2017年11月16日，根据资中县农技员刘晓华在中国农技推广APP上的提问，吴国斌发现了疑似柑橘溃疡病。吴国斌及时与本站植检人员进村入户实地观察并采样送权威机构检测，证实了刘晓华所提问的图片上柑橘叶感染了检疫性溃疡病。因发现早，并及时对全园柑橘树苗进行烧毁处理，防止了柑橘溃疡病的传播和蔓延，保护了全县30余万亩柑橘的安全生产。

吴国斌表示，通过中国农技推广APP提问，提高了自身农技推广水平；通过解题将自己的知识和经验传授给他人，解决了生产中的实际问题；上传日志使自己的工作得到了系统记录，让领导和业务部门了解了农技人员的工作状况和精神面貌；上报农情让在线的领导、专家和农技人员对各地作物生长情况有一个全面的了解；通过浏览APP使自己了解了全国农技推广政策和主要技术，开阔了眼界、拓宽了视野，受益匪浅。

四

作为基层农技科技推广工作者，吴国斌并不满足于现成农业科技的推广普及，总是利用自己的实践经验和扎实的理论基础，积极开拓创新，主持、参与一个个科研项目，先后获得科研成果奖15项。他主持、参与完成的"四川水稻病虫绿色防控技术研究推广"等科研课题，获得了全国农牧渔业丰收奖二等奖，四川省科技进步奖二等奖、三等奖等。

吴国斌还善于把实践上升为理论，撰写了一篇篇科研论文。《内江市植保专业化防治发展思路探讨》等科技论文，被评为内江市和资中县农学会学术优秀论文。

一分耕耘，一分收获。吴国斌所负责的测报工作——资中县植保植检站在2014—2018年的全省重点测报站考核中连续5年均达到优秀。他个人荣获了全国测报先进工作者、内江市五一劳动奖章、内江市"最美农业人"等殊荣30余项。

成绩属于过去，奋斗赢得未来。吴国斌站在新的起点上，怀着对农技推广事业的无比热爱，为作物减灾、农业增收、农民增效躬耕不辍，用智慧和汗水践行着为大地丰收、为农民微笑。

工作成效

一、精华问答

1. 这个花卉植物有臭味，它的名字叫什么？

答：应该是天竺葵。喜燥恶湿，浇水不宜过多，要见干见湿。

问答管理

凌昌秀 ⊙ 四川省内江市资中县 | 2019-04-29 07:43

这个花卉植物有臭味，它的名字叫什么？

全部答案(29016687)

林爱丽 [农技人员] 从图片上看是臭海棠花卉。	♡ 0 | 💬 0	2019-04-29 07:52	🗑 删除
杨黎明 [农技人员] 从图片上看应该是臭海棠花。	♡ 0 | 💬 0	2019-04-29 07:53	🗑 删除
老吴 [农技人员] 应该是天竺葵。喜燥恶湿，浇水不宜过多，要…	♡ 2 | 💬 0	2019-04-29 07:56	🗑 删除

2. 请问专家，金银花什么时候采收更好?

答：金银花始盛花期(约开花20%内)采摘比较适当。

问答管理

黄雪梅　四川省内江市资中县　│　2019-04-28 15:44

请问专家，金银花什么时候采收更好？

全部答案(29004214)

唐茂发 [农技人员] 金银花在每年的四月份采收。　♡0 │ 💬0　2019-04-28 15:53 🗑 删除

蒲改平 [农技人员] 金银花应在花蕾上部膨大呈白色时采收 …　♡0 │ 💬0　2019-04-28 16:07 🗑 删除

老吴 [农技人员] 金银花始盛花期(约开花20%内)采摘比较适当。　🗑 删除

3. 什么样的土壤不适宜免耕法?

答：个人认为，病虫害过重、沙性田和板结田不适宜免耕。

问答管理

凌昌秀　四川省内江市资中县　│　2019-04-28 14:46

什么样的土壤不适宜免耕法？

全部答案(28996300)

吴平 [农技人员] 残茬覆盖之后，土壤温度偏低，对寒温带和温 …　♡0 │ 💬0　2019-04-28 15:14 🗑 删除

刘先权 [农技人员] 土壤僵化板结的土壤不宜免耕。　♡0 │ 💬0　2019-04-28 15:26 🗑 删除

黄雪梅 [农技人员] 土壤严重板结，开沟排水不畅的地块不适宜实 …　♡1 │ 💬0　2019-04-28 15:41 🗑 删除

老吴 [农技人员] 个人认为,病虫害过重、沙性田和板结田不适宜 …　♡1 │ 💬0　2019-04-28 16:42 🗑 删除

二、精华日志

1. 服务时间：2019年4月29日　服务类型：进村入户

水稻田内的福寿螺对水稻能造成一定的产量损失，但更主要的是福寿螺壳对人的光脚可能造成伤害。观察一农户使用杀螺胺乙醇胺盐后，水面浮上了一层密密的小鱼。不知这是否值得，个人认为，杀福寿螺的安全有效办法还是人工拾螺与摘除卵块。

2. 服务时间：2019年4月29日　服务类型：灾害应急

昨日(28日)到公民镇检查了纽康生物水稻螟虫效果。从4月2日安上诱芯以来，累计已近1个月，

通过手机及电脑已了解了害虫发生情况。为证实诱虫计数与网络计数间差异，查看每个仪器。从结果看，二化螟诱芯相对较准确，2台二化螟诱芯分别诱二化螟雄蛾40头和170头，玉米螟30头；3台三化螟诱芯基本无虫。公司对此应改进完善。

3．服务时间：2019年4月29日　服务类型：进村入户

昨日观察，不知是为节省水稻生产成本或是没有劳动力的原因，现在的很多农户插秧(一年至多年)不耕田了，就在去年收稻谷的稻桩旁边插上新秧苗。经了解，农户也说这种种植方式的水稻产量不及翻耕稻田。

三、精华农情

1．上报时间：2019年4月10日　上报类型：病虫草害

带领测报人员到明心寺镇看新装虫情测报灯诱虫情况。目前已有灯蛾、大螟、地老虎、蝼蛄、金龟子大量出现，但就是还未始见二化螟和三化螟。

2．上报时间：2019年4月26日　上报类型：苗情

近日下乡了解到，今年本地油菜结荚多，籽粒较饱满，空荚率低，全县油菜丰收已基本成定局。

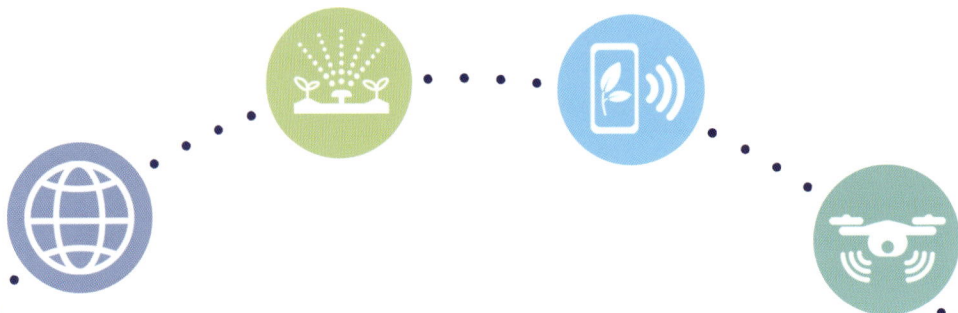

老兵自带"信息处理"功能

——云南省泸西县白水镇农业机械管理服务站　马锦涛

云南省红河哈尼族彝族自治州泸西县属于国家集中连片特殊困难地区滇桂黔石漠化片区县。该县白水镇农业机械管理服务站马锦涛，是一位从西藏退伍的回族老兵。2001年光荣退伍后，分配在白水镇农业机械管理服务站工作。17年来，一直从事农业机械管理服务工作，一直在一线服务基层农业发展、推广我国现代农业技术，当好农机管理服务战线上的"勤务兵"。2017年安装使用中国农技推广APP后，他认真学习APP的功能，并与推广工作结合起来，依托大数据，用"互联网+农技推广"模式，与时俱进开展工作，成为滇东南基层农业战线上农技推广队伍中的少数民族"信息处理员"。

应用互联网获取信息　融汇精粹"接地气"

农业机械工作是一项技术、理论、实践性都很强的工作，涉及管理与服务、推广与运用。作为一名农机员，更多接触的是农村群众。为使农机农技推广工作真正服务好群众、服务好农业生产、服务好经济社会发展，他积极增强业务知识学习，努力掌握各项业务技能，自觉参加各类业务学习和培训，虚心向省州县农机站专家学习、向网络上的"同事"取经，利用业余时间上网查询先进地区农机工作取得的新进展、新经验、新做法，结合实际情况总结探索，通过手机短信、手机APP、微信、门户网站等载体获取农机、农技信息。总有农户发微信问他："打田机哪个牌子好？哪种型号好？哪个更实惠？这个烟病怎么治？"他总是认真仔细地回答："要买大型的，还是小型的微耕机？这个烟病不太懂，你等我问一下。"通过了解农户的需求后，他懂的，会直接给建议；不懂的，他会通过手机查、中国农技推广APP上问"同事"、网上问专家等方法，满意地解决农户问题。他总说："农户的事无小事，遇到我不懂的，我就是敲烂键盘也要问出个所以然。"

应用互联网处理信息　助农脱贫"耕沃野"

泸西县是云南省的革命老区，2006年被列为国家扶贫开发重点县，白水镇是泸西县4个建档立卡贫困乡镇之一，有建档立卡贫困人口1 599户6 477人，耕地总面积58 710亩。为助力脱贫，他深入田间地头帮助农户解决农机技术问题，力求将自己所熟悉掌握的农机具基本知识传授给大家。在产业帮扶中，他利用中国农技推广APP帮助建档立卡贫困户以及周边广大农民群众，解决实际问题，并积极引导群众紧跟现代农业产业结构调整"节拍"，引进新技术、培植新品种，依托云南牛牛牧业、广东宏升公司、龙威蔬菜种植有限公司等农业龙头企业，以土地、劳动力、现金等方式积极入股"白水

镇村级农业综合服务社"，让大家分享更多农业产业链和价值收益，加快脱贫致富步伐，时常被农民兄弟们竖大拇指称赞。

他积极做好先进农机具的引进、推广和操作技能培训等服务工作。一有空闲，他经常进村调查了解情况，为有机农户提供相关农机具的适用性能、质量、价格等信息，帮助农户购买优质、实惠、实用的农机具，并主动上门帮助安装、调试和培训操作人员，为他们讲解使用方法和保养注意事项等，并教会他们合理配置配套设备，进行科学合理作业。使更多农民群众从繁重的体力劳动中解放出来，进一步提高劳动生产率、土地产出率。近5年来，他利用互联网快捷的信息获取功能，通过微信、QQ等积极联系县内外农机大户为无机农户备耕，组织协调大中型拖拉机300台套、手扶拖拉机和小型微耕机2 000台套，完成机耕机耙面积40 000亩。

应用互联网交互信息　一生执着"三农情"

他利用互联网载体分享发布"我的农情""我的日志"等有价值的动态消息或信息累计12 000余条。自掏腰包发送信息，温馨提示农民群众在农业生产和农机耕作方面应注意的事项，不断提升农机管理和服务的实践水平。为着力提升自身服务素质，他分别在云南省委党校经济管理专业学习并取得毕业证书，在中国农业大学农业机械管理与应用专业学习并顺利毕业。2015年12月，他撰写的《水稻收割机田间管理技术及注意事项》在农业部主办、国家新闻出版广电总局首批认定学术期刊《农业开发与装备》2015年第12期上刊登，被收录进中国知网、维普、万方等网络期刊数据库。他参与完成了泸西县农业机械购置补贴实施项目，主持完成2014—2016年白水镇中央农机购置补贴项目。近年来，他参与集中宣传活动60余次，发送农技信息40 000余条，借助互联网帮助群众解决问题160余件，参与路检路查等农机监理工作1 200余人次。

路漫漫其修远兮，吾将上下而求索。在泸西全县上下奋力建设高原花园城市、推动县域经济跨越发展、全面建成小康社会的历史征程中，他将一如既往地扎根基层，投身于自己热爱的农机管理服务工作，为乡村振兴战略的实施继续奋战、尽好绵力、不言回报、永不懈怠。

工作成效

一、精华问答

1. 葡萄有哪些营养功效和作用？

答：含有矿物质钙、钾、磷、铁以及维生素B_1、维生素B_2、维生素B_6、维生素C和维生素P等，还含有多种人体所需的氨基酸。常食葡萄对神经衰弱、疲劳过度大有裨益。

（1）生津消食。葡萄的品种和成熟程度对口感会产生影响，有的葡萄偏酸，有的偏甜，在高温天气下，人体代谢、内分泌、体温调节功能失调时，吃些偏酸的葡萄，能够生津止咳，健胃消食，能有效缓解口干舌燥、食欲不振的情况。

（2）缓解疲劳。黑葡萄中的钾、镁、钙等矿物质含量远远高于其他颜色的葡萄，这些矿物质离子大多以有机酸盐形式存在，能够有效维持人体离子平衡。常吃黑葡萄能够有效缓解神经衰弱、过度疲劳等症。

（3）补血益气。口感偏甜的葡萄含糖分比较多，其中的糖分主要是葡萄糖，容易被人体吸收。甜葡萄具有补气益血、滋养肝肾的功效，经常食用能明显缓解气血虚弱、肺虚咳嗽、心悸盗汗等症。

（4）预防血栓。法国科学家研究发现，葡萄能比阿司匹林更好地阻止血栓形成，并且能降低人体血清胆固醇水平，降低血小板的凝聚力，对预防心脑血管病有一定作用。

（5）预防衰老。紫葡萄中含有大量的花青素和类黄酮，这两类物质都是强力抗氧化剂，有对抗清除体内自由基的功能，具有显著的防衰老作用。常吃紫葡萄不但能减少皮肤皱纹的产生，还能有效缓解视力退化。

问答管理

张立华 ⑨ 山东省青岛市即墨区 | 2019-04-29 12:21

葡萄有哪些营养功效和作用？

全部答案(29025452)

马锦涛 [农技人员] 含有矿物质钙、钾、磷、铁以及多种维生素B₁ …			🗑 删除
	♡0 | 💬0	2019-04-29 12:12	
梁朝永 [农技人员] 葡萄还含有定量维生素C，维生素C抗老防衰方面…	♡0 | 💬0	2019-04-29 13:08	删除
李金凤 [农技人员] 维生素C，美白补水保湿，抗氧化。	♡0 | 💬0	2019-04-29 14:21	删除

2．过了有效期的兽药如何处理？

答：过了有效期的药都要进行销毁掩埋处理。

问答管理

史秀春 ⑨ 青海省海北藏族自治州祁连县 | 2019-04-28 16:14

过了有效期的兽药如何处理？

全部答案(28997806)

马锦涛 [农技人员] 过了有效期的药都要进行销毁掩埋处理。			🗑 删除
	♡0 | 💬0	2019-04-28 17:00	
达热玛 [农技人员] 过了有效期的兽药应属于劣药，劣药当然不能…	♡0 | 💬0	2019-04-28 17:00	🗑 删除
刘芳 [农技人员] 过了有效期的兽药最好有专门的部门进行回收…			🗑 删除

二、精华日志

1．服务时间：2019年4月29日　服务类型：政策宣传

近日，白水镇直邑村委会组织各村小组长、支部书记以及驻村工作队组同志召开扫黑除恶主题宣讲报告会。

2．服务时间：2019年4月29日　服务类型：学习观摩

近日，县委宣讲团先后深入向阳乡机关、阿盈里村委会、歹鲁村委会开展扫黑除恶专项斗争主题

宣讲报告会。向阳乡全体干部职工共计70余人和阿盈里村委会、歹鲁村委会的村组干部、党员代表及村民代表共计100余人参加报告会。

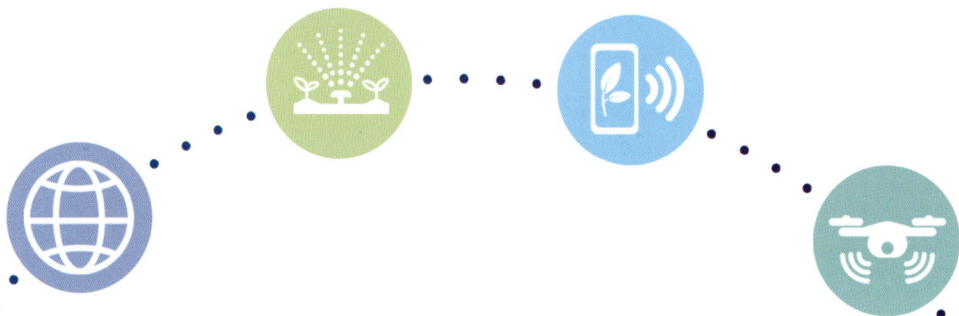

农技推广战线上的"全科医生"

——云南省梁河县河西乡农业综合服务中心　管国刚

云南省梁河县素有"葫芦丝之乡"的美誉，在毗邻县城的河西乡，活跃着一名农技推广服务的"全科医生"——河西乡农业综合服务中心农机高级工程师管国刚。他被当地群众亲切地称为"管师""莫管"（傣语"管医生"之意）。作为一名傣族农技人员，1984年他从德宏农机化学校毕业后，就一直从事农技推广工作。在河西乡35年来，他以干农机、爱农机为中心，在生产一线广泛接触种植业、畜牧业和渔业，成为滇西基层农业战线上农技推广队伍中的少数民族多面手。2017年安装使用中国农技推广APP后，他认真学习，并与推广工作结合起来，用"互联网＋农技推广"模式，与时俱进地开展工作，在河西乡这片热土上，到处布满了他从事农技推广的脚印。

以中国农技推广APP为师　学习提高"不懈怠"

2006年使用农信通开展农技推广工作，他就对电脑农业产生了浓厚的兴趣。因为工作成效突出，2008年，他被新华社云南分社评为"优秀三农信息员"。

管国刚在自己的手机上安装开通中国农技推广APP后，也成了低头族。别人都以为他看手机，是在聊天或打游戏。但靠近一看，他是在中国农技推广APP平台上学习和交流。朋友、家人不解地问："中国农技推广APP到底有什么好玩的功能？农技推广网的积分有什么用？能不能兑换物品、兑话费？"他回答说："我用中国农技推广APP上农技推广网，不是为了挣积分。在这个APP上，可以发布个人工作日志、上传农情、咨询农业技术问题。农技推广网上，汇集着全国成千上万的专家和不同行业的农技员。在线上，大家可以互相学习、互相提高，丰富自己的知识，提高自己的工作能力，更好地服务'三农'"。谈到"互联网＋农技推广"的前景，他说："老天爷给每个人的时间是公平的，关键是人们如何去抓紧和利用。在信息时代，'互联网＋农技推广'是现代农业的根本出路之一。"互联网加中国农技推广APP的开通应用，让他如虎添翼，他如饥似渴地在此平台上学习领悟着农、林、牧、渔等各个领域的相关知识。

以中国农技推广APP为媒　服务群众"不掉线"

他学会掌握了中国农技推广APP后，就把在线上学到的知识及时应用到农业生产一线，不仅可以纵向传播科研推广体系的"处方"，而且还可以横向传播农民生产实践中摸索出的"土方"。他以科技示范户为农技推广重点，经常进村入户，推广运用农业科技知识。当遇到弄不懂的农技或其他农、林、牧、渔等领域的问题时，他就会用手机拍照或做文字记录，然后传到农技推广网上进行提问，寻

求解决方法。

脱贫攻坚工作中，产业是增加收入的重要内容。在产业帮扶中，他利用中国农技推广APP帮助建档立卡贫困户以及广大群众解决问题。他挂钩的建档立卡户侯永安家，2017年利用产业帮扶资金种植了2.5亩草莓。他到田间巡查指导时，农户指着发红的草莓叶子问他："这是什么病？"当时他处理不了，就将草莓的病害症状用手机拍下提问。得到正确解答后，他又返回到田间进行指导。农户十分感激，并要求注册到中国农技推广APP上。

有一次，管国刚在进村巡查指导时，发现农机户李国通家，用购机补贴购置的大拖拉机及配套旋耕机、五铧犁、久保田全喂入式联合收割机等，使用一年后仍然全部露天凌乱地放置在田间路旁。他打电话把机主李国通叫到现场，提出农机维护要求，并把农机使用与维护保养的操作规程通过微信发给李国通。接着，又通过微信群发给全乡的农机户。

为了更好地应用中国农技推广APP服务"三农"，规避在农技推广中可能给农户造成损失的风险，单位租了10亩水田做基地。他和5位同事通过中国农技推广APP获取良种良法，在基地里进行各种新机具、新品种、新技术的试验、示范、推广工作。用中国农技推广APP功能进行巡航跟踪，提高技术水平，指导农户生产。

以中国农技推广APP为翅 拓展成效"不停步"

近年来，他利用手机短信、微信群、QQ群，积极组织冬、春季农机下田作业，做好春耕备耕工作。组织协调大中型拖拉机500台套、手扶拖拉机和小型微耕机3 200台套，完成机耕机耙面积56 000亩。

他参与实施的2014年梁河县烟-稻-鱼高效模式河西片推广项目，示范面积500亩完成计划任务的100%，于2015年被德宏傣族景颇族自治州人民政府授予科学技术进步奖三等奖。紧跟着互联网加中国农技推广APP的开通应用，已成为河西乡坝区的常规种养模式。每年金秋季节"谷花鱼"成了响当当的品牌，引来四面八方的食客前往分享，为农业增产、农民增收作出了积极的贡献。

他参与完成了梁河县农业机械购置补贴实施项目，主持完2014—2018年河西乡中央农机购置补贴项目，完成补贴资金1 281万元，核实农机具860台。

他参与完成了2015年河西乡承担德宏州优质稻（德优8号、德优16号）展示样板5 000亩、核心样板100亩示范项目。

他参与完成了2016年梁河县水稻机械化插秧技术项目，完成河西乡示范推广310亩、插秧机3台。

他善于总结，发表了《对河西乡微型耕整机的安全现状及事故防范思考》论文，参与起草了DG 5331《德宏州地方农业规范——山区夏玉米栽培技术规程》。

"苔花如米小，也学牡丹开。"管国刚是基层农业战线上的一名优秀少数民族农技员，他扎根农村，为农技推广事业默默无闻地奉献了大半生。虽然不再年轻，但他仍然充满信心、充满激情，决心用好中国农技推广APP，助力脱贫攻坚，致力乡村振兴，一辈子不停步。

工作成效

一、精华问答

1. 请问这是水稻飞虱么，为什么呈白色？
答：图片上的是水稻飞虱，是白背飞虱。

问答管理

> 唐春阳　📍 湖南省永州市零陵区　|　2019-04-29 15:45
>
> 请问这是水稻飞虱么，为什么呈白色？
>
>

全部答案(29028019)

管国刚 [农技人员]　图片上的是水稻飞虱，是白背飞虱。	🗑 删除
	♡ 0　｜ 💬 0　2019-04-29 15:52

2. 各位老师图片上的小虫子，是益虫还是害虫，它主要捕食什么虫子作为食物？

答：图片上的虫子是益虫，主要捕食蚜虫。

问答管理

> 唐昭霞　📍 山东省泰安市肥城市　|　2019-04-29 15:43
>
> 各位老师图片上的小虫子，是益虫还是害虫，它主要捕食什么虫子作为食物？
>
>

全部答案(29027774)

管国刚 [农技人员]　图片上的虫子是益虫，主要捕食蚜虫。	♡ 0　｜ 💬 0　2019-04-29 15:41	🗑 删除
杨瑞娥 [农技人员]　图片上的这个小虫子是七星瓢虫，益虫。	♡ 0　💬 0　2019-04-29 15:43	🗑 删除
杜建菊 [农技人员]　这是七星瓢虫，是益虫，主要吃蚜虫。	♡ 0　💬 0　2019-04-29 15:44	🗑 删除

3. 各位老师，图片中这花卉属于什么品种？

答：图片上的这种花卉属于春兰品种。

问答管理

 朱赵勇 ⊙ 云南省大理白族自治州宾川县 | 2019-04-29 15:17

各位老师，图片中这花卉属于什么品种？

全部答案(29027499)

管国刚 [农技人员] 图片上的这种花卉属于春兰品种。 🗑 删除

♡ 0 | 💬 0 2019-04-29 15:30

应仁义 [农技人员] 图片上看到的花卉是兰花。 ♡ 0 | 💬 0 2019-04-29 15:32 🗑 删除

二、精华日志

1. 服务时间：2019年4月29日 服务类型：业务包村

今天下雨，到芒杏村巡查甘蔗长势及病虫害情况。经巡查，甘蔗长势良好，无病虫害发生情况。

2. 服务时间：2019年4月29日 服务类型：业务包村

今天下雨，到邦读片烟区巡查烤烟长势及采收情况。经巡查，烤烟长势正常，正在采收下部烟叶。

三、精华农情

上报时间：2019年4月29日 上报类型：苗情

今天下了雨，这给久旱无雨的甘蔗生长带来极大的好处，督促农户抓紧追肥管理。

倾心农技推广惠百姓

——云南省富源县富村镇农业综合服务中心　彭德书

富源是祖国边疆云南的边陲县城，土地贫瘠、气候冷凉、农耕文化厚重。随着农业产业经济的持续增长，互联网信息的普遍应用，云南省曲靖市富源县富村镇农业综合服务中心彭德书肩上的担子也越来越重。但他克难攻坚、扎根基层，早出晚归、用心服务，用自己无声的语言、平凡的行动谱写了一曲新时代基层农技人员扎根基层、服务人民、奉献社会的赞歌，展示了新时期农技推广人特有的风采。

扎根基层不言悔

1970年出生的彭德书，自1991年从曲靖农业学校农学专业毕业后，到富村镇农业综合服务中心工作至今，先后担任过农科站站长、书记。28年的农业农村工作，拓展了他在农业农村经济和相关领域的专业知识，铸就了农业生产一线技术指导能力，他曾10余次受到云南省农业农村厅、曲靖市人民政府、曲靖市农业农村局、富源县委、县政府等表彰奖励，成为富源县农技推广队伍中的佼佼者。

选择了农业事业，就意味着选择了扎根基层服务人民。彭德书深深明白，农业经济的发展，农民群众的增收致富，关键要有科技推广应用。作为云南省曲靖市富源县农业系统的一名基层农技人员，不仅需要坚韧执着的作风，更需要具备破解农业发展瓶颈、破除传统农业制约、破译农民群众增收致富的能力。

自2006年以来，彭德书就开始利用农信通、三农通、富源农业信息网、云农12316、中国农技推广APP等互联网技术平台，将技术措施推广到田间地块。同时，将工作所获、学习所悟、新技术所用、农户所得进行总结提炼，个人编写农业相关信息3 971条发布在富源农业信息网，多渠道、多途径、多方式健全完善"互联网+农技推广"模式，在中国农技推广APP解答问题10 694条，上报日志81条，上报农情16条，获得好评1 630条，累计积分51 005分，逐步成为滇东名副其实的"推手"。

看到其他同事和同学、朋友们相继调到县城后，彭德书的亲人劝说他想办法调到环境更好的县城工作。然而，彭德书总是微笑着说："自己学的是农学专业，从事的是农技推广，就是要把所学到的专业知识和科技推广应用到农民群众的增收致富中去，这样才有价值。"

勤学苦练破难题

多年的农业农村基层工作，彭德书从未间断过学习，他把学习和掌握政治理论、农业理论、信息化应用、业务技能和新时期"互联网+农技推广"知识作为提升工作能力的抓手，用科学的理论武装头脑，在实践中提升理论水平，以适应"互联网+农技推广"的要求，提高为群众排忧解难的综合能力和技能水平。

　　天道酬勤，在先进的技术措施学习和农业生产实际中，彭德书结合富源山区农业实际和农村村情，不断总结，反复探索，大胆创新，先后在《云南农业》等省级刊物上发表了《浅谈冬种马铃薯高产栽培技术》《仔芋高垄两年制免耕栽培防治魔芋病害初探》《富村镇蔬菜生产存在的问题及对策建议》《浅析秋种大蒜高产栽培技术》等论文8篇，并在农业生产中得到了广泛应用，特别是仔芋高垄两年制免耕栽培防治魔芋病害的种植方式在很多地方已经成为最佳模式进行推广。

　　学习是为了更好地指导实践，为将先进的技术措施更好地推广给广大农业致富带头人和农民群众，彭德书白天利用下乡工作机会收集相关信息，晚上整理发布。常常是一拿起手机就是几个小时，有时直到手机没电了，才发现已经深夜。"你白天在田间地块还忙不够吗？还要在晚上拿个手机问来答去的，有什么意思呢？"这是彭德书的爱人经常问的一句话。每当这个时候，彭德书总是说："现在是互联网时代，我是农民的儿子，只有不断地更新知识、互相学习、共同提高，才能更好地做好农业发展工作，推广好农业新技术，让农户增产增收脱贫致富。"

农技推广"活处方"

　　"中国农技推广APP，在农业领域，只有你想不到的，没有'她'做不到的，可以发布日志、农情、种植方法、气候节令、病虫害防治方法等，可以解答疑难问题，可以相互评论和交流，可以全面服务对接农业管理部门、农技推广机构、科研院所，涉及院校、新型农业经营主体以及产业体系专家，免费解决农业生产过程中的各类难题，是快捷有效的沟通平台，同时提升农技推广服务效能。"谈起中国农技推广APP的实践应用，彭德书总是滔滔不绝。

　　一花独放不是春，万花齐放春满园。彭德书熟练掌握中国农技推广APP后，通过建立微信群、加入富源农技推广QQ群、金色大地种业信息群、扶贫交流群、曲靖市农业污染源普查群、富源县农作物种子备案交流群等互联网技术平台，重点收集整理了农业方面的种植技术，以种养大户、农民专业合作社、农业公司为重点对象，进村入户，推广农业应用新技术。

　　2018年6月，建档立卡贫困户赵友权打电话给彭德书，说他种植的4亩线椒叶片大都出现白斑。彭德书马上赶到地块一看，是APP上见到过的辣椒白斑病，便指导赵友权用代森锌间隔7天喷施一次，连续喷3次。7月，彭德书去查看时，病状消失。11月，赵友权激动地给彭德书打电话报喜，自己今年种植的4亩辣椒收入1.6万元，真正尝到了农技推广带来的甜头。在2018年富村镇脱贫产业1 000亩辣椒种植中，彭德书从辣椒的种苗选择、幼苗移栽、中耕管理、成熟收购，一直进行现场跟踪，并积极利用"互联网＋农技推广"解决300余户建档立卡贫困户和周边农户辣椒产业发展中遇到的杂苗铲除、病虫害防治、挂果期防腐、网上销售等实际问题，实现辣椒产值300万元，户均增收1万元。

农户增收"智囊库"

　　除了开展技术普及，彭德书还把自己通过互联网和其他渠道获取的好经验、好做法、新信息，通过微信群，及时分享给群里的一些农户、种植大户、科技示范户、建档立卡户，还有村支部书记、村民组长，让他们及时掌握市场行情、了解农副产品供应与需求、明白市场价格和种植投资取舍，逐步提高他们的市场抗风险能力，找到适合自己发家致富的新路子。

　　2017年11月初，魔芋种植大户李进卫通过土地流转等方式种植了600亩魔芋，产种300吨。由于本地市场空间狭小，销售形势量小价低，李进卫前来找彭德书想办法、出主意、寻对策、找良方。彭德书在充分了解情况后，当时就在中国农技推广APP上发布了一条关于魔芋种的农情，四川、湖北等省外要发展魔芋产业的企业和大户陆续与李进卫联系购买魔芋种子，两个月销售300余吨，实现净收入150余万元。

　　在近5年的艰辛探索中，彭德书先后主持和参与完成了旱作节水农业15万亩，测土配方施肥8万亩，绿肥种植翻压还田技术18万亩，农作物秸秆综合利用技术推广17万亩，农作物间套种技术22万亩，脱毒马铃薯及加工型马铃薯品种推广16.2万亩，马铃薯高垄双墒栽培技术7万亩，杂交玉米新品

种22.6万亩，杂交水稻1.1万亩，水稻钵盘育秧及抛摆秧技术0.4万亩，病、虫、草、鼠综合防治21.6万亩，软籽石榴种植800亩，山药种植150亩，魔芋高产样板10 000亩，三七种植1 000亩，中药材种植2 000亩。获得云南省农业农村厅科技推广奖三等奖2次、曲靖市人民政府科技星火奖二等奖1次、曲靖市农业农村局科技推广奖二等奖1次。面对成绩，彭德书没有止步不前、骄傲自满，而是始终如一地与群众心往一处想、劲往一处使、力往一处用，齐心协力共同致富奔小康。

会当凌绝顶，一览众山小。为了实现富源农业经济的跨越式发展、农村日新月异、农民致富奔小康，为了富源的广大老百姓能早日过上美好日子，扎根基层28年的彭德书仍在不停地探索着、奔跑着、奋战着……在农业农村这块沃土上，他永远是个跋涉者、忙碌者、追梦者。

工作成效

一、精华问答

1. 一斤以上的野生鳝鱼要长多长时间？
答：一斤的野生鳝鱼得10年左右吧。

问答管理

| 陈锋 云南省曲靖市富源县 | 2019-04-21 21:35

一斤以上的野生鳝鱼要长多长时间？

全部答案(28777447)

彭德书 [农技人员] 一斤的野生鳝鱼得10年左右吧。　　　　　删除
♡0 | 💬0 2019-04-21 21:51

2. 牡丹有一定抗旱能力而不耐潮湿，忌栽植于积水的低洼处，若土壤中水分过多，其肉质根部容易腐烂。
答：牡丹盆栽也是这样的，水分不宜太多。

问答管理

| 刘学生 内蒙古自治区赤峰市巴林左旗 | 2019-04-20 10:33

牡丹有一定抗旱能力而不耐潮湿，忌栽植于积水的低洼处，若土壤中水分过多，其肉质根部容易腐烂。

全部答案(28682190)

彭德书 [农技人员] 牡丹盆栽也是这样的，水分不宜太多。　　　　　删除
♡0 | 💬0 2019-04-20 10:49

3．作物一生中对水分反应最敏感的时期是需水最高期，对吗？

答：不对，植物对水分缺乏最敏感的时期是临界期。

问答管理

陈建友　陕西省西安市鄠邑区　| 2019-04-17 22:23

作物一生中对水分反应最敏感的时期是需水最高期，对吗？

全部答案(28582575)

彭德书 [农技人员] 不对，植物对水分缺乏最敏感的时期是临界期。

　　　　　　　　　　　　　　　　　　　　　　　♡ 0 ｜ 💬 0　2019-04-17 22:10　🗑 删除

张卫涛 [农技人员] 作物对水分缺乏最敏感的时期是临界期，而不...

　　　　　　　　　　　　　　　　　　　　　♡0 ｜ 💬 0　2019-04-17 22:39 🗑 删除

二、精华日志

1．服务时间：2019年4月23日　服务类型：进村入户

富村镇新坪村委会种植党参105亩。

2．服务时间：2019年4月21日　服务类型：技术培训

挂果后果粒有黄豆大小即可进行疏果，遵循去头去尾的原则，重点是疏掉过大或过小的果粒，以及疏掉病害果和虫眼果。

3．服务时间：2019年4月21日　服务类型：进村入户

今天下村，看到路边一片油菜，由于长时间没有雨水，水源也不方便，导致油菜大幅度减产。

三、精华农情

上报时间：2019年4月14日　上报类型：墒情

富村镇大凹子村委会小春马铃薯长势良好，有望丰产又丰收，市场价1千克在3元左右。

"老农机"用APP
潜心为民谱华章

—— 云南省保山市农业机械化技术推广站　杨东

现年55岁的杨东，是一位来自边远山区彝族山寨的农机高级工程师，1985年7月毕业于云南省大理农业机械化学校，同年分配到该站工作。2005年至今，他任保山市农机产品质量投诉分站站长，是业内公认动手能力强的"老农机"。

杨东自参加工作以来，扎根一线，成绩斐然。他在近年来所参与的水稻生产全程机械化项目，2014年获保山市农业科学技术推广奖二等奖，2015年获保山市人民政府科技进步奖三等奖，2016年获云南省农业技术推广奖二等奖；一种鱼苗孵化设备和一种果树深松施肥机分别于2016年和2017年获国家实用新型专利证书；多次获得省农机优秀推广员、市级先进工作者、优秀共产党员称号。

利用APP　提高"三农"服务能力

2005年，单位刚配发电脑，杨东凭着多年的学习经验，很快学会使用。他除了日常看新闻外，多数时间是在查询、了解国内外农机发展现状和先进技术。2017年，农业部推出中国农技推广APP后，他对这个可在手机上了解全国各地农技推广平台产生了浓厚的兴趣，一有空就上线登录学习，很快就掌握了平台上的各项功能。

从此，杨东成为"低头族"大军的一员，不了解情况的同事还以为这个老家伙也迷上手机玩游戏。与其他"低头族"不同的是，杨东在家通过中国农技推广APP学习交流，下乡就在田间地头上报日志和农情，甚至在饭桌上还忙着解答问题。其间，杨东也被家人戏称为"老低头族"。看到杨东废寝忘食的样子，家人质疑："回到家还玩这个，到底有什么用？能多挣一份工资吗？"他回答："里面有很多日常学习不到的好东西，我得赶紧把这些好的经验做法记下来，更好地为'三农'服务呀。"

杨东在农机推广工作中动手能力强，示范效果好，几任领导都很器重他。30多年来，他走遍全市73个乡镇，每到一处，他总是把农机安全生产放心上，提醒用户怎样做到安全操作，如何维护保养机器。2012年后，农机服务专业合作社迅速发展起来，他及时与几个重点合作社理事长建立QQ群、微信群，把在互联网上了解到的先进农机具分享在QQ群或微信群上，共同参考或借鉴。在隆阳区农盛农机服务专业合作社被列为市级农机推广试验示范基地后，他经常在线上、线下为该社出谋划策，该社于2016年底获得了"全国农机合作社示范社"称号。

依托微信QQ群　实地指导工作

杨东在任投诉分站站长期间，向上加入云南农机产品质量投诉QQ群，向下建立5县（区、市）投诉分站站长微信群。他经常上全国农机质量投诉管理系统学习，把各地投诉受理的经验和方法分享在微信群上，指导各分站开展日常工作。

2014年，自参加水稻生产全程机械化项目以来，他经常到相关合作社和示范样板基地，深入田间指导水稻自动播种机、插秧机、水田整平器的安装、调试及操作。他主动向农艺专家请教水稻育秧期间管理技术和水稻生长期间一些常规病的症状及其防治方法，再结合中国农技推广APP上学到的相关知识，如今已掌握了很多相关领域的知识。在全市2018年完成水稻机插秧面积11.14万亩工作中发挥了重要作用。

助力脱贫攻坚　开展科技服务

2016年以来，他积极参与科技助力扶贫攻坚。在承担"三区"科技人才项目时，主动到边远山区彝族山寨开展"三区"科技人才服务。

在了解到彝族山寨有100多户人家购买了微耕机后，他始终放心不下。微耕机存在很多安全隐患、操作微耕机需要系统化培训，操作不当容易被机器伤害。彝族老乡们普遍文化程度不高，又都是家中顶梁柱，要是被机器伤了该怎么办。对乡亲们的忧虑让他辗转难眠。彝族山民多、居住零散，上门解释服务也不太现实。他左思右想后，决定办培训班面对面与老乡交流，提醒相关注意事项。对于边远山区的农户们，采取手机建起QQ群、微信群，将在互联网或其他群上收集到的微耕机伤人事件照片或视频分享在群上，进行警示教育，并引发讨论，效果显著。

根据山寨实情，举办了2次青早豌豆种植示范样板1 000多亩。进村入户时，凡遇到农民的农机具发生故障，他及时为民排忧解难；遇到农作物病害时，他拿不准就马上拍照，发到中国农技推广APP求解，或联系有关专家解决。

至今，他服务的这个彝族山寨尚未发生过一起微耕机"咬人"事件。仅2017年青早豌豆种植示范样板就为农户增收20多万元，为彝族山寨脱贫致富作出了巨大贡献。

学习交流指导　新知识开辟新道路

在参加鱼苗孵化设备和果树深松施肥机研制、试验工作中，通过与专家互动、交流和学习，他又掌握了很多相关专业知识。他把专业知识和在中国农技推广APP上学到的知识相结合，指导实际生产，再把生产中遇到的疑难问题发到APP上求解。就是通过"学习→交流→指导应用，再学习→再交流→再指导应用"这样往复循环的形式，不断提高为"三农"服务的能力。

2017年以来，杨东在中国农技推广APP上登录560多次，解答问题近2万个，上报日志300多篇、农情上百篇，在全市排名第一。撰写的题为《浅谈造成微耕机"咬人"的原因》《保山市水稻机械化育插秧为何发展缓慢》《微耕机安全使用常识》《谈谈如何做好农机产品质量投诉受理工作》调研文章，发表在农业相关期刊上。

辛勤耕耘，硕果累累。面对沉甸甸的成绩，他也十分坦然。杨东几十年如一日，他始终以高度的责任感和事业心，坚守并奉献在一线。把一件件、一桩桩小事好事实事如春雨润物做到了群众心坎上，用真情换得信任，用真心捂热民心，用自己的行动感染着身边的每一个人。

如今的"老农机"用APP潜心为民谱华章。在未来的道路上，他将继续用自己的爱与汗水、智慧与执着跋涉着、耕耘着，继续在农业领域用新知识开辟一条为民服务的康庄大道。

工作成效

一、精华问答

1. 如何防治外来入侵物种福寿螺？

答：这种东西就是外来入侵的福寿螺，在田边的沟边好多的，期待有最佳防治办法。

问答管理

| 李素芳 | 云南省保山市昌宁县 | 2019-04-29 10:25 |

如何防治外来入侵物种福寿螺？

全部答案(29022511)

吴振卿 [农技人员] 每亩水面放养一条青鱼，所有螺死光光。　　♡0 | 💬0　2019-04-29 10:57　🗑 删除

杨 东 [农技人员] 这种东西就是外来入侵的福寿螺，在田边的沟...　🗑 删除
　　♡0 | 💬0　2019-04-29 12:19

2. 农户春季黄花菜如何进行深松土？

答：微耕机松土作业，一定要注意安全！

问答管理

| 唐仙 | 2019-04-29 10:51 |

农户春季黄花菜如何进行深松土？

全部答案(29019201)

李辉 [农技人员] 这样的松土工作要经常进行。　　♡0 | 💬0　2019-04-29 10:24　🗑 删除

杨 东 [农技人员] 微耕机松土作业，一定要注意安全！　🗑 删除
　　♡0 | 💬0　2019-04-29 10:24

刘保元 [农技人员] 深松土壤对黄花菜的生长有很大益处。　　♡0 | 💬0　2019-04-29 10:27　🗑 删除

3. 请问水稻栽培后几天可以除草？

答：没有固定时间，应该是根据田间杂草情况而定。

问答管理

安礼建 重庆市市辖区永川区 | 2019-04-29 10:46

请问水稻栽培后几天可以除草？

全部答案(29020825)

杨 东 [农技人员] 没有固定时间，应该是根据田间杂草情况而定。 ♡0 | 💬0 🗑 删除 2019-04-29 10:11

戈宏铭 [农技人员] 水稻栽培三十天后就可以除草了。 ♡0 | 💬0 2019-04-29 10:16 🗑 删除

二、精华日志

1. 服务时间：2019年4月23日 服务类型：技术咨询

又到大麦、油菜收获的季节，腾冲市农机部门为引导好农机跨区作业，组织技术人员到收割现场进行服务。

2. 服务时间：2019年4月23日 服务类型：购销服务

随着各地生猪价格的逐渐回升，猪商贩的生意也开始好起来了。

三、精华农情

上报时间：2019年4月23日 上报类型：墒情

近日来，保山市5县(区、市)相继开始水稻机械化播种育秧工作，图为昌宁县硕丰农机服务专业合作社机械化播种育秧现场。

与时俱进的农技推广尖兵

——云南省双柏县农业技术推广服务中心 李洪文

在滇中腹地、国家级贫困县双柏，有这样一位农业人，他充分利用互联网信息技术手段，不断探索实践新形势下农技推广好路子、好方法，加快新品种、新肥料、新技术推广应用，促进农业增产丰收。他就是先后荣获农业农村部农牧渔业丰收奖、农业技术推广贡献奖等10多项农业科技奖项，与时俱进的农技推广尖兵，云南省双柏县农业技术推广服务中心1981年参加工作、现年56岁的彝族高级农艺师李洪文。

先行一步　涉足电脑农业

1998年，为开展好电脑农业工作，上级配备给大庄乡农技站1台电脑。时任副站长的李洪文，在上级专业人员指导下开展相关工作。2000年初，刚刚由乡镇农技站调任县土肥站站长的他，借助省民委支持双柏实施国家"863"计划306主题（电脑农业）项目为契机，购置了2台电脑并接入互联网。第一次通过互联网与省电脑办和省级农业相关领域专家，远程面对面为农民解决生产中的技术难题。李洪文积极参加省里的培训，学习电脑软件知识，实践探索利用互联网开展农技指导服务工作新路径、新方法。在他的努力下，先后建成了双柏县农业网站和农业气象信息查询系统、耕地土壤海拔信息查询系统、测土配方施肥专家系统。在网站上提供农作物栽培管理技术、推荐施肥配方、气象信息，发布农产品供求信息，促成本地农产品产销对接。实现资源共享，方便广大农民和科技人员网上远程查询农业新技术推广应用。在网上远程解决以前必须由专家到现场才能处理的专业难题，被乡村科技人员和农民称为"身边永远不走的农业专家"。2007年，"水稻测土配方施肥专家系统软件推广应用4万亩"获云南省农业厅农业技术推广奖三等奖。

2008年，双柏县实施国家测土配方施肥项目，田间肥效试验数据统计分析成为县乡镇农技人员完成工作的主要难题。他通过互联网不断学习电脑知识，丰富自己的专业知识。2013年，他应用实施电脑农业积累的相关知识，主持开发了《"3414"肥效试验数据频率分析器》软件。该软件在全州土肥工作会议上交流，州县乡镇农技人员纷纷要求免费提供全州农技人员应用，实现"3414"田间肥效试验数据统计分析、推荐施肥配方智能化。向农户推荐主要农作物施肥配方，在全县推广应用。2016年，"双柏县田间肥效试验数据的频率分析与施肥决策技术应用"获云南省农业厅农业技术推广奖三等奖。

再进一步　线上线下做推广

2012年以来，在全县农技人员中推广使用"三农通"信息服务平台，他第一个报名参加。结合业务，每年编发96条农林栽培管理实用技术要点、供求信息，以短信方式发送到农户，解决了山区农村信息服务的"最后一公里"问题。

2017年初，他在手机上安装了中国农技推广APP；8月底，办公室电脑连上中国农技推广信息服务平台；9月开始，只要有空，他就与在线的同行和相关领域专家互动交流学习，通过中国农技推广APP"视频资料""实用技术""主推技术"等栏目学习相关农技知识，更新、积累农业科技专业知识，通过"三农通"信息服务平台以手机短信的方式发布给农户；结合工作业务，向中国农技推广APP在线同行咨询供求信息，农业生产中遇到疑难问题，通过APP平台与同行互动交流，为在线同行解答难题、分享工作经验。将农业新技术知识、自然灾害预警预防、害后补救措施等，以工作日志、个人心得等方式，分享到中国农技推广APP平台；应用中国农技推广APP平台"图像识别"功能和百度网站等开展病虫害在线诊断、对症施药指导。截至发稿时，他在中国农技推广手机APP信息服务平台累计解答专业问题2 251个，好评173个，发表日志258篇，本地农情204篇，提问208个，积分达19 978分。与此同时，农忙季节，他经常到大庄、安龙堡等乡镇，进村入户、田间地头，采取课堂集中培训与田间地头个别实操讲解培训、举办示范样板田供农民就近就地观摩学习的方法，开展增粮、增收科技措施落实培训，进一步增强了农民群众学用农业实用技术的积极性、主动性和自觉性，促进双柏县农业科技进步，示范样板田做到"成功一块，带动一片，惠及一方"，推广实用技术取得了显著成效，农业增产增效，农民增收。

更进一步　助力扶贫见成效

近年来，双柏县在推进产业扶贫过程中，形成了政府主导推广，线上线下并行联动，提供产前、产中、产后指导服务。互联网线上和线下相结合的方式推广绿色优质农产品生产技术，实现产销对接。妥甸酱油、白竹山茶、密架山猪、滇黄牛、黑山羊、特色果蔬、帮三红糖等高原特色农产品通过国家生猪市场（猪交所）双柏平台、双柏县电子商务公共服务中心、农业科教云平台等接轨网络市场，进入电商平台销售，助推产业扶贫、精准扶贫。产业稳步发展，贫困户持续增收，实现产业脱贫。李洪文主持或参与实施的技术项目，得到大面积推广应用。农民获得了实惠，李洪文也成长为高级农艺师、楚雄彝族自治州（以下简称楚雄州）有突出贡献的优秀专业技术人才、楚雄州中青年学术技术带头人。他以过硬的技术、过硬的人格和过硬的作风，成为双柏农民科技致富的标兵。他主持或参与引进试验示范的农业新技术，有20多项在全县推广；主持研究出金雀花、南山藤、鳞尾目（甜菜）等野生菜生态栽培技术，探索出以田间肥效试验数据频率分析和施肥决策技术为主的测土配方施肥技术，农产品市场信息等，通过手机短信和网站、QQ、微信、农业科教云平台等传送到农民手中，应用于生产，取得了显著的生态效益、经济效益和社会效益。线上、线下并行联动，现场巡回指导服务专业合作社、种粮大户等新型农业经营主体和个体户成为他开展农技推广的主要手段，满足了农民群众的生产需要，促进了农业技术的高速、精准、有效传播。在他牵头和同事们的努力下，双柏县测土配方施肥面积每年完成20万亩以上，取得了平均每亩减少不合理施肥量氮、磷、钾（纯量）分别达1.48千克、0.862千克、0.463千克，粮油作物亩均节本增效105.86元的好成绩。2018年6月，他通过中国农技推广APP平台和QQ群、微信群了解到，2018年秋冬菜季西红柿、大洋葱等市场行情可能较好的信息，动员部分大户、合作组织等种植；8月中下旬，通过主流媒体了解到受强降雨影响造成山东等蔬菜主产区蔬菜等农作物大面积受灾的信息以后，动员农户扩大种植西红柿、大洋葱等反季节冬早蔬菜，低热河谷地带冬早西红柿面积从100多亩扩大到2 000多亩，并适时提供市场信息动态，经常到田间现场指导栽培管理技术。目前2 000多亩冬早西红柿已经采收完毕，销售收入亩均达2.6万元以上；大洋葱已经陆续上市，目前市场行情较好，增加

了种植大户、合作组织等新型农业经营主体和民族贫困地区农民群众的经济收入。新型农业经营主体干事创业信心进一步增强。显著的示范效果与他无私奉献、吃苦耐劳和忘我的工作精神，深深地感动了示范点群众，也为当地干部、群众留下了很好的印象，得到了农民群众的好评、上级领导的肯定。

一分辛劳，一分收获，李洪文先后荣获农业农村部农牧渔业丰收奖农业技术推广贡献奖1项，地厅级科技二等奖3项、三等奖8项，县处级科技奖6项，部级、地厅级、县处级先进个人各1项，优秀学术论文奖11篇，计算机软件职务著作权登记证1项。

工作成效

一、精华问答

1. 近年来，随着小麦种植面积逐年扩大，小麦干麦头、死麦穗现象日趋严重，对农民增产增收造成很大影响，造成这种现象的主要原因是4种小麦病害。但农民群众对这几种病害很难判断识别，缺乏有效防治。

答：现场培训，办示范样板田，是普及实用技术、提高农业劳动者农业生产技能的主要途径。

问答管理

胡鑫峰　河南省永城市永城市　｜　2019-04-29 06:20

近年来，随着小麦种植面积逐年扩大，小麦干麦头、死麦穗现象日趋严重，对农民增产增收造成很大影响，造成这种现象的主要原因是4种小麦病害。但农民群众对这几种病害很难判断识别，缺乏有效防治。

全部答案(29010622)

董文利 [农技人员] 农民朋友对小麦4种病害很难判断识别，缺乏…	♡0 ｜ 💬0	2019-04-29 06:23 🗑 删除
李洪文 [农技人员] 现场培训，办示范样板田，是普及实用技术…	♡0 ｜ 💬0 2019-04-29 06:25	🗑 删除
钮桂香 [农技人员] 开展农技培训，让农民掌握相关知识。	♡0 ｜ 💬0	2019-04-29 06:25 🗑 删除
周永洪 [农技人员] 小麦4种病害主要是白粉病、锈病、纹枯病…	♡0 ｜ 💬0	2019-04-29 06:27 🗑 删除

2. 开展机械深松深耕的好处之二：蓄水保墒抗旱防涝。土壤深松深耕之后，其渗水速度和蓄水量大为增加，雨水不会在地表流失，积蓄在土壤之中形成土壤水库，既抗旱又防涝。深松作业地块比未深松作业地块可多蓄水11～22立方米／亩，且土壤渗水速率提高5～10倍，可在1小时内接纳300～600毫米的降水而不形成径流。

答：土壤深耕深松可以增加耕层厚度，增加土壤水保持与储存量，提高抗旱能力。

问答管理

赵均胜 山东省济南市章丘区 | 2019-04-26 23:33

开展机械深松深耕的好处之二：蓄水保墒抗旱防涝。土壤深松深耕之后，其渗水速度和蓄水量大为增加，雨水不会在地表流失，积蓄在土壤之中形成土壤水库，既抗旱又防涝。深松作业地块比未深松作业地块可多蓄水11～22立方米／亩，且土壤渗水速率提高5～10倍，可在1小时内接纳300～600毫米的降水而不形成径流。

全部答案(28940461)

殷莹 [农技人员] 开展机械深松深耕的好处确实很多。　♡1 | 💬0　2019-04-26 23:44　删除

李洪文 [农技人员] 土壤深耕深松可以增加耕层厚度，增加土壤水…　♡1 | 💬0　2019-04-26 23:49　删除

荆秀华 [农技人员] 机械深松可以提高蓄水保墒能力。　♡1 | 💬0　2019-04-26 23:51　删除

李军 [农技人员] 土壤松深耕可提高蓄水保墒能力，防涝抗汛…　♡6 | 💬0　2019-04-26 23:53　删除

安丽琴 [农技人员] 开展机械深松深耕可以有效地蓄水保墒、抗旱…　♡1 | 💬0　2019-04-27 00:51　删除

3. 请教老师，菜豆根系构成类型及其生长、土壤中分布特征如何？与栽培及其水肥管理有什么相关？

答：菜豆根系较发达，但再生能力弱。主根可深达80厘米，单株分布明显，从根茎处分生出几条粗细与主根相仿的侧根。根系主要分布在15～40厘米土层中，横向分布范围60～70厘米。根上有根瘤，但菜豆的根瘤数量较少，发生较晚。因此在栽培中，幼苗期土壤中应有足够量的氮素供给。基肥施于种侧位下方6～10厘米位置，追肥应施于菜豆苗茎横向8～13厘米处5～8厘米土层中，有利于菜豆根系吸收，提高肥料利用率。

问答管理

李洪文 云南省楚雄彝族自治州双柏县 | 2019-04-25 13:12

请教老师，菜豆根系构成类型及其生长、土壤中分布特征如何？与栽培及其水肥管理有什么相关？

全部答案(28912019)

李洪文 [农技人员] 根系是一株植物全部根的总称。根系有直根系…　♡0 | 💬0　2019-04-26 07:11　删除

李洪文 [农技人员] 菜豆根系较发达，但再生能力弱。主根可深达8…　♡0 | 💬0　2019-04-26 07:31　删除

二、精华日志

1. 服务时间：2019年4月29日　服务类型：进村入户
大庄镇冬季农业升发西瓜丰收了。

2. 服务时间：2019年4月29日　服务类型：进村入户
疑似草地贪夜蛾，再调查正在进行中。

3．服务时间：2019年4月29日　服务类型：进村入户

到云南省双柏县大庄镇柏子村村委会岔河村"一村一品"专业村——桑蚕专业村考察。

三、精华农情

上报时间：2019年4月28日　上报类型：自然灾害

双柏县气象台2019年4月28日13时40分发布大风蓝色预警信号：预计未来12小时双柏县大部地区可能受大风影响，平均风力可达6级，阵风7～8级，请有关部门注意防范。

青春热血洒基层
无怨无悔农技人

——云南省文山市小街镇农业综合服务中心　李乔文

在领导的眼里，他素质过硬；在同事的眼里，他待人真诚；在群众的眼里，他是"自家人"；他就是小街镇农业综合服务中心主任李乔文。

狠下功夫提素质

1997年，李乔文中专毕业，分配到小街农技站工作。在当时的环境条件下，李乔文自认为"以在学校学习的知识完全能够胜任工作，工作起来也会得心应手"。有一次，下乡推广水稻种植时，有个农户问他："一亩水稻要插多少塘？"他回答说："一亩大概插2 000～3 000塘。"就在他回答完，引来了农户一阵大笑。"你是怎么当的技术员，这点最基本的知识都不知道。"他听了感到相当刺耳。书本上学的知识和实际的工作产生了冲突，很多情况在书本上找不到，由于理论知识和实践经验的不足，在日常的工作中他只能充当旁观者，成了典型的门外汉，这让他困惑和苦恼。但从小就对农业工作热爱，加上一股不服输的干劲，他下定决心要在工作岗位上作出点成绩来。基层工作21年来，李乔文一直坚持学习，先从基本的农业知识学起，不懂的就虚心向老同志、向书本、向网络请教，在2006年和2015年分别通过云南农业大学农学专业（函授）学习，取得了专科和本科学历。先后参加了玉米、水稻、水果、青刺果等培训，5年来共完成农技推广水稻高产示范样2 000亩，玉米间套种10 000亩，地膜辣椒推广5 000亩；病虫害绿色防控30 000亩；水稻病虫害统防统治11 000亩；商品蔬菜30 000亩；推广万寿菊12 000亩；熟悉掌握了玉米、水稻等农作物病虫害防治知识，很多群众无法判断的病虫害都请他去指导。同时，他还学习如何与群众打交道、如何与群众打成一片，真正成了工作的"多面手"。

热心服务做推广

作为农技人员，如何让群众方便、快捷地学到农技知识，掌握农业政策，这是李乔文一直思考的问题。随着互联网的不断发展，信息传播的速度是你无法想象的，有时你的宣传资料还没有送到，群众就已经知道要做什么了，传统的农技推广已经不能跟上时代的脚步。随着QQ、微信、"三农通"的兴起，李乔文与时俱进，主动学习、整理出农业推广材料并通过互联网进行宣传。特别是2017年安装中国农技推广APP以来，他更是对这个新的技术推广手段产生了浓厚的兴趣。只要有时间，他就把自己积累的经验整理出来，利用中国农技推广APP发布日志进行上传，让全国同仁学习借鉴；同时，通过APP学习全国各地的农业工作经验，开阔眼界，更新知识，提高技术指导能力；把农技

推广网上的知识，与当地农业结合起来，促进本地区农业发展。累计针对农作物病虫害发布日志103次，发布农情2次，得到好评232次、有针对性地回答问题5 960次，积分31 402分。

服务群众第一位

通过多年的学习和总结，李乔文的农技推广技术在小街镇是最强的，与周边的几个乡镇比较起来，也是出类拔萃的。但他从不会骄傲，只想一心一意地学习，虚心向别人请教问题。最值得赞赏的是，他始终把群众的事放在第一位。记得2017年，一位群众打电话对他说："我家新买的玉米品种发生了一种未见过的病害，你能不能来给我看一下。"李乔文就组织站上的人员骑着摩托车赶到农户的地块附近，并打电话给农户。农户赶到后观察了玉米的病害情况，这也是李乔文没有遇到过的病害。现场处理不了，他就拿出手机，把病害最明显的部分照下来。把图片上传中国农技推广APP上进行提问，专家就图片症状给出了一些答案。但是，李乔文还是不放心，对农户说："我把图片带回去，从互联网再查找对比一下，得出结论后我再来找你。"回来之后，李乔文就开始从互联网上查找对比，得出结论并结合病症列出几种防治的农药名称，到自然村中交给该农户。这位群众拉着他的手连声说："谢谢！谢谢！"李乔文还现场教会农户怎样从手机网络上查找相关的信息、图片。类似这样的事很多很多，想群众所想、急群众所急，是李乔文一直以来工作的出发点和落脚点。除了在农技推广方面表现优秀外，在其他工作中，李乔文也表现出了优秀的一面。不论是挂村工作、农业服务中心工作还是其他各项工作，不论什么时候，他都能做到"招之即来、来之能用、用之有效"。

一分耕耘，一分收获。21年的农技推广工作经历，光荣的桂冠，都是用辛勤的工作换来的。没有鞭策就没有动力，就没有收获；兢兢业业干工作、无怨无悔做奉献，李乔文将精力、将时间都用在基层，将自己的青春都献给了基层。自参加工作以来的年度考核中，共有12年被小街镇党委评为县市级优秀等次，先后获得各种奖项11次。在小街镇，大家都知道小街镇农业综合服务中心有个李乔文。

工作成效

一、精华问答

1. 请问各位专家，图片上的水果是什么品种，如何栽培管理？

答：图片上的应该是核桃，是干果，不是水果。

问答管理

全部答案(29025792)

陈洪明 [农技人员] 图片上的水果有点像核桃。				删除
	♡0 ｜ 💬0 2019-04-27 23:01			
胡积荣 [农业专家] 据我观察，是核桃，属于坚果。				删除
	♡0 ｜ 💬0 2019-04-27 23:03			
王莉莉 [农技人员] 图片中的水果像是核桃。				删除
♡0 ｜ 💬0 2019-04-27 23:04				
赵建东 [农技人员] 图片不太清楚，应该是核桃树吧。				删除
	♡0 ｜ 💬0 2019-04-27 23:05			
文玉涛 [农技人员] 图片上的这种植物应该是核桃，管理比较粗…				删除
♡0 ｜ 💬0 2019-04-27 23:10				
陈金洁 [农技人员] 图片上的青果子是核桃坚果。				删除
	♡0 ｜ 💬0 2019-04-27 23:15			
刘全兰 [农技人员] 从图片上看应该是核桃，是一种干果。				删除
♡0 ｜ 💬0 2019-04-28 11:20				
肖秋云 [农技人员] 从图片上看应该是核桃，一种很好的补脑水果。				删除
李乔文 [农技人员] 图片上的应该是核桃，是干果，不是水果。	♡0 ｜ 💬0 2019-04-29 01:17			删除
	2019-04-29 14:34			

2．同仁们请问图片上的菊花发生怎样的病害？

答：苗小注意防治黄条跳甲、立枯病。

问答管理

蔡国会 ♀ 云南省文山壮族苗族自治州文山市 ｜ 2019-04-22 10:40

同仁们请问图片上的菊花发生怎样的病害？

全部答案(28763328)

刘文波 [农技人员] 从图片上看有病毒病、叶枯病等病害。	♡0 ｜ 💬0 2019-04-22 11:50	删除
李乔文 [农技人员] 苗小注意防治黄条跳甲、立枯病。			删除
	♡0 ｜ 💬0 2019-04-22 11:54		

3．问一下图中小的是什么水果？

答：图片上大的是火龙果，小的是莲雾。

问答管理

徐忠彬 ⊙ 吉林省四平市公主岭市 ｜ 2019-04-22 06:49

问一下图中小的是什么水果？

全部答案(28750706)

周艳阳 [农技人员]	图片中小一点的水果是莲雾！	♡ 0 ｜ ⊟ 0	2019-04-22 06:49	🗑 删除
杨媚媚 [农技人员]	图中分别是莲雾和火龙果。	♡ 0 ｜ ⊟ 0	2019-04-22 06:49	🗑 删除
单庆华 [农技人员]	从图片上看，这个应该是莲雾和火龙果。	♡ 1 ｜ ⊟ 0	2019-04-22 06:50	🗑 删除
李乔文 [农技人员]	图片上大的是火龙果，小的是莲雾。		2019-04-22 06:51	

二、精华日志

1．服务时间：2018年12月22日　服务类型：技术培训

文山市农科局到小街镇开展"云农12316""三农"综合信息服务平台信息员技术培训。

2．服务时间：2019年2月3日　服务类型：进村入户

进村入户进行水肥管理指导。

3．服务时间：2019年2月28日　服务类型：进村入户

引进贡菜在小街种植，指导贡菜病虫害防治工作。

工作成效

一、精华问答

1．小麦扬花期的病虫害怎么防治？
答：错开扬花期使用杀菌剂、杀虫剂、叶面肥。

问答管理

李爱英　山东省济南市平阴县　| 2019-04-29 14:04

小麦扬花期的病虫害怎么防治？

全部答案(29028566)

常守瑞 [农技人员] 小麦扬花期喷施吡虫啉加烯唑醇加二氢钾防治…	♡ 0 | 💬 0	2019-04-29 14:57	🗑 删除
程永峰 [农技人员] 错开扬花期，用杀菌剂、杀虫剂、叶面肥。	♡ 0 | 💬 0	2019-04-29 14:59	🗑 删除
冯明磊 [农技人员] 小麦的扬花期，主要防治的，就是小麦的赤霉…	♡ 0 | 💬 0	2019-04-29 15:00	🗑 删除
戈宏铭 [农技人员] 小麦扬花期施吡虫啉加烯唑醇加二氢钾可以治…	♡ 0 | 💬 0	2019-04-29 15:02	🗑 删除
陈云峰 [农技人员] 小麦扬花期主要病虫害有穗蚜、吸浆虫、麦叶…	♡ 0 | 💬 0	2019-04-29 15:37	🗑 删除
任恩涛 [农技人员] 小麦扬花期主要有白粉病、条锈病及蚜虫危害小…	♡ 0 | 💬 0	2019-04-29 16:09	🗑 删除

2．土豆切块刀具用消毒吗？
答：要多个刀具交替放入消毒液盆里浸泡，交替使用。

问答管理

鲍卫东　山东省济宁市兖州区　| 2019-04-29 11:56

土豆切块刀具用消毒吗？

全部答案(29024478)

袁东征 [农技人员] 马铃薯块茎切块必须对刀具消毒，防治环腐病…	♡ 0 | 💬 0	2019-04-29 11:04	🗑 删除
程永峰 [农技人员] 要多个刀具交替放入消毒液盆里浸泡，交替使…	♡ 0 | 💬 0	2019-04-29 11:08	🗑 删除

3．马铃薯种植覆盖地膜有什么作用？
答：保湿保温，抑制草生长，促进早结薯。

问答管理

惠莉 📍 陕西省西安市蓝田县 | 2019-04-29 10:20

马铃薯种植覆盖地膜有什么作用？

全部答案(29020364)

冯明磊 [农技人员] 马铃薯种植覆盖地膜的好处，能够保温，保湿…	♡ 0 | 💬 0 2019-04-29 10:47	🗑 删除
戈宏铭 [农技人员] 马铃薯种植覆盖地膜可以起到保温保湿，提高…	♡ 0 | 💬 0 2019-04-29 10:48	🗑 删除
柚子 [农技人员] 能起到保温，保湿，抑制杂草生长，是马铃薯…	♡ 0 | 💬 0 2019-04-29 10:50	🗑 删除
侯宇 [农技人员] 覆盖地膜主要是为了提高地温、减少地面蒸腾…		🗑 删除
程永峰 [农技人员] 保湿保温，抑制草生长，促进早结薯。	♡ 1 | 💬 0 2019-04-29 10:56	🗑 删除

二、精华日志

1. 服务时间：2019年4月27日　服务类型：技术培训

植保无人机作业模式分为GPS定位测绘自控模式和工人手控模式两种。大田尽量不用手控模式，漏喷、重喷概率大，易造成无效或药害。

2. 服务时间：2019年4月28日　服务类型：业务包村

农业技术推广中心技术人员参加2019年西安市基层农技员公共课第二期培训班。

三、精华农情

1．上报时间：2019年4月27日　上报类型：苗情

农技站人员开展蓝田县小麦产量预测调查。

2．上报时间：2019年4月28日　上报类型：病虫草害

叶面肥磷酸二氢钾高浓度施药易堵喷嘴，不宜用于低档植保无人机作业。磷酸二氢钾只适用于喷头上有主动叶片拨轮的植保无人机。

让互联网插上科技的翅膀
在黄土地上默默种"玉"

——陕西省蓝田县农业技术推广中心　侯宇

蓝田产玉，县域有山、有岭、有川、有塬。在这块肥沃的大地上，45岁的侯宇已经为"三农"倾情服务了25年。25年来，侯宇用他的执着和智慧演绎着穷则思变的华章，用坚韧和勤劳在黄土地上种"玉"。南山北岭上有他指导过的地膜玉米、马铃薯，东西两川有他示范推广的旱作节水技术、小麦示范田，白鹿塬上有他试验种植的温室蔬菜。

近年来，侯宇充分应用中国农技推广APP和农业科技网络书屋等农业科教云平台开展农技服务，通过线上线下相结合指导农业生产，利用互联网平台，让农业技术插上科技的翅膀，飞进千家万户，让更多的农民受惠。

心系"三农"　追求卓越是他的本色

他，1993年从西安市农业学校毕业，从乡镇农技站到县农技中心，一直在田间地头从事农技服务。他扎根基层，辛勤耕耘，汗洒田野，情倾大地，用实际行动诠释了自己的梦想；他爱岗敬业，求真务实，心系群众，送科技下乡，送良种到户，把课堂搬到了田间地头；他尽职尽责，潜心钻研，开拓创新，攻关增产模式，把无悔的青春奉献给了脚下这片热土。多年来，他先后被评为"西安市文明市民标兵""优秀特派员""农技推广先锋"等称号，荣获全国农牧渔业丰收奖一等奖、陕西省农业技术推广成果奖一等奖和三等奖、渭南市科学技术奖一等奖等奖项。2018年，在省农技总站开展的农业科技网络书屋读书竞赛活动中，荣获优秀专家一等奖，被同方知网技术有限公司评为农业科技网络书屋陕西省优秀用户。

科技创新　兴农富民是他的使命

吃苦耐劳是生长在农村的侯宇的本性，面对靠天吃饭的农民，他设身处地，发誓要让农民走科技创新之路。2003年，县农技中心决定选派一名技术干部长期在前卫镇王庄驻村蹲点，管理日光温室示范棚。侯宇主动请缨，同菜农日出而作、日落而息。就这样，他成为王庄村一位"特殊的村民"。

在蓝田，针对县域水资源不足制约小麦产量的问题，他因地制宜，大胆探索，从最初的坑窖蓄水开始尝试，示范推广移动式喷灌技术，对旱作节水设备进行更新和改造，增加了过滤装置和施肥设备，实现水肥一体化作业，初步形成了以半固定式喷灌为核心的旱作节水增产新模式。该模式破解了旱地小麦增产幅度小，尤其是干旱年份增产不明显的难题，为干旱半干旱地区小麦进行补充灌溉开创了一条新路子。

从2016年开始，他先后主持了多个农业技术推广项目。示范深松耕、宽幅播种，实现了农机农艺的结合；小麦旱作节水水肥一体化，节水、节肥，提高资源利用率，促进粮食生产可持续；农药化肥减量使用、病虫害综合防控，他把绿色高效发展理念带给了千家万户。在当院村粮油作物综合示范园里，他通过项目实施购置了田间小气候监测设备和远程控制系统，用超前的互联网理念科学种田。示范点的小麦长势、风力风向、温度湿度、土壤墒情、病虫害发生情况等，用手机就可以随时掌握和监控。

借助云平台　互动提升是他的理念

为了更好地服务"三农"，他的足迹遍布山岭川塬，一如既往地亲力亲为，在全国农业科教云平台上，他依托中国农技推广APP和农业科技网络书屋指导农业生产，及时发布农业生产日志农情，与农技人员开展技术交流，为科技示范户和农民朋友答疑解惑，解决产业问题。2018年，他在中国农技推广APP上解答和提问2 000多次，发布工作日志和农情信息1 728条。

2016年夏，当地小麦普遍发生小麦条锈病。他及时利用中国农技推广APP解答农民朋友提出的病虫害问题，将小麦条锈病的发生规律、发病特征、防治办法在这个平台与农民朋友互动交流。县上种粮大户绿岭农场的兀旭红在他的指导下及时防治两次，有效地控制了条锈病的发生，及时挽回了经济损失。

2017年冬，当院示范点的小麦种植户通过微信询问如何掌握冬灌时间、追肥如何开展。他及时与技术人员到田间地头查看小麦长势和分蘖情况，分析土壤墒情，在同西北农林科技大学教授进行咨询后，及时给小麦种植户进行了冬灌知识的培训，并通过中国农技推广平台将小麦冬灌和追肥技术予以普及，得到了示范户的一致好评。

2018年春，天气预报蓝田局部会发生低温，部分镇街农作物生产有可能受到冻害。他在科技网络书屋上及时发出预警，让各区域农技站技术人员及时通知辖区示范户做好防范工作。前卫镇乔世强家庭农场得到消息后，及时通过喷施叶面肥和实施烟熏，有效地预防了葡萄冻害的发生。

潜心钻研　奉献才智是他的志向

25年来，侯宇坚持科技兴农、潜心科研，先后发表了《喷灌对秦岭北麓旱地小麦产量及品质的效应》《蓝田县基层农技推广机制与方式方法创新实践》等18篇科研论文；编写了《脱毒马铃薯生产与产业经营》《玉米高产栽培与病虫害防治技术》两本专著。他说："我是个从农村走出来、立志投身'三农'的人，农村美丽、农民幸福是我的夙愿。为'三农'奉献一份情、尽一份力，这个信念永远不会改变。"

工作成效

一、精华问答

1. 小麦抽穗扬花期主要是注意吸浆虫、穗蚜、赤霉病的预防。小麦吸浆虫的发生条件是小麦抽穗时麦田墒情充足，赤霉病的发生条件是小麦扬花期遇到连阴雨。因此，只要条件适合，就要注意病虫害的预防。

答：加强小麦中后期病虫害管理要提前预防。

问答管理

汪拥军 ♀ 河南省商丘市梁园区 | 2019-04-29 16:47

小麦抽穗扬花期主要是注意吸浆虫、穗蚜、赤霉病的预防。小麦吸浆虫的发生条件是小麦抽穗时麦田墒情充足，赤霉病的发生条件是小麦扬花期遇到连阴雨。因此，只要条件适合，就要注意病虫害的预防。

全部答案(29029564)

范守学 [农技人员] 病虫害防治工作做得好，对小麦产量有个很好…	♡0	💬0	2019-04-29 16:29	🗑 删除
杨飞 [农技人员] 小麦赤霉病根据天气预报以提前预防为主。	♡0	💬0	2019-04-29 16:29	🗑 删除
朱显武 [农技人员] 当前小麦生长期病虫害防治知识介绍得详细。	♡0	💬0	2019-04-29 16:38	🗑 删除
侯宇 [农技人员] 加强小麦中后期病虫害管理要提前预防。	♡0	💬0	2019-04-29 16:44	🗑 删除

2．马铃薯种植的技术要点是什么？

答：选好品种，施足底肥，防好晚疫病。

问答管理

胡天科 ♀ 云南省丽江市宁蒗彝族自治县 | 2019-04-29 12:28

马铃薯种植的技术要点是什么？

全部答案(29023475)

侯宇 [农技人员] 选好品种，施足底肥，防好晚疫病。	♡0	💬0	2019-04-29 12:40	🗑 删除
张琴 [农技人员] 品种的选择，种子消毒，土壤处理，多施有机…	♡1	💬0	2019-04-29 12:49	🗑 删除
梁朝永 [农技人员] 地块选择：选择耕作层深厚，土壤疏松，光照…	♡0	💬0	2019-04-29 12:59	🗑 删除

3．今年小麦长势喜人，一片丰收景象，请问今后应如何加强技术管理？

答：这个时期主要增加粒重，防好病虫害。

问答管理

张健 ♀ 山东省济南市章丘区 | 2019-04-29 11:24

今年小麦长势喜人，一片丰收景象，请问今后应如何加强技术管理？

全部答案(29022675)

侯宇 [农技人员] 这个时期主要增加粒重，防好病虫害。	♡0	💬0	2019-04-29 11:29	🗑 删除
陈彬 [农技人员] 加强肥水管理确保生长势正常。	♡0	💬0	2019-04-29 11:40	🗑 删除

二、精华日志

1. 服务时间：2019年4月29日　服务类型：技术培训

学好用活政策，实现产业兴旺。省委政策研究室董副研究员对2019年中央1号文件中有关"三农"方面的政策进行解读。

2. 服务时间：2019年4月29日　服务类型：技术培训

开展培训试讲，展示学员风采，农业培训中心组织各县学员开展互动交流活动，来自周至、临潼、蓝田的部分学员分别上台参加。

三、精华农情

上报时间：2018年9月27日　上报类型：墒情

经蓝田县土肥站技术人员2018年8月28日取土化验测定墒情：旱地地区0～20厘米60.1%；20～40厘米62.9%；水地地区0～20厘米62.4%，20～40厘米69.6%。

青藏高原上的"农技推广人"

——青海省大通县农业技术推广中心　雷延庆

雷延庆，男，1970年2月生，大学学历。1993年7月参加工作，任青海省大通县农业技术推广中心技术员。2016年7月，县农业技术推广中心东峡农业技术综合服务区域站成立，他主动请缨到区域站工作，具体负责东峡区域内的朔北乡、桦林乡、向化乡、东峡镇4个乡镇（原为5个乡镇）的农业技术推广工作。参加工作26年来，他一直奔走于田间地头，在农业生产一线从事农作物新品种、新技术、新模式的试验、示范和推广等工作，用自己无悔的青春默默耕耘，在平凡的农技推广岗位上取得了不平凡的业绩，为当地农业增效、农民增收作出了积极贡献，受到单位领导、同行、同事和广大农民朋友的交口称赞。

潜心试验示范　促进农业科技创新

作为一名农业科技人员，他深知科技是第一生产力，是农业生产的推动力，是农民增产增收的重要支撑。为此，他积极与农业科研院校协作，大力开展农业试验示范工作。他组织引进冬小麦新品种，在大通县不同海拔地区从川、浅、脑等地试验种植，并在低海拔的川水地区复种成功。他先后主持和参与了青春891小麦、青海10号蚕豆栽培技术研究与大面积推广等项目，开展了菊苣大垄双行机械化栽培技术示范等重点研究课题。为做好这些项目试验性研究工作，在关键时期，他经常不分节假日，无论刮风下雨还是严寒酷暑，蹲在田间地头开展试验和调查记录，获得了一个又一个有价值的研究数据。

他认为，一个人事业上立足的根本是要有乐于奉献的敬业精神和强烈的工作责任感，要能够做到干一行、爱一行、钻一行，勤勤恳恳，任劳任怨。所以，在每次遇到时间急、任务重、标准高的工作，他都会主动加班加点、早来晚走、保质保量按时完成工作任务，决不拖拉推诿。在整理试验报告时，晚上连续加夜班，工作持续到深夜一两点才睡，对他而言是司空见惯的事。

立足科技服务　助农民增产增收

因为工作关系，平时他接触最多的是农民，聊天最多的也是农民。熟悉他的人都知道，他最爱说的一句话就是我来自农村，我是农民的儿子。他对农民有着深厚的感情，始终认为农民是农技人员的衣食父母，服务农民是农技推广的立足点和出发点，也是自己的天职。作为一名合格的农技干部，就应该心里始终装着农民，真心实意为农民办实事，引领农民增收致富。

20多年来，他先后编写各类技术材料、方案、科研报告达百余份，经常到基层进行技术培训讲座，培训农民1万多人次，接受农民咨询达5万多人次。许多农民都亲切地称他为"泥腿子专家"，大

家都喜欢和他一起相处，有什么困难都愿意打电话与他交流，而他也总是细致耐心地解答这些问题，直到农民满意为止。他经常以身作则，带领农技人员深入田间地头开展技术指导和服务，老农争着拉他到自己的地里看看农作物小麦、马铃薯、油菜等的长势和病害情况，该用什么药来打等。老农们的问题多，他总是耐心地一一解答，教给他们有效的处理方法。2016年以来，他的身影遍布本区域三乡一镇的所有乡村，用实际行动助力农民增收致富。

创新服务方式　谋现代农业发展

随着农业生产内外部环境的重大变化，传统的农技推广方式方法已难以适应新阶段农业发展的需要，必须与时俱进地进行创新。近年来，他积极推广和应用"互联网＋农技推广"服务模式，不断提高农技服务的时效性。在东峡综合服务区域站工作期间，他积极组织乡镇农技人员、新型农业经营主体、科技示范户等进行手机APP培训，指导他们下载安装中国农技推广APP，手把手地教他们如何浏览网页、发表日志农情、查阅相应的资料，使本辖区乡镇农技员使用手机APP达到100%。通过手机APP的浏览学习，农户学到和了解新的农业知识、政策信息，给农业生产带来了很大的帮助，产生了很好的效果。截至2019年1月16日，他使用中国农技推广APP的积分达29 019分，其中解答问题5 037个，好评592条，发表日志131篇、农情18篇。

在推广"互联网＋农技推广"服务模式的同时，他还积极与新型农业经营主体、科技示范户等进行科技结对，在生产技术、项目编制、市场信息、订单生产和经营管理等方面提供服务，成效显著，是广大农技人员创新创业的典范。他指导的大通通田种植专业合作社大田作物小麦、油菜增产10%以上，起到了良好的示范效应。技术帮扶的农民合作社组织达45家，指导实施各类项目、实施方案的编写等，培育指导的马铃薯种植大户有50多个。

超越自我　不断突破与发展

通过不断学习和努力，他也收获了很多的成果和荣誉，先后获农业农村部全国农牧渔业丰收奖三等奖1项，获西宁市科技进步奖三等奖1项；获省级成果证书8项，市级成果证书3项；先后在省级核心期刊上公开发表学术论文3篇。在基层农技推广补助项目实施过程中，先后5次被大通县农技推广补助项目领导小组办公室评为农技推广补助项目优秀指导员，并获优秀指导员一等奖1次、三等奖3次；先后5次被大通县农牧和扶贫开发局评为年度先进工作者，3次被大通县农业技术推广中心评为农业技术推广工作先进工作者。

49岁的雷延庆在这片他深爱着的高海拔土地上，奋战了整整二十六个春秋，每一个村落都留有他的足迹，每一块田地都留有他的汗滴，每一寸土壤他都是那样的熟悉。面对成绩，他认为荣誉只能代表过去的辉煌，只有不断地超越、不断地突破，才能更好地为民服务，才能真正对得起脚下的这方沃土。

工作成效

一、精华问答

1. 无规定动物疫病区建设有哪些要求？

答：无规定动物疫病区是指在规定期限内，没有发生过某种或几种疫病，同时在该区域及其边界和外围一定范围内，对动物和动物产品、动物源性饲料、动物遗传材料、动物病料、兽药（包括生物制品）的流通实施官方有效控制并获得国家认可的特定地域。

问答管理

李国平　青海省西宁市大通回族土族自治县　|　2019-04-29 10:06

无规定动物疫病区建设有哪些要求？

全部答案(29022263)

雷延庆 [农技人员] 无规定动物疫病区是指在规定期限内，没有发...　　　　　　　　♡0 | 💬0　删除　2019-04-29 12:06

2. 请问这是什么花，红蜘蛛如何防治？

答：花烛是单子叶植物纲天南星科花烛属多年生常绿草本植物。茎节短；叶自基部生出，绿色，革质，全缘，长圆状心形或卵心形。叶柄细长，佛焰苞平出，革质并有蜡质光泽，橙红色或猩红色；肉穗花序黄色，可常年开花不断。花烛原产于哥斯达黎加、哥伦比亚等热带雨林区。常附生在树上，有时附生在岩石上或直接生长在地上，性喜温暖、潮湿、半阴的环境，忌阳光直射。

问答管理

张成海　青海省西宁市大通回族土族自治县　|　2019-04-26 06:16

请问这是什么花，红蜘蛛如何防治？

全部答案(29013145)

王蓉 [农技人员] 图1上的植物我们这边喊的鸿运当头，白色的叫...　　　♡0 | 💬0　2019-04-26 06:49 🗑 删除

孙书存 [农技人员] 图片上的花叫红掌，用燃烧后的烟灰可以...　　　♡0 | 💬0　2019-04-26 06:52 🗑 删除

杨笑庆 [农技人员] 这个是不是红掌，也很常见。　　　　　　　♡0 | 💬0　2019-04-26 06:54 🗑 删除

雷延庆 [农技人员] 花烛是单子叶植物纲天南星科花烛属多年生常...　　　　　　🗑 删除　　　　　　　　　♡0 | 💬0　2019-04-29 07:38

二、精华日志

1．服务时间：2019年4月22日　服务类型：进村入户

朔北乡菜子口村示范户的马铃薯生产试验种植正在进行，农户腹膜后进行人工点播，技术人员现场指导，并帮助覆盖打孔口。

2．服务时间：2019年4月24日　服务类型：进村入户

桦林台子村化肥农药零使用的蚕豆覆膜播种正在进行。

3．服务时间：2019年4月26日　服务类型：进村入户

向化乡流水口的马铃薯肥料试验开始种植了，图为化肥减量增效项目中的马铃薯肥料试验。

农机推广服务的"排头兵"

——宁夏回族自治区盐池县农机推广中心 陶维华

陶维华现年56岁，大学文化，正高级农机工程师。1982年9月参加工作以来，一直从事农机化新机具、新技术推广服务工作。陶维华热爱农机化事业，以一颗赤子之心，在农机技术推广服务中勇于担当，冲锋在前，不断奉献，在奉献中不断收获，在收获中不断完善，在完善中不断为实现自己的"农机梦"而孜孜以求、无怨无悔。

荞麦花香飘万里

荞麦在盐池县种植历史悠久，年均种植面积30万亩，约占全县总耕地面积的22.6%。当地高寒冷凉的气候条件，工业化程度低、无污染，又极少使用农药，所产荞麦因其绿色环保、品质较高的药用价值越来越被广泛认知而畅销海内外。由于农机农艺不配套、机械化生产水平低，群众一直视其为"救灾粮"。

在自治区农机推广站2014年下达的荞麦免耕播种机械化技术的试验示范课题中，陶维华作为该项目的主持人，与农机户同吃同住同钻研，成功改制出了符合当地农艺要求的荞麦免耕播种机，取得5个创新：一是改造荞麦铧式犁翻耕栽培技术模式，优化荞麦施肥量、播种深度、镇压强度等关键技术，提高出苗率，实现了"见苗三分收"；二是在区内率先实施荞麦免耕播种，使出苗均匀一致，克服了铧式犁翻耕播种空段率高的弊端；三是根据荞麦生育点、器官形成和产量形成规律，提出了免耕播种的对策，成功解决了荞麦因降水不足而出现的早衰现象；四是创造性地提出将该技术应用到糜谷等小杂粮播种上，最大限度地实现了抢墒保墒效果，平抑了地温，扩大了应用领域；五是在秸秆留高茬覆盖的基础上免耕播种，实现了农田用养结合。

一个奇迹：荞麦免耕机播技术2014年在盐池县青山乡开始试验示范3 000亩，2015年在全县推广到3.5万亩，2016年达到7.65万亩，2017年达到10.43万亩，2018年达到15.3万亩，4年连跨四大步，以前所未有的速度创造了盐池县农机化新技术推广的奇迹。2014年，他在《农机科技推广》上以《荞麦免耕播种取得阶段性成果》为题介绍了这一成果。

一大变革：示范推广荞麦留高茬覆盖免耕播种技术以来，由于行直株匀，有利于机收。截至2018年底，全县40万亩荞麦机种机收达38.3%，全县新增免耕播种机112台、小型割晒机76台、大型荞麦专用割台25台，15.3万亩荞麦综合机械化水平达90%以上。

如今宁夏回族自治区中小企业50强"金牛"奖产业化龙头企业——宁夏利源集团对了杂粮食品有限公司也落户盐池，所生产的苦荞系列产品外销日本、韩国等地，年均出口创汇500多万美元。

助力柠条变"金条"

柠条是盐池县防风固沙、水土保持的"先锋"树种，目前成林面积已达350万亩，生物量87.5万吨(干物质)。柠条嫩枝叶粗蛋白质含量比玉米高1.6倍以上，粗脂肪含量也比玉米高38％。

由于机械加工设备的不足，柠条的平茬利用还处在原始的刀砍锹铲和作为当地缺青期家畜啃食的饲料，其平茬利用率不足30％，而且还会因平茬不及时造成柠条枯死、阻挡风沙与水源涵养能力降低。为此，他在盐池县人民政府首届社会经济发展"金点子"征集活动中提出的"加快盐池县柠条资源化利用"议题引起了重视。

2014—2016年，在宁夏科技厅下达的由自治区农机推广站主持的"柠条平茬机械引进与改制"项目中，筛选出了适宜的机型并提出了改进措施，使小型背负式割灌机生产效率较原机提高4倍以上，生产成本降低85.5％。

2014年，陶维华在《农机科技推广》上发表了《柠条平茬机械的选择和机械性能的改进》一文，该成果已被自治区科技厅列入成果库；他参与制定的《柠条收获机质量评价技术规程》地方标准于2017年1月发布，2017年4月实施。

在2017—2018年自治区农机推广站下达的"农机农艺融合柠条机械化示范园区建设"项目实施中，作为主要完成人，充分利用"互联网＋"，了解到湖南碧野生物科技有限公司相关产品信息并与该公司运营总监罗洪林先生建立了良好的合作关系。在有关领导的大力支持下，成功引进了柠条发酵饲料生产设备与工艺，将柠条园区建设任务与柠条饲料化新机具、新技术、新工艺引进与示范结合起来，将新机具、新技术的示范应用与农民群众，特别是贫困群众的增收结合起来，将小园区建设与"盐池滩羊"大品牌做大做强结合起来，集中开展"柠条发酵饲料生产技术"的试验与示范。

目前已有柠条发酵饲料生产设备5台(套)落户盐池，投资达500多万元，仅园区就为周边群众配送以柠条为主的生物饲料3 000余吨，为群众发展舍饲滩羊3.3万只，增加收入660万元，安排建档立卡户就业6人并稳定脱贫。在园区的示范带动下，"公司＋基地＋科技＋农户"的柠条饲草料产业模式正在兴起，科技在公司与农户之间架起了一座"桥梁"，服务向柠条的平茬、复壮、饲料制作到销售延伸；服务方式采取课堂讲座与田间地头指导相结合，将大众传播与电话咨询个别指导相结合，并经常进行"回头看"，从而将技术实质交给群众，使实施技术不变形、不走样。全县柠条年均平茬面积以10万亩的速度递增，为当地发展舍饲养殖开辟了新的饲料来源，许多群众因此而脱贫或走上富裕路。

2018年，他与同事合作，在《农机科技推广》公开发表了《柠条饲料机械化生产技术与效益》一文，利用中国农技推广APP将相关信息向全县乃至全国同仁分享。

科技创新谱新篇

在2016年农业部下达的"保护性耕作技术创新与集成示范"项目实施中，作为课题核心参与人，紧密跟踪西北绿洲区保护性耕作技术的发展动态，针对盐池县干旱发生规律及其特点，准确把握盐池县气候条件、农业生产实际和玉米生产的根本障碍因素，针对一年一作春玉米留高茬覆盖免耕栽培技术模式存在的问题和缺陷以及扬黄灌水定额锐减的矛盾，依据近10年保护性耕作实践，形成了以肥调水为中心、深松免耕为主体、秸秆覆盖为手段、优良品种为基础、水肥一体化为保障的五大保护性耕作栽培技术体系以及两种贴合当地生态、经济和社会条件的保护性耕作技术模式，当年就在扬黄灌区示范推广1.56万亩，超计划完成1.06万亩，实现节本增效127.5万元。

2017—2018年，陶维华在《农机科技推广》上分别发表了《盐池县保护性耕作技术创新试验研究》和《保护性耕作技术创新与集成示范》的文章。

针对当地天然草场改良使用铧式犁翻耕、人工撒种的落后方式，他创造性地提出将免(少)耕播种技术用在天然草场免耕补播改良中，取得了天然草场亩均产草(干草)量提高48千克、植被覆盖度提高38.2%的良好效果。该技术已累计推广面积110万亩，累计增加产草量3 500多万千克，极大地减少了封山禁牧后天然草场压力，对巩固生态建设、防止禁牧反弹起到了积极作用。

工作成效

一、精华问答

1. 图片上的工作人员在大田地里做什么呢？

答：这位工作人员在测量垄距以确定即将进行的播种行距。

问答管理

孙岳 ⊙ 辽宁省丹东市宽甸满族自治县 | 2019-04-29 20:08

图片上的工作人员在大田地里做什么呢？

全部答案(29035390)

刘国祥 [农技人员] 1.检测耕层深度．2.检测垄与垄的距离是否合…   🗑 删除
♡ 0 | 💬 0   2019-04-29 20:07

陶维华 [农技人员] 这位工作人员在测量垄距以确定即将进行的…   🗑 删除
♡ 0 | 💬 0   2019-04-29 20:47

2. 这是什么机械，在干什么？

答：图片上的是立式钻床在工作（刘先权发表）。本人赞同刘先权老师的观点。并给您点赞！

3. 请问免耕播种机的基本功能是什么？

答：免耕播种机的基本功能在于取消铧式犁耕翻作业、旋耕平地作业等工序，一次性完成开沟施肥、播种覆土、镇压等工序，减少作业工序，提高作业效率。

二、精华日志

1. 服务时间：2019年4月28日　服务类型：业务包村

由于前天全县普降小到中雨，给甘草种植带来了良机。今天，前去王乐井乡石山子村指导甘草机械化种植。

2. 服务时间：2019年4月29日　服务类型：业务包村

今天，恒盛农机作业服务公司的生物有机肥料生产线又开始运转生产了。目前生产的有机肥质量稳定。

3．服务时间：2019年4月29日　服务类型：政策宣传

近期，盐池县邮政储蓄银行开始对农机作业服务组织、农机户等购买农业机械进行金融货款支持。

三、精华农情

1．上报时间：2019年4月20日　　上报类型：墒情

从昨天晚上5点50分到昨天晚上10点，全县共降雨约20毫米，局部地区约30毫米。这对春耕春播生产十分有利。

2．上报时间：2019年4月27日　　上报类型：墒情

从昨天晚上到今晨，全县普降小到中雨，给全县春耕春播生产创造了良好的土壤条件，有效缓解干旱。

2021

全国卫生专业技术资格考试习题集丛书

中药学（中级）习题精选
中药学（中级）模拟试卷
中药学（师）习题精选
中药学（师）模拟试卷
中药学（士）习题精选
中药学（士）模拟试卷

中医内科学（中级）习题精选
中医内科学（中级）模拟试卷
中西医结合内科学（中级）习题精选
中西医结合内科学（中级）模拟试卷
针灸学（中级）习题精选
针灸学（中级）模拟试卷

全国卫生专业技术资格考试习题集丛书

2021

中医内科学（中级）

习题精选

中医药专业技术资格考试命题研究组 编写

中医药专业技术资格考试命题研究组 编写

适用专业
中医内科学（中级）　专业代码 315